A LINGUAGEM *da* SAÚDE

ENTENDA OS ASPECTOS FÍSICOS, EMOCIONAIS
E ESPIRITUAIS QUE AFETAM A SUA VIDA

Luiz Alberto Py
e Haroldo Jacques

A LINGUAGEM *da* SAÚDE

ENTENDA OS ASPECTOS FÍSICOS, EMOCIONAIS
E ESPIRITUAIS QUE AFETAM A SUA VIDA

© 2019, Madras Editora Ltda.

Editor:
Wagner Veneziani Costa

Produção e Capa:
Equipe Técnica Madras

Revisão:
Jerônimo Feitosa
Ana Paula Luccisano
Neuza Rosa

**Dados Internacionais de Catalogação na Publicação
(CIP)(Câmara Brasileira do Livro, SP, Brasil)**

Py, Luiz Alberto
A linguagem da saúde: entenda os aspectos físicos, emocionais e espirituais que afetam a sua vida/ Luiz Alberto Py e Haroldo Jacques. – São Paulo: Madras, 2019.

ISBN 978-85-370-1189-8

    1. Alimentação saudável 2. Cuidados de saúde
3. Doenças – Prevenção 4. Qualidade de vida
5. Saúde – Aspectos psicológicos 6. Saúde - Aspectos religiosos 7. Saúde – Promoção I. Jacques, Haroldo.
II. Título.

19-24260   CDD-613

Índices para catálogo sistemático:
1. Promoção da saúde 613
Maria Paula C. Riyuzo – Bibliotecária – CRB-8/7639

É proibida a reprodução total ou parcial desta obra, de qualquer forma ou por qualquer meio eletrônico, mecânico, inclusive por meio de processos xerográficos, incluindo ainda o uso da internet, sem a permissão expressa da Madras Editora, na pessoa de seu editor (Lei nº 9.610, de 19/2/1998).

Todos os direitos desta edição reservados pela

MADRAS EDITORA LTDA.
Rua Paulo Gonçalves, 88 – Santana
CEP: 02403-020 – São Paulo/SP
Caixa Postal: 12183 – CEP: 02013-970
Tel.: (11) 2281-5555 – Fax: (11) 2959-3090
www.madras.com.br

Dedicatória

Àqueles que nós amamos; àqueles que nos amam; àqueles que se amam, amam a vida e a Natureza.

À querida Ana Maria, essência do meu viver.
Haroldo Jacques

À Vivian, minha musa inspiradora.
Luiz Alberto Py

Índice

Prefácio 14
Prefácio 2. 17
Introdução. 19
Capítulo 1 – Expectativa de Vida e Qualidade de Vida....21
    O descompasso entre viver mais sem viver melhor............. 22
    Nível de felicidade 23
    Medicina comportamental. 25
    Outras atitudes 26
    Os cinco fatores de aumento da expectativa de vida 27

Capítulo 2 – Autoconhecimento e *Check-up* 29
    Check-up 30
    Os exames 31
    Algumas razões para se fazer um *check-up* 35

Capítulo 3 – Arte de Prevenir e os Fatores de Risco 36
    Os males da atualidade 37
    Medidas preventivas 37
    Os fatores de risco 39

Capítulo 4 – O Colesterol e a Alimentação Correta..........41
    Um pouco de história 41
    O que é colesterol 42
    O "bom" e o "mau" colesterol.................................... 43
    O colesterol "muito ruim" 44

Gorduras saturadas 45
Ácidos graxos e "cis" e "trans" 45
Gorduras poli e monoinsaturadas.. 46
Alimentação correta.. 47
Casos ilustrativos.. 48

Capítulo 5 – Exercício e Sedentarismo 50
Atividade física e doença das coronárias............................. 51
Aptidão física 52
Efeitos do exercício sobre o organismo............................... 52
Tipos de exercícios 53
Veja se você precisa de exercícios 54
O que se deve fazer.. 54
Algumas dicas para a caminhada 56
Estatísticas 56
Pesquisas 60
Segredos da atividade física na terceira idade 60
Como começar a se exercitar e caminhar 61
Sobre alongamento.. 62

Capítulo 6 – Obesidade... 63
Peso corporal.. 63
Além do peso ideal 64
Verdadeira epidemia... 65
Acima do peso ideal e obesidade 65
Quem é obeso... 66
Como medir a gordura corporal 66
Causas de obesidade... 67
Como prevenir e combater o problema 68
A alimentação ideal... 69
A importância da água.. 70
Os efeitos contraproducentes do álcool 70
O valor dos exercícios... 70
Cuidado com as dietas da moda e as das vizinhas 71
Emprego da fitoterapia na obesidade 72

Os remédios para emagrecer.. 73
Tipos de obesidade – maçã ou pera 74
Efeitos psicológicos e sociais.. 74
Obesidade infantil 75
Como se deve agir para emagrecer e manter o peso........... 75

Capítulo 7 – Estresse, Tensão e Relaxamento 78
Conceito de estresse: a história de Hans Selye 78
Causas endógenas do estresse.. 80
Causas exógenas do estresse 80
A dinâmica do estresse 82
A administração do estresse... 84
Relaxamento.. 86

Capítulo 8 – O Sono, a Insônia e os Sonhos..........................87
As fases do sono.. 88
O eletroencefalograma (EEG).. 88
Estatísticas 89
A importância do sono 89
Fatores que interferem no sono.. 90
Incidência de problemas do sono 91
Como conseguir um bom sono 91
Distúrbios do sono 92
Os sonhos 94
Sonho criativo 95

Capítulo 9 – Tabagismo 97
Um pouco de história 97
Substâncias nocivas 99
Um pouco de estatísticas 100
Alguns dados da OMS 101
Por que o cigarro vicia? 102
Vale a pena parar de fumar 103
Um caso interessante 104
O drama 105

Como deixar de fumar 105
Armas coadjuvantes que podem ser usadas nessa guerra 106
Como superar a crise de abstinência 110

Capítulo 10 – Envelhecimento e Medicina Ortomolecular 112

O papel dos neurotransmissores no
funcionamento do cérebro 113
A ação do ambiente sobre a saúde 114
A contaminação por metais tóxicos 116
Radicais livres 117
Medicina ortomolecular 118
Caso ilustrativo 119
Mineralograma 120

Capítulo 11 – Hipertensão Arterial 122

O que é pressão arterial 122
Evolução da técnica para medir a pressão arterial 123
Variações da pressão arterial 124
Quais as consequências da hipertensão 124
Fatores importantes 125
Não negar as evidências 127
MAPA e medicação anti-hipertensiva 127
Um caso ilustrativo 128

Capítulo 12 – Arteriosclerose e Diabetes 129

Os avanços terapêuticos 130
Hábitos alimentares 133
Diabetes: o doce amargo 134
O que é diabetes 134
Edulcorantes 136

Capítulo 13 – Câncer – a Prevenção Cura 138

O que é o câncer 138
O que causa o câncer 139

Fatores de risco de natureza ambiental 140
Fatores hereditários e predisposição familiar 144
Testes de diagnóstico 144
Um pouco mais sobre alimentação 145
O sucesso do tratamento chama-se diagnóstico precoce.... 146
Dicas importantes para se proteger do câncer 148
Formas de tratamento 148
Esperança 149
Novas pespectivas 150
Vacinas 151
À procura de novas opções 152
Clonagem 152

Capítulo 14 – Relação Médico-Paciente e Efeito Placebo 154
Efeito placebo 155
A influência da mente 156
A complexa escolha de um médico 158
Exames complementares 160

Capítulo 15 – O Aprimoramento Emocional 161
Vida em preto e branco 164

Capítulo 16 – Autoestima e Disciplina 166
Autoestima 167
Disciplina 168
As posturas básicas 168

Capítulo 17 – Fobias 171
O que é medo 171
Entendendo as fobias 172
Lidando com as fobias 172
As fobias do cotidiano 175
Problemas fóbicos 176
Fobias históricas 177

Capítulo 18 – Compulsões 178
    Neurose obsessiva 178
    Causas 181
    O prazer na repetição 181
    Lidando com a compulsão 182
    A espiritualidade 182
    Sintomas de compulsão 183
    Comportamentos compulsivos 184
    Distúrbios alimentares 185
    A compulsão a comprar 186
    O sexo compulsivo 187
    Tratamentos 188
    Algumas estatísticas 188
    Conclusões 188

Capítulo 19 – Depressão 189
    Tristeza e depressão moderadas 190
    A dinâmica da depressão 190
    Um pouco de teoria 191
    A prática 192
    Estatísticas 192
    A abrangência da depressão 193
    Tipos mais frequentes de depressão 193
    Sintomas 194
    Principais causas da depressão 195
    Diagnóstico 196
    Tratamento 196
    Autoajuda 197
    Como ajudar um deprimido 198

Capítulo 20 – Sexualidade 199
    Inadequação sexual 200
    Causas orgânicas da impotência 200
    Causas psicológicas da impotência 201
    A ejaculação precoce 202

A frigidez 203
Tratamentos 205
Práticas sexuais não usuais e perversões 206
Aids.. 207
O sexo sadio 209

Capítulo 21 – Saúde e Religião 210
Comentário final... 223

Capítulo 22 – A Busca da Transcendência: Oração, Meditação e Relaxamento 224
Religiões... 225
Estados alterados de consciência................................ 225
Meditação e relaxamento 226
Meditação transcendental 228
Por que meditar 228
O que acontece durante a meditação......................... 229
Benefícios da meditação 229
Outras técnicas de meditação 229
Meditação Nadabrahma (método Osho) 230
Trataka (técnica de fixação do olhar, da Hatha yoga) ... 231
Meditação Chi Kung.. 231
Algumas considerações sobre a prática da meditação ... 232
Viver em oração.. 233

Capítulo 23 – Religião Pessoal e Crescimento Espiritual 234
A intolerância e o fanatismo 235
Religião pessoal... 236
A compreensão do sofrimento 237
A administração do sofrimento.................................. 237
O perdão como fator de crescimento espiritual.......... 239
O aprendizado da verdade 240
A morte e a espiritualidade 240

Capítulo 24 – Um Programa de Saúde 243

Prefácio

Saber Viver: Viver é Saber
Carlos Heitor Cony

Ao tornar-se animal racional, o homem deslocou o apelo vital, que antes era apenas instintivo, para a camada mais nobre de sua estrutura mental: descobriu o conjunto de fatores que possibilitam a melhor captação da própria vida; descobriu a saúde. Em sua fase primitiva, esse conhecimento era encantatório, uma infusão sobrenatural, um conjunto de estruturas e circunstâncias mágicas, por isso a medicina praticamente começou como uma manifestação de magia. À medida que ampliou seus conhecimentos sobre o mundo físico, e mais tarde sobre o universo psíquico, a saúde deixou de ser um mistério, uma espécie de virtude.

Passou a ser conquista e, acima de tudo, um direito do homem.

A importância de conhecer, que é fundamental para a evolução do homem, é também a primeira etapa – e a mais importante –, de todo o conjunto corporal e psicológico para viver a vida plena e prazerosa.

De forma geral, todos os homens, mesmo os mais primitivos, tendem a saber o que é bom e o que é mau para si mesmos. Buscam o pajé, o feiticeiro, o sacerdote, o médico. Criam, de maneira quase inconsciente, um conjunto de conceitos e procedimentos que acreditam ser os mais benéficos para melhor aproveitarem a vida em suas dimensões básicas: a material e a espiritual.

É complicada a trajetória da adaptação humana ao mundo físico e psicológico no qual é obrigada a viver. À falta da ciência, inventou a crença. Felizmente, olhada em conjunto, essa trajetória que sofreu tantos descaminhos e foi obstaculizada por tantos fatores e preconceitos, teve um perfil ascensional, uma curva para cima que nos trouxe ao atual estágio de conhecimento.

E a saúde, sendo como é o fator primordial de uma vida a ser vivida em plenitude, foi e continua sendo o referencial mais importante do conhecimento humano. De nada adiantaria ao homem ir ao cosmos ou navegar no espaço cibernético se continuasse a morrer sem saber diferenciar a vida da morte, a saúde da doença.

Daí a necessidade que todos sentimos, em diferentes graus, de conhecer o que é bom e o que é mau para nós mesmos, para nosso corpo, para nossa alma. Evidentemente que apenas uma parcela muito pequena pode adquirir conhecimentos cada vez mais complexos e abrangentes, o que cria a necessidade de especialistas gradualmente mais setorizados.

Mas o grosso da humanidade, todos nós, enfim, não podemos dispensar o conhecimento mínimo do que acontece e do que pode acontecer com a única dádiva que a natureza deixou por nossa conta: a vida. Com o avanço da ciência e da técnica, esse conjunto de noções fundamentais torna-se acessível a um número maior de pessoas. Motivá-las a conhecer mais e melhor, dentro das limitações de cada um, é uma das razões de *Linguagem da Saúde*.

Planejado, organizado e escrito pelos médicos Haroldo Jacques e Luiz Alberto Py, profissionais dos mais conhecidos e acatados do universo clínico do Rio de Janeiro, o livro é uma condensação de conhecimentos facilmente assimiláveis pelo leigo, e obedece a um diferencial que o destaca de outras publicações aparentemente similares. É, acima de tudo, um apelo à melhor qualidade de vida.

Não é um manual de como aprender a tratar doenças, mas um roteiro para se manter a saúde, aqui entendida em suas manifestações primordiais: a física e a psíquica. A epígrafe de um dos capítulos cita um provérbio chinês: "Na Natureza não há castigos nem prêmios, só consequências". Dentro dessa filosofia, os autores de *Linguagem da Saúde* relacionam, pesquisam, analisam e opinam sobre as "consequências" mais comuns à sociedade humana neste final de século.

Não se trata de um compêndio técnico, mas de uma aliança entre a vida e a saúde em sua expressão mais simples e objetiva. É um livro que praticamente nada ensina, mas obriga cada um a lembrar o bem que nós podemos fazer e que, de alguma forma, só depende de nós.

Na introdução, há uma citação do poeta Carlos Drummond de Andrade que define a própria concepção do livro: "O organismo comporta inúmeras possibilidades de doença para uma única de saúde". O presente trabalho de Haroldo Jacques e Luiz Alberto Py insiste nessa única possibilidade, cujo resultado não é apenas a saúde como abstração, mas também como realidade do nosso dia a dia. Como a "consequência" de um conhecimento atualizado e indispensável à felicidade de cada um.

Agosto de 1998

Prefácio 2

A Primeira Riqueza é a Saúde

Roberto Muggiati

Ralph Waldo Emerson, que sabia jogar com as palavras, dizia: "The first wealth is health". Em bom português: "A primeira riqueza é a saúde". Os doutores Haroldo Jacques e Luiz Alberto Py nasceram com essa consciência. São médicos desde o primeiro dia. E os médicos modernos se deram conta de que a missão de curar, cada vez mais, é substituída – ou antecipada – por aquela de prevenir. O homem não pode impedir a morte, mas pode prolongar a vida, com qualidade.

Esta é a premissa básica desta obra. Não se trata de um mero livro sobre saúde, mas de um verdadeiro manual de sobrevivência na selva do estresse. Especialista em doenças vasculares, Haroldo Jacques sempre investigou a fundo os labirintos da circulação sanguínea que fazem palpitar o corpo humano. Também investigador, no terreno da psique, Luiz Alberto Py analisa os mecanismos emocionais e mentais que impulsionam os menores gestos do ser humano. Os dois se complementam admiravelmente neste guia de saúde nada ortodoxo.

Da alimentação sadia e do colesterol aos danos do tabagismo e da tensão; da obesidade e do sedentarismo aos benefícios da caminhada e dos exercícios físicos; dos radicais livres e do envelhecimento à medicina ortomolecular; das ameaças maiores à saúde, como o diabetes, as cardiopatias e o câncer, às maneiras de preveni-las; da depressão à meditação; das compulsões à busca da transcendência pelo crescimento espiritual – nada das terapias tradicionais e alternativas é omitido nestas páginas.

O capítulo final sintetiza a proposta da obra, com o oferecimento de um programa de saúde sob o lema "todos podem viver melhor desde que haja uma firme decisão de cuidar da saúde". Ou, apelando para as sábias palavras da psicanalista Karen Horney: "Qualquer pessoa pode ser modificada para melhor, se ela assim se propuser".

Agosto de 1998

Introdução

"O organismo comporta inúmeras possibilidades de doença para uma única de saúde."

(Carlos Drummond de Andrade)

Este livro pretende oferecer as informações essenciais para que as pessoas possam se conhecer melhor e cuidar de sua saúde, estabelecendo uma parceria eficaz com seus médicos. Consideramos que o cuidado com a saúde é responsabilidade de cada cidadão. Nossa experiência tem nos mostrado que conhecimentos equivocados e incompletos criam dificuldades e impedem que cada um cuide devidamente de sua saúde e da de seus familiares. Acreditamos que o estabelecimento de uma verdadeira parceria entre paciente e seu médico contribui bastante para melhores resultados nos tratamentos e procedimentos médicos, e para o fortalecimento da relação médico-paciente, o que gera uma confiança recíproca que pode (e deve) ser cultivada.

Procuramos sensibilizar o leitor a evitar a atitude de tentar ignorar seus problemas de saúde e, ao mesmo tempo, se permitir ficar vulnerável aos fatores de risco. Adotar o comportamento de avestruz que enterra a cabeça no chão diante das ameaças não é recomendável, apesar de tão frequentemente observado não só entre os leigos como também em alguns médicos ao lidarem com a sua própria saúde. "Quem procura, acha", é o argumento que habitualmente se usa para evitar a ida ao médico e os exames preventivos. Nossa resposta é: "Quem procura, acha, sim!" Acha a possibilidade de detectar alterações em uma fase preciosa, quando as medidas a serem adotadas para a preservação da saúde são mais simples, menos dispendiosas e apresentam melhores resultados.

O livro está dividido em capítulos que abordam a saúde do ponto de vista físico, emocional e espiritual, divisão meramente didática, uma vez que o ser humano é uma unidade biopsicossocial e a saúde é o vértice desses três segmentos básicos que interdependem e se autorregulam. Não são analisadas neste livro todas as enfermidades e seus respectivos tratamentos, porque nosso objetivo maior é chamar a atenção do leitor principalmente para o processo preventivo de manutenção da saúde, para a busca constante da elevação da autoestima e para a melhora da qualidade de vida. A maneira abrangente de enfocar a saúde é, a nosso ver, a forma ideal de cultivar o bem-estar e prevenir as doenças. Queremos oferecer ao leitor informações que o ajudem a se conscientizar da importância de envidar todos os esforços no sentido de conquistar uma vida mais sadia, tornando-a mais gratificante, e de buscar a cada momento um mundo melhor para todos.

Os autores

Capítulo 1

Expectativa de Vida e Qualidade de Vida

"A vida é uma dádiva da Natureza, mas uma vida bela é uma dádiva da sabedoria."

(Provérbio grego)

O Brasil tem a sexta maior população de idosos do mundo, mais de 32 milhões de sexagenários. Um brasileiro nascido no ano 2000 conta com uma expectativa de vida de mais de 68,5 anos.

Isso se deve a uma melhor aplicação da medicina preventiva, à evolução dos métodos diagnósticos, à utilização do computador na criação de novos instrumentos cirúrgicos, às novas técnicas cirúrgicas com recursos digitais e robóticos, ao desenvolvimento das técnicas de transplantes, à descoberta de novos medicamentos, que, somados às melhorias sociais e a uma maior difusão de informações, fazem com que as estatísticas mostrem um crescimento na expectativa de vida do mundo, que segundo estudos da Unesco será:

2020 – 90 anos
2040 – 100 anos

Embora tenhamos a expectativa de um aumento na extensão da vida, sua qualidade não tem apresentado uma melhora proporcional a esse crescimento. Pode-se até mesmo dizer que há um decréscimo da qualidade de vida atingindo todos os níveis sociais. Ao se referir ao dramático crescimento da expectativa de vida nas últimas décadas do século passado (dramático porque com esse crescimento está havendo maior incidência de doenças), o Dr. Hiroshi Nakajima (1928-2013), que foi diretor da ONU entre 1988 e 1998, enfatizou: "Para comemorar nossos anos extras, nós devemos reconhecer que o aumento de longevidade sem qualidade de vida é um prêmio vazio, ou seja, expectativa de *saúde* é muito mais importante do que expectativa de *vida*".

Quando se estuda qualidade de vida, as estatísticas de comportamento apontam maior número de pessoas estressadas e aumento significativo na incidência de doenças psicossomáticas. Outro aspecto responsável por uma preocupação constante e consequente redução da qualidade de vida é a constatação da existência de numerosos agentes (físicos, químicos, bacterianos e viróticos) que alteram o equilíbrio orgânico do ser humano e ocasionam várias enfermidades, cujas consequências e tratamento a ciência ainda desconhece. Tudo isso gera ansiedade e se traduz em uma queixa de desconforto existencial que é frequentemente relatada aos médicos e está presente em todas as pesquisas comportamentais, e consiste em um sentimento de insatisfação indefinida e continuada que na maioria das vezes leva à desmotivação e à depressão.

A mente é fundamental para a conservação da saúde, e o comportamento emocional da pessoa tem capacidade de aumentar ou diminuir a vulnerabilidade biológica do organismo, predispondo o corpo às manifestações orgânicas das doenças. É, pois, de vital importância que se mantenham o otimismo, a alegria de viver e o "alto--astral", para não permitir que a doença e o pessimismo se tornem uma opção de vida.

O descompasso entre viver mais sem viver melhor

Algumas causas para a dificuldade em se viver melhor podem ser levantadas. Uma seria a transição da Era Industrial para a Era da Informação (Era do Conhecimento), muito mais complexa e mais difícil de ser assimilada. Outras seriam: a globalização e seus enormes desafios, a insegurança econômica, as dificuldades financeiras, os novos padrões de comportamento gerados pela competição acirrada, a forte concorrência e o surgimento de novos valores no mercado de trabalho atingindo todos os níveis profissionais, o que gera constantes necessidades de superação. Somam-se os grandes problemas das megalópolis, como a violência, o trânsito, a poluição do ambiente, a solidão e o anonimato.

O problema do anonimato tem marcado influência na sensação de insegurança e de desconforto ambiental, decorrentes do enorme crescimento da densidade populacional das grandes cidades. A maioria dos habitantes não são conhecidos praticamente por ninguém. Chega-se ao cúmulo do isolamento quando as pessoas não conseguem se relacionar, nem mesmo conhecer os vizinhos mais próximos – não podemos esquecer que no processo penal o pior castigo imposto a um indivíduo é a solitária –, o que leva cada vez mais a pessoa se sentir perdida e insignificante em relação ao ambiente que a cerca, o que gera um forte sentimento de desvalorização pessoal e de baixa estima.

Um exemplo significativo é a história de um morador de Nova York que em pleno processo de mudança foi abordado por uma senhora idosa de cabelos brancos, com um cachorrinho no colo. "Eu queria lhe dar as boas-vindas, meu nome é Mrs. Brown", disse ela amavelmente. "Embora digam que aqui nessa cidade as pessoas não ligam umas para as outras, no nosso prédio é diferente. Todos nós nos interessamos pelo bem-estar dos vizinhos. Qualquer coisa que o senhor precisar pode me procurar no apartamento 4C." O vizinho um pouco constrangido respondeu: "Obrigado, mas devo lhe dizer que morei aqui durante dois anos e hoje estou me mudando".

As pessoas que vivem nas grandes cidades pagam tributos muito altos em relação a sua qualidade de vida. Não se trata apenas do isolamento e do anonimato, mas do medo gerado pela violência que, cada vez mais, está mais próxima e ameaçadora. A agressividade do trânsito e o tempo desperdiçado nos engarrafamentos, roubado do lazer e do convívio com as pessoas queridas, produzem um excesso de estímulos negativos que chegam a inviabilizar o repouso necessário e revigorante. Acrescente-se a isso um volume de informações de tal ordem que torna inviável sua assimilação e que gera uma tremenda sobrecarga emocional. Na realidade, tudo que afeta ou modifica nosso bem-estar vivencial se torna fator determinante da nossa qualidade de vida.

Nível de felicidade

Os fatores externos também têm grande influência na qualidade de vida das pessoas, e são potencializados positiva ou negativamente pelo "nível de felicidade" de cada um. Esse "nível de felicidade" é determinado pelos genes e faz parte do código genético individual – já nasce com a pessoa –, e é um elemento importante na determinação da qualidade de vida pessoal. Portanto, cada pessoa tem maior ou menor predisposição a se sentir mais ou menos feliz.

Edward e Carol Diener, médicos do Departamento de Psicologia da Universidade de Ilinois, relatam em um estudo publicado na revista *Psycological Science* que há para cada pessoa um limite biológico para a felicidade. Esse estudo mostrou ainda que os fatores ambientais, a escolaridade e educação familiar têm influência, mas não interferem na totalidade da felicidade individual. David Lykken, geneticista comportamental da Universidade de Minnesota, afirma que a felicidade não é só determinada pelos fatores externos, e exemplifica: pessoas que trabalham em tarefas pouco relevantes e ainda precisam tomar um trem todo dia para se dirigirem ao trabalho podem ser tão felizes como executivos ou empresários que dirigem um Mercedes.

O Dr. Lykken, em uma pesquisa durante 17 anos, quando estudou centenas de pares de gêmeos, alguns que moravam juntos e outros que foram separados após o nascimento, confirmou a teoria de Edward e Carol Diener, e concluiu que cada par de gêmeos univitelinos apresenta os mesmos níveis de felicidade, independentemente da trajetória de vida ou do sucesso e fracasso de cada um. Ele acredita que cerca da metade do nível de felicidade é determinada pelos genes. Na realidade, já nascemos com a capacidade predeterminada de sentirmos alegria ou de valorizarmos a tristeza. Há pessoas que têm maior ou menor aptidão para a felicidade.

Não se pode mudar o limite individual de felicidade, mas pode-se alterar o estilo de viver para não ficar abaixo do limite desejável, procurando sempre melhorar a qualidade de vida, apesar das dificuldades e tensões da "vida moderna". Mesmo os biótipos, que são determinados por uma característica genética, podem sofrer alterações dependendo dos estímulos externos. É o caso da compleição física e da altura das pessoas, as quais podem ser modificadas pelo tipo de alimentação e prática de esportes. Dentro de um mesmo biótipo geneticamente estabelecido, a pessoa pode variar seu peso corporal dependendo da quantidade e qualidade da alimentação.

Na verdade, apresentando o mesmo código genético, os jovens de hoje estão mais altos e mais robustos. Porém, quanto aos níveis de felicidade, esses jovens não estão conseguindo ser mais felizes do que os jovens de antigamente, mas se buscarem um aprimoramento emocional e tiverem uma vida saudável, poderão alcançar o limite máximo da sua felicidade.

A busca da felicidade é um direito do ser humano, mas não se deve transformar essa aspiração em dever, para não se tornar uma fonte de sofrimento. A felicidade não deve se constituir somente em um desejo, mas em um propósito consciente que depende diretamente do empenho pessoal.

Medicina comportamental

Entende-se por medicina comportamental o conceito médico que visa estimular as pessoas a cuidar de seu próprio comportamento e a conduzir-se de maneira mais saudável. Ninguém pode fazer o essencial para a pessoa a não ser ela mesma. Portanto, as técnicas empregadas procuram fortalecer o indivíduo, aprofundar e ampliar a possibilidade de ter um corpo e uma mente saudáveis. Para tanto, devemos evitar os vícios, cuidar devidamente do corpo e alimentá-lo de forma correta. Se foi prescrita uma dieta, cabe à própria pessoa segui-la; no caso do vício de fumar, é a força de vontade do indivíduo que o fará deixar o cigarro; se o médico receitar um remédio, cabe à própria pessoa ter disciplina de tomá-lo corretamente.

O lazer tem fundamental importância na qualidade de vida de uma pessoa. É comum verificar que as pessoas mais ocupadas ou atarefadas não se permitem desfrutar de um tempo para o lazer e são, em geral, as que mais necessitam. Muitas vezes há confusão entre tempo disponível para as atividades sociais, às vezes impostas, e o lazer. São situações em que a participação em festas de família ou o fim de semana na casa de campo do chefe ou do patrão, por exemplo, geram mais estímulos emocionais negativos do que positivos. Ao analisar casos de insucesso de tratamentos e aparecimento de doenças e suas complicações – o que acarreta uma significativa piora na qualidade de vida –, verifica-se que na maioria das vezes há uma grande culpada: a própria pessoa. Portanto, cada vez mais se difunde o conceito de que cada um deve ser o maior responsável pela própria saúde.

A fonte de energia do ser humano é uma só, portanto, a energia que se poupa ao evitar emoções negativas pode ser canalizada, por exemplo, para o exercício, amor e lazer. A qualidade de vida depende das emoções e do comportamento, e devem-se alterar os fatores internos para poder influir nas mudanças dos fatores externos. É comum a pessoa descarregar sua bateria com emoções negativas e não ter energia para ser feliz. Para melhorar a qualidade de vida é preciso melhorar a qualidade do pensamento, o que pode ser conquistado ao mudar o modo de ver as situações desfavoráveis e aprender a ter outras opções existenciais.

Outras atitudes

Todos os responsáveis pela saúde e pela qualidade de vida de seus semelhantes, principalmente as autoridades de saúde, têm um grande desafio: assimilar os problemas citados e implementar condutas que proporcionem o aumento da expectativa de vida útil da população. Uma das atitudes que deve ser adotada é a utilização de maneira racional dos avanços tecnológicos. Isso vai depender diretamente da formação do médico, da atualização de seus conhecimentos e do grau de informação da população. Outras medidas que devem ser tomadas pelas autoridades governamentais dizem respeito à qualidade e preservação do ambiente, com o objetivo de reverter a curva de queda da qualidade de vida e de criar padrões de comportamento mais gratificantes.

O objetivo social de tornar a medicina mais barata é outro desafio, pois a tendência é ela ficar cada vez mais cara em decorrência da utilização de novas tecnologias, muitas vezes indevidamente solicitadas pelo médico e também pelo paciente, e da prescrição de novos medicamentos – receitados pelo médico, por vezes sob os efeitos do marketing da indústria farmacêutica, ou mesmo para se mostrar atualizado –, na sua maioria mais dispendiosos e, em alguns casos, sem grandes vantagens sobre os medicamentos já existentes quando se avalia a relação custo-benefício.

Uma solução válida, defendida por todas as autoridades do setor de saúde, é o emprego efetivo da medicina preventiva. Somam-se a essa atitude a maior informação e a melhor orientação das pessoas sobre questões de saúde, para que cada uma possa administrar em parceria com o médico a própria saúde. Devemos lembrar que, ao entrar para um dos chamados "planos de saúde", estamos executando um planejamento financeiro e não um planejamento de saúde.

Uma ferramenta importante em medicina preventiva é o *check-up* periódico, como será descrito no próximo capítulo. É uma forma fácil e racional de a pessoa saber como está o funcionamento do organismo e melhor conhecer o seu corpo. O autoconhecimento e a autoestima constituem a chave de um *viver melhor.*

A interação entre saúde, comportamento e ambiente ainda é uma área pouco pesquisada no Brasil, mas, lentamente, as pessoas começam a se conscientizar de que há sempre a possibilidade de melhorar a qualidade de vida, e que manter a saúde e o bem-estar é mais lógico e também mais econômico do que tratar as doenças. Proteger o meio em que se vive e cuidar adequadamente do corpo e da mente evitam o envelhecimento precoce e ajudam a conservar-se saudável.

Assim, consegue-se preservar a saúde para morrer "jovem" o mais tarde possível.

Uma atitude inteligente é a pessoa estabelecer um programa de saúde (capítulo 24) para ter melhores condições de vida.

Os cinco fatores de aumento da expectativa de vida

De acordo com uma pesquisa feita nos Estados Unidos por Yanping Li, M.D., Ph.D. do Department of Nutrition, Harvard T.H. Chan School of Public Health, publicada em abril de 2018, americanos de meia-idade que:

1. seguiam uma dieta saudável;
2. nunca fumavam;
3. bebiam moderadamente, ou seja, apenas uma (para mulheres) ou duas (para homens) doses diárias de álcool,
4. tinham um índice de massa corporal entre 18.5 e 24.9 e
5. faziam diariamente exercício físico moderado, apresentaram um aumento médio de 12 a 14 anos de vida em relação às pessoas que não praticavam tais hábitos. Para as mulheres, a duração passa de 79 anos para 93 e, para os homens, de 76 para 88 anos de vida.

A pesquisa acompanhou a qualidade de alimentação e diversos outros elementos do estilo de vida de 78 mil mulheres, a partir de

1980, e de 44 mil homens desde 1986 até o ano de 2014, e chegou ao resultado de que esses cinco fatores pesquisados eram os principais responsáveis pelo aumento da expectativa de vida.

A idade inicial dos participantes foi de 47 anos para as mulheres e de 55 anos para os homens. Eles responderam a um longo questionário a cada dois a quatro anos. Durante o acompanhamento, 42 mil pessoas morreram, sendo 14 mil de câncer e 11 mil de doenças vasculares.

Capítulo 2

Autoconhecimento e *Check-up*

"A Natureza está pronta a nos ajudar, desde que façamos a nossa parte."

(Max Freedom Long)

Nos últimos anos vem sendo constatado que o ser humano está vivendo mais, porém, como já foi dito, surpreendentemente não está vivendo melhor. A evolução da tecnologia e os avanços da medicina não têm proporcionado a melhora da qualidade de vida como seria o esperado. Quando se busca viver melhor, é imprescindível aprimorar as condições de saúde, por serem estas um fator determinante da qualidade de vida. Para conseguir esse objetivo, antes de tudo é preciso que a pessoa se conheça melhor. Todo o caminho do autoconhecimento conduz à saúde. Autoconhecer-se não diz respeito apenas aos aspectos psicológicos e emocionais, mas aos físicos também. O corpo tem suas necessidades e características específicas, e cada pessoa tem um metabolismo próprio e determinado perfil laboratorial. Portanto, a pessoa tem que tomar conhecimento das exigências e características do seu organismo.

Toda pessoa deve submeter-se a exames clínicos periódicos, inclusive análises do sangue e outros exames complementares – que dependem do grupo etário e das condições pregressas de saúde – que permitam avaliar e demonstrar o funcionamento dos órgãos e demais setores do organismo. Há, em todas funções orgânicas, um ritmo que pode ser considerado padrão, e cada indivíduo tem o seu próprio padrão, respeitando-se as variáveis aceitas dentro da faixa de normalidade. Em muitos casos, podem ser evidenciadas alterações que vão determinar as mudanças e condutas a serem adotadas. Isso tem um grande significado em medicina preventiva, uma vez que agir antes do aparecimento de sintomas e complicações é fator primordial para alcançar melhor qualidade de vida.

Em outros tempos, as doenças eram diagnosticadas tardiamente: sofria-se mais e vivia-se menos. Hoje estamos na era digital. O progresso da tecnologia e os avanços da indústria farmacêutica têm que ser aproveitados. Os exames estão cada vez menos invasivos, mais simples e acurados, o que permite maiores possibilidades diagnósticas e terapêuticas, um aumento da sobrevida e um progressivo viver melhor. Atualmente, prega-se a necessidade de cada pessoa possuir e arquivar documentos sobre seu estado de saúde, inclusive um eletrocardiograma, para que no futuro sirvam de parâmetro comparativo. Muitas vezes, na vigência de algum sintoma ou enfermidade, o médico pode encontrar alterações que seriam valorizadas incorretamente se não existisse um documento anterior que permitisse uma simples comparação.

Todos nós, por razões genéticas, nascemos com órgãos e setores do organismo conhecidos como *locus minoris resistentiae* que são mais vulneráveis às doenças. É de suma importância conhecê-los e protegê-los. Mesmo que exista uma predisposição genética ou familiar para determinada patologia, a doença só ocorrerá se outros fatores de risco estiverem presentes e a própria pessoa não os evitar.

Conhecer-se bem é o primeiro passo para prevenção, que proporciona uma vida mais saudável e alegre, com elevada autoestima e autoconfiança.

Quando a pessoa tem conhecimento do seu organismo, ela se torna parceira do médico na administração da própria saúde. Este é o novo conceito de medicina moderna.

Check-up

Prevenção é a única proteção de que o ser humano pode dispor para conservar a saúde. O *check-up* é uma ferramenta importante que a pessoa pode utilizar para identificar os fatores de risco e, assim, ter os conhecimentos necessários para melhorar as condições físicas e a qualidade de vida, o que transforma o *check-up* em um sinal verde para a saúde. O *check-up* periódico permite detectar alterações orgânicas numa fase inicial que, na maioria das vezes, com adoção de medidas fáceis e tratamentos simples, é possível reverter ou controlar a situação, antes que alguma complicação mais séria venha a acontecer.

O *check-up* é composto de um conjunto de exames: clínico, angiológico, cardiológico, urológico, ginecológico, proctológico, oftalmológico, laboratoriais, radiológico, ultrassonográficos e de capacidade respiratória. Dele devem participar apenas os especialistas das áreas que costumam ter maior incidência de problemas e nas quais, em uma fase inicial, as alterações não causam nenhum sintoma. Tais alterações serão passíveis de prevenção e, com isso, consegue-se evitar o desenvolvimento da doença ou mesmo de uma complicação mais séria. Em certos casos, pode-se também, por meio desses exames, quantificar ou avaliar a extensão de algum problema já diagnosticado.

A vantagem de um *check-up* completo, quando são realizados todos os exames em um mesmo local e em uma única manhã, é torná-lo mais produtivo e menos oneroso, porque o corpo é examinado como um todo por diversos especialistas que cruzam seus diagnósticos e, sob uma coordenação clínica, os colocam no computador para que sejam extraídas conclusões mais fidedignas e recomendações mais precisas. Essas conclusões e recomendações deverão ser analisadas pelo clínico ou médico de confiança da pessoa. Como veremos no próximo capítulo, os fatores de risco são os grandes inimigos da saúde cardiovascular e do envelhecimento precoce, e um dos objetivos do *check-up* é desmascará-los e ajudar a combatê-los.

Os exames

Nos exames de sangue, além das diversas informações que são fornecidas pelo hemograma completo (anemia, doenças do sangue, inclusive a leucemia, existência de infecção crônica e focos de infecção, viroses, etc.), também é possível verificar o número das plaquetas (componentes da coagulação sanguínea), as quais quando se encontram abaixo dos valores normais podem ser as responsáveis por equimoses, hematomas e hemorragias, e quando acima da normalidade favorecerem as tromboses. Além disso, é estudada a função hepática por meio da gama GT e das transaminases que indicam se há processo inflamatório do fígado e também, eventualmente, de outros órgãos. A velocidade de hemossedimentação (VHS) – velocidade de sedimentação das hemácias orienta quanto aos processos inflamatórios e às doenças reumáticas.

No sangue ainda podem ser feitos diagnósticos como de diabetes, pela simples dosagem da glicose no sangue colhido com a pessoa em jejum, e da função renal pela dosagem da ureia e da creatinina. No *check-up* também são dosados no sangue os níveis de ácido úrico, responsável pela gota e por alguns problemas articulares, e que quando elevados também se constituem em um fator de risco cardiovascular; o PSA, hormônio específico da próstata e cujo aumento pode sinalizar a existência de tumor maligno dessa glândula; as fosfatases, que expressam o metabolismo ósseo; e as proteínas do sangue e suas frações. O exame chamado de sorologia para Lues é importante porque assinala a presença de sífilis, uma doença que pode ter sido contraída há tempos e que, na maioria das vezes, passa despercebida, porque na sua fase secundária não causa nenhum sintoma. Mas se a mulher grávida estiver infectada poderá transmitir a doença ao feto, e nos portadores pode também evoluir para a fase terciária trazendo sérias e irremediáveis consequências, como paralisia geral progressiva. Portanto, o exame de sangue fornece muitas informações sobre diversos setores do corpo.

A ultrassonografia é um exame não invasivo de comprovada utilidade na detecção precoce de inúmeras patologias, inclusive tumores. No estudo do abdômen por esse processo muitos diagnósticos podem ser feitos quando ainda as alterações não causaram sintomas. Não é raro serem visualizados cálculos e outras formações que nunca foram antes suspeitadas. Como exemplo, podem ser citados os cistos dos rins, de ovários, cálculos dos rins e da vesícula, alterações dos gânglios que se localizam na parte posterior do abdômen, estado da aorta abdominal e dos vasos sanguíneos da pélvis, tamanho e posição do útero, presença de miomas ou tumores, tamanho da próstata e a presença de nódulos ou calcificações, etc.

O tradicional exame de raios X de tórax continua tendo grande utilidade, uma vez que alterações pulmonares podem ser facilmente diagnosticadas. A maior incidência na época atual dos casos de tuberculose pulmonar e de outras infecções pulmonares em consequência da baixa resistência imunológica e da Aids, além do aumento da poluição ambiental, justifica a realização anual desse simples exame. O exame de raios X de tórax para estudo dos campos pulmonares deve ser obrigatório para os fumantes, que constituem grupo de risco para câncer de pulmão e são candidatos ao enfisema pulmonar.

Os vários especialistas que compõem a equipe que realiza o *check-up* estão voltados particularmente para a busca de alterações orgânicas que ainda não causaram sintomatologia. No exame clínico, todos os problemas gerais são identificados e a pessoa recebe orientação quanto às doenças na ocasião diagnosticadas e sobre a evolução das já conhecidas.

O exame cardiológico se reveste de grande importância, uma vez que as afecções cardiovasculares têm alta morbidade e na maioria dos casos podem ser evitadas ou controladas quando é feito um diagnóstico precoce. Por meio de um questionário detalhado em que são abordadas as doenças familiares, a avaliação comportamental, os hábitos e costumes pessoais e as eventuais doenças pregressas, são coletados dados importantes que, somados aos resultados do exame clínico cardiológico, do eletrocardiograma e do teste ergométrico realizado em esteira rolante, computados com os níveis do colesterol e da pressão arterial, fornecerão o risco coronariano.

O diagnóstico de uma isquemia silenciosa ou assintomática em geral é dado pelo teste ergométrico. A isquemia (deficiência da chegada de oxigênio que nutre o músculo cardíaco) pode ocasionar o infarto do miocárdio e, também, o surgimento de distúrbios no ritmo dos batimentos cardíacos capazes de provocar parada cardíaca. Ela pode ser diagnosticada e tratada a tempo, evitando-se assim essas terríveis complicações.

Sabe-se que é normal uma elevação da pressão arterial com o tipo, a intensidade e a duração de um exercício. Durante o teste ergométrico, é criada uma situação que proporciona um aumento gradual do esforço físico. A cada dois ou três minutos, dependendo do protocolo usado, há necessidade de maior esforço e, consequentemente, ocorre a elevação da pressão arterial sistólica (máxima). A pressão diastólica (mínima), em geral, mantém-se aproximadamente no mesmo nível ou sofre um pequeno aumento, havendo casos em que acontece até mesmo redução de seu nível. Durante o esforço máximo, o limite aceito na elevação da pressão arterial sistólica é de 220 mmHg para o homem e de 210 mmHg para a mulher.

Uma pressão arterial que em repouso é normal, e que sobe acima dos limites previstos durante o exercício, caracteriza uma resposta hipertensiva aos esforços. Para as pessoas normotensas em repouso, mas que apresentam esse tipo de resposta durante o teste ergométrico, a possibilidade de se tornarem hipertensas nos dois ou quatro anos seguintes é cerca de três vezes maior do que para os normotensos que não apresentam reação hipertensiva aos esforços. Esse achado tem significativa importância porque nesse grupo de pessoas as medidas preventivas adequadas a serem adotadas devem ser seguidas com maior rigor.

Um importante dado é fornecido quando se computam os resultados encontrados no check-up: o risco coronariano. Os números que classificam o indivíduo em um determinado grau de risco coronariano vão servir de parâmetros para que a pessoa possa corrigir os valores que se encontram fora da faixa de normalidade e controlar, seja com medicamentos ou com mudança de hábitos, os fatores de risco. Os principais são: sedentarismo, tabagismo, aumento da pressão arterial, obesidade, diabetes, estresse e maus hábitos alimentares que ocasionam o aumento das gorduras no sangue.

O olho é a janela do corpo, e por meio do exame do fundo de olho (fundoscopia) consegue-se de maneira simples e completamente indolor visualizar de forma direta as artérias e veias que o cruzam e que fornecem ricas informações sobre a evolução da arteriosclerose, os efeitos da hipertensão arterial sobre a circulação, assim como algumas complicações do diabetes e doenças do próprio olho. Ainda durante o exame oftalmológico é realizada a verificação da pressão dos olhos (tonometria), exame que deve ser feito anualmente para prevenção do glaucoma, que é uma doença decorrente da elevação da pressão intraocular – que independe da pressão arterial – e pode levar à cegueira total.

A próstata é uma glândula que sempre preocupa o homem, e o exame urológico tem como principal objetivo a prevenção de seu câncer, que é o mais comum no sexo masculino após os 50 anos, no entanto, se detectado precocemente, tem 80% de chance de cura. Detectado tardiamente as chances caem para 20%. Nunca é demais chamar atenção para os exames preventivos na mulher. O exame ginecológico periódico é a melhor arma no combate aos cânceres de mama e de colo de útero.

O exame proctológico e a retosigmoidoscopia (procedimento que estuda o reto e a porção final dos intestinos) procuram detectar tumores malignos colorretais. A incidência dessa patologia em pessoas de idade acima de 50 anos é a segunda mais frequente nesse grupo etário.

O mineralograma (exame do fio de cabelo) abriu uma nova perspectiva em medicina preventiva. Os estudos sobre mineralograma mostram que pode haver problemas no organismo humano não só com as carências, mas também com os excessos de minerais, no entanto, o exame não tem tido grande aplicação clínica.

Algumas razões para se fazer um *check-up*

* A saúde é o maior patrimônio do ser humano.
* Prevenir é melhor e mais lógico do que remediar.
* Só o *check-up* permite interferir de maneira eficiente e oportuna nos fatores de risco.
* O *check-up* é um investimento em saúde que evita gasto com doenças.
* Os exames básicos que compõem o *check-up* são indolores e não invasivos.

Vale lembrar que a saúde depende muito de cada um de nós e preservá-la é um dever.

Capítulo 3

Arte de Prevenir e os Fatores de Risco

"Na Natureza não há castigos nem prêmios, só consequências."

(Pensamento chinês)

A saúde é uma tarefa, não um dom natural, e deve ser conquistada a cada minuto durante toda a nossa existência. Embora outras pessoas e inúmeros fatores possam ter grande influência na saúde, ela depende essencialmente de nós. Há de se ter determinação, método e perseverança na adoção de hábitos saudáveis de viver e de pensar. É necessário sabedoria e, além disso, bom senso, para dar prioridade, dentro das diversas alternativas, àquelas atitudes benéficas e indicadas para manter o bem-estar e a saúde. O segredo de viver bem é saber equilibrar e dosar nossas ações. O ponto de equilíbrio perfeito é difícil de ser alcançado e exige planejamento e ação contínua. Não é uma tarefa fácil. O ambiente e as pessoas que nos cercam muitas vezes não nos propiciam situações compatíveis com nossos desejos e sentimentos, o que gera situações pouco favoráveis na busca do equilíbrio tão desejado.

A modernidade tem afastado demais o ser humano da natureza e das coisas naturais, mas em compensação trouxe uma série enorme de benefícios para a humanidade nos mais diferentes aspectos, em especial no campo da medicina. Apesar das grandes descobertas e do fantástico "boom" tecnológico, verifica-se que o mais importante "avanço" da medicina, neste final de século, é sem dúvida a conscientização do valor da prevenção. Tem sido verificado que o grande obstáculo em se conseguir uma melhor qualidade de vida no mundo está nas próprias pessoas que vivem tensas, excessivamente preocupadas e não se sentem motivadas a cuidar, de forma devida da própria saúde. Ao tormento dos problemas circunstanciais que se avolumam cada vez mais e impedem o bem-estar das pessoas, somam-se os existenciais.

Os males da atualidade

O homem moderno na sociedade contemporânea, em geral, tem hábitos que causam mais danos que benefícios à saúde. Usualmente leva uma vida sedentária e tensa. Quando se locomove no trânsito se expõe-se a frustrações, irritações, perigos e inalação de ar poluído com grande concentração de monóxido de carbono. Paralelamente, se superalimenta com excesso de carboidratos e gorduras saturadas, além de estar condicionado a autoadministrar doses potentes de cafeína e nicotina. Durante seus momentos de lazer permanece relativamente imóvel, por cerca de três horas, diante de um aparelho de televisão, que lhe apresenta repetidas sugestões para adquirir produtos anti-higiênicos e nocivos à saúde, e lhe gera ansiedade ao despejar uma avalanche de notícias desagradáveis.

Várias razões e fatores são invocados como explicação para o homem não se cuidar. Uma das mais comuns hoje em dia é a alegação de falta de tempo. Mesmo assim, o ser humano sempre encontra tempo para comer, porque sente fome, e para dormir, porque sente sono. Porém, como estar com saúde não dói nem gera mal-estar, as pessoas não se dão conta de que a saúde existe, que é um bem valioso e só será "sentida" quando vier a faltar. Devemos lembrar que ao perder a saúde o viver se torna muito mais difícil.

Medidas preventivas

As doenças cardiovasculares são as que mais matam em todo o mundo. Com razão, os médicos alegam que se sentem mais realizados e tranquilos quando são procurados por pessoas saudáveis, nas quais ainda não se manifestaram as doenças típicas da meia-idade, como hipertensão arterial, isquemias e tromboses. Um dos objetivos da medicina preventiva é proporcionar uma vida saudável duradoura, evitando que as pessoas se transformem em pacientes de risco. Para isso, lança mão de ações efetivas de prevenção que impedem ou dificultam o aparecimento das doenças. A atitude mais importante cabe à própria pessoa ao modificar seus hábitos e tomar medidas efetivas, práticas e exequíveis, na administração da própria saúde, para não descobrir tarde de demais que manter a saúde e o bem-estar é mais lógico e mais econômico do que tratar a doença.

Cuidar-se é questão de querer, é questão de autoestima. A adoção consciente de medidas preventivas em relação à própria saúde é sinal de elevada autoestima. Como diz José Ortega y Gasset, "o ser humano não tem prazer em simplesmente estar no mundo. Ele tem prazer em estar bem". Com boa saúde evitamos dores, sofrimentos e dificuldades econômicas, e não podemos esquecer que a Natureza está pronta a nos ajudar, desde que façamos a nossa parte.

De modo geral, todos nós vivemos de maneira inadequada. Os erros alimentares, decorrentes dos vícios adquiridos na infância e cultivados ao longo dos anos, ocasionam graves consequências. É preciso lembrar que o corpo humano é um complexo e sofisticado laboratório e que seu metabolismo depende dos insumos que ele utiliza, os quais estão contidos nos alimentos. Daí a grande importância da qualidade da alimentação na preservação da saúde. Hoje, o ato de se alimentar deixou de ser uma necessidade fisiológica para se tornar uma necessidade psicológica, mais propriamente emocional. Por motivos culturais, a satisfação em comer alimentos frescos e saudáveis cedeu lugar ao prazer despertado pelos pratos mais sofisticados e produtos industrializados, cuja presença de conservantes, corantes, maior quantidade de condimentos, açúcares, molhos e gorduras em excesso faz tanto mal à saúde.

Assim como a gasolina impura suja o carburador de um automóvel, os alimentos impróprios danificam nosso organismo. Um carro de Fórmula 1 precisa de combustível especial e constantes revisões de sua máquina para ter um bom desempenho, da mesma forma, o corpo humano necessita de alimentação saudável e equilibrada – fonte de toda sua energia – para um perfeito funcionamento. Sabendo-se da importância da alimentação para a saúde, não faz sentido que se comam, sistematicamente, alimentos que façam mal ao organismo. Poucas pessoas se preocupam em saber a origem dos alimentos que consomem no dia a dia, os métodos empregados na sua industrialização e as substâncias adicionadas para sua conservação, e – o que é fundamental – qual é o seu conteúdo em nutrientes. O ser humano, salvo em raras ocasiões, não tem o instinto de comer determinado alimento que seu corpo está necessitando. De maneira geral, não sente esse impulso que é comumente observado em diversos animais, portanto sua alimentação deve conter todos os nutrientes necessários ao bom funcionamento do organismo.

A boa nutrição por meio de refeições balanceadas, o sono reparador, o caminhar diário, as férias e o lazer constituem alguns dos recursos utilizados pela medicina preventiva e os alicerces de uma vida saudável. Paralelamente devem ser combatidos os fatores contraproducentes que minam o organismo como a vida sedentária, as tensões exageradas, os pensamentos negativos, a falta de motivação e a depressão.

A arte de prevenir também deve ser direcionada para os chamados fatores de risco.

Os fatores de risco

Fatores de risco são parâmetros ambientais, circunstanciais, constitucionais e genéticos que quando identificados indicam maior suscetibilidade do indivíduo a desenvolver doença cardiovascular. Dados epidemiológicos apresentados em trabalhos científicos e de pesquisa em todo o mundo revelam maior incidência das doenças do sistema cardiovascular quando um ou mais fatores de risco estão presentes.

São considerados fatores de risco: hereditariedade, aumento das gorduras no sangue, particularmente o colesterol, hipertensão arterial, tabagismo, diabetes, sedentarismo, obesidade, aumento do ácido úrico no sangue e estresse.

Existem fatores de risco controláveis e não controláveis. Infelizmente, ainda não se podem neutralizar os fatores de origem genética considerados não controláveis. Todos nascemos com maior ou menor predisposição à determinada doença, dependendo do código genético pessoal. Estima-se que existam 100 mil genes em cada célula do corpo humano e ainda só conhecemos um quarto deles. O Projeto Genoma nos trouxe conhecimentos por meio do mapeamento dos genes humanos, o que permitiu aos médicos interferirem nos fatores de risco que eram considerados imutáveis.

Hoje já temos um *chip* de silício que identifica 30 mil marcadores genéticos, a partir de uma amostra de DNA "codificada" pelo *chip*. É um importante passo para a identificação da função e estrutura de cada gene que possa ser responsável por diversas doenças. A engenharia genética tem proporcionado aos médicos e aos cientistas a possibilidade de intervir com segurança e efetividade nos fatores genéticos, em breve, todos os fatores de risco serão controláveis. Deve-se investigar a genealogia patológica familiar para identificar o terreno minado das fragilidades orgânicas herdadas e, dessa forma, tomar medidas preventivas para impedir que os problemas se manifestem ou se agravem.

Quanto aos fatores de risco controláveis, é possivel evitar alguns e administrar outros, adotando-se medidas e atitudes que dependem diretamente da nossa vontade. Durante os exames periódicos e o *check-up*, que devem ser rotineiros, são avaliados todos esses fatores e, dessa forma, quantifica-se o risco cardiovascular.

A medicina moderna dispõe de aparelhos que, em poucas horas, avaliam com precisão o estado de saúde da pessoa e fornecem dados fidedignos para que seja traçada uma política eficiente de prevenção. As doenças cardiovasculares têm nos fatores de risco seus grandes potencializadores: identificá-los e fornecer a orientação correta para combatê-los são os objetivos da medicina preventiva.

A falta de cuidado com a saúde propicia o aparecimento de doenças degenerativas precoces e mais complicadas que causam sintomas incômodos e altamente limitantes, o que irá tornar a velhice mais penosa e difícil. A definição da medicina como "arte de curar" hoje vai mais além. Ela se tornou também a "arte de prevenir".

Capítulo 4

O Colesterol e a Alimentação Correta

"O perigo cresce quando o desprezamos."

(Edmund Burke)

Um pouco de história

A história moderna do colesterol começou em 1951, quando o Pentágono enviou um grupo de patologistas – comandados pelo major William F. Enos e pelo tenente-coronel Robert H. Holmes – para a zona de combate da Guerra da Coreia, para estudar os corpos dos soldados mortos. Durante três anos, o grupo realizou 2 mil necropsias.

Esses especialistas se encontraram diante de uma situação diferente: em vez de estudar cadáveres de pessoas que morriam velhas e doentes, receberam corpos de homens jovens e de grande vigor físico. Assim, quando começaram a achar sinais de doença coronariana naqueles corpos, tiveram uma grande surpresa. Na verdade, não era comum alguém com menos de 35 anos morrer de doença cardíaca, e aqueles soldados tinham, em média, 22 anos. Deu-se início, então, a um estudo sistemático do coração dos soldados mortos em batalha.

Em 300 casos eles dissecaram a parte mais vulnerável do coração: as artérias coronárias que nutrem de sangue o músculo cardíaco. Resultado: em vez de encontrarem a parede dessas artérias íntegra e limpa, em 35% dos casos depararam com depósitos amarelados de gordura e fibrina. Esses depósitos, a princípio, não estavam causando sintomas, nem interrompendo a circulação, mas mostravam que a degeneração das artérias começava a ocorrer mais do que 20 anos antes que a pessoa possa vir a ter um ataque cardíaco.

Em 42% dos cadáveres, as artérias coronárias se encontravam em pior estado, apresentando grandes depósitos de gordura que formavam uma placa dura que continha colesterol, tecidos degenerados e cálcio. Outro achado importante: um em cada dez soldados apresentava lesões que reduziam ou bloqueavam o fluxo de sangue de pelo menos uma artéria coronariana.

Em trabalhos anteriores, Vogel foi um dos primeiros pesquisadores a demonstrar a presença de colesterol nas placas de ateroma. Outro pesquisador, Stamler, constatou a relação direta entre o aumento do risco de doença coronariana e a elevação dos níveis de colesterol no sangue.

A arteriosclerose é causa direta ou indireta em 75% das mortes em pessoas acima de 50 anos.

O que é o colesterol?

O colesterol é uma substância parecida com a gordura, não existe nos vegetais, está presente no organismo dos animais e é uma substância essencial ao corpo. É componente presente na membrana de todas as células do organismo e desempenha importante papel na produção de hormônios, ácidos biliares e vitamina K. No ser humano é produzido no fígado e também absorvido pelo organismo a partir dos alimentos ingeridos como ovos (gema), carnes, crustáceos, laticínios e outros de origem animal. Cerca de 80% do colesterol total do corpo é produzido no fígado, ao passo que 20% provêm dos alimentos. Daí muitas vezes a dificuldade em se reduzir os níveis de colesterol à faixa de normalidade somente com dieta alimentar.

Apesar de ser fundamental em vários processos vitais, quando ultrapassa o limite desejável, se transforma em um sério fator de risco para doenças cardiovasculares, e, por isso, segundo Jeannete Ewin, o colesterol elevado e as gorduras saturadas são a antítese do conceito moderno de saúde e nutrição. Mais de 100 milhões de pessoas no mundo estão com o colesterol em níveis acima do que o organismo necessita, o que pode acarretar sérios problemas de saúde. O colesterol em excesso ocasiona entupimento das artérias e bloqueio do fluxo de sangue e, consequentemente, da oxigenação do cérebro, coração e de vários outros setores do organismo.

O colesterol foi definido como fator de risco de primeira grandeza no congresso do American College of Cardiology em 1985.

O "bom" e o "mau" colesterol

Da mesma forma que a gordura, o colesterol não é solúvel no sangue e, portanto, não pode circular na corrente sanguínea. Para contornar esse problema, o organismo lança mão de um artifício para poder transportá-lo no sangue que é um meio aquoso: conjuga o componente lipídico com uma proteína, formando uma lipoproteína que é transportável pelo sangue. Não apenas circula pela corrente sanguínea, como também atravessa as delicadas membranas celulares e penetra em todas as células do corpo. Quando o colesterol se une a uma proteína de alta densidade constitui a fração HDL (*high density lipoprotein*), chamada de "bom colesterol" porque transporta o excesso de colesterol para o fígado, no qual é metabolizado e eliminado. Ao se unir com uma proteína de baixa densidade forma a fração LDL (*low density lipoprotein*) considerada "mau colesterol" porque se deposita na parede das artérias. Nesse local, o colesterol combina-se com outras substâncias e forma uma placa espessa e endurecida que aos poucos vai obliterando a artéria. A essa condição dá-se o nome de aterosclerose (*atheros* = placa) que é o tipo mais frequente de arteriosclerose.

É importante dosar o colesterol total e suas frações com auxílio de de um simples exame de sangue. Cabe ao médico analisar esses valores e verificar a proporcionalidade entre as frações, e delas com o colesterol total, para avaliar corretamente os índices de risco de cada indivíduo em desenvolver aterosclerose e doença coronariana. Considera-se que o risco de doença coronariana cai dois a três pontos percentuais a cada ponto percentual de redução do colesterol total. Uma análise de um "pool" de dez estudos (Estudo Britânico do Coração, Estudo Britânico da Associação United Provident, Estudo Gotemburgo, Estudo MRFIT, Pesquisa Renfrew e Paisley, Estudo Whitehall, Program Honolulu do Coração, Estudo Sueco Central, Estudo Israelense sobre Doença Isquêmica e Projeto de Agregação de Dados, mostrou a correlação entre doença coronariana e nível de colesterol total em quase 500 mil homens.

Constatou-se que um homem de 40 anos, em condições normais, que tem um nível de colesterol 10% menor do que outro homem da mesma idade, corre um risco 54% menor de ter uma doença coronariana. Aos 50, 60, 70 e 80 anos de idade o risco é menor em 30%, 27%, 20% e 19%, respectivamente. Portanto, deve-se rever o conceito popular de só se ter preocupação no controle do colesterol em homens com mais de 45 anos e em mulheres após os 55 anos. Todas as pessoas, independentemente da idade, deveriam saber os níveis do seu colesterol total e frações, para poderem instituir com segurança a utilização de medicamentos, se necessário, e um tipo de alimentação mais adequado. Essa conduta deve ser adotada desde a infância, pois hábitos alimentares saudáveis devem ser incutidos nas crianças precocemente, porque muito mais cedo do que se pensa já é iniciado o processo de alteração das artérias.

O colesterol "muito ruim"

Já está sendo chamado assim um novo tipo de colesterol conhecido por lipoproteína A ou, simplesmente, Lp(a). Um estudo publicado no *Journal of the American Medical Association*, em agosto de 1997, relata que este pode ser o grande responsável pelos infartos sofridos por pessoas jovens e que apresentavam valores normais dos outros tipos de colesterol.

Os pesquisadores americanos analisaram, durante 15 anos, 2.191 homens que não apresentavam nenhum sinal de doença cardíaca e tinham o colesterol total normal. Destes, 129 acabaram desenvolvendo doença coronariana (angina ou infarto) precocemente. Os exames mostraram que eles tinham níveis elevados do colesterol Lp(a). O Lp(a), que tem uma composição muito parecida com a fração LDL, também se deposita nas paredes das artérias e tem papel importante na formação de trombos (coágulos de sangue formados dentro dos vasos pela agregação de várias substâncias), responsáveis pela obstrução total de uma coronária, impedindo a passagem de sangue para o músculo cardíaco, o que ocasiona o infarto do miocárdio. Aparentemente, o Lp(a) não está relacionado com uma dieta gordurosa.

Trabalhos recentes publicados no *Journal of American College of Cardiology* concluíram que o Lp(a) está relacionado com a vasomotricidade das artérias coronarianas, isto é, uma predisposição maior ao espasmo – uma redução do calibe da artéria – quando os níveis de Lp(a) são maiores ou iguais a 30 mg/dl. Ele parece ter causa genética. Uma em cada cinco pessoas teria níveis elevados dessa substância. O estudo mostrou ainda que o Lp(a) tem seu efeito potencializado pelos níveis elevados dos outros "tipos" de colesterol. Dessa forma, reduzir o LDL também protege as pessoas que têm o Lp(a) elevado. Apesar de, no momento, já se ter condições de fazer esse diagnóstico, ainda não existe medicamento efetivo para reduzir seus níveis no sangue. Estudos preliminares indicam que a niacina (ácido nicotínico – vitamina B3) pode reduzir os níveis de Lp(a) em alguns pacientes. A reposição hormonal instituída em mulheres na fase pós-menopausa parece ter o mesmo efeito redutor.

Gorduras saturadas

A gordura saturada é um tipo de gordura que, quando ingerida, aumenta a quantidade de colesterol produzido pelo organismo. Está presente em produtos de origem animal e laticínios que contenham gordura (60% da gordura da manteiga é saturada). Também é encontrada em gorduras hidrogenadas, que constituem o principal ingrediente da maioria das margarinas. Deve-se dar preferência ao consumo moderado de margarinas de consistência mais macia, à base de óleos líquidos, que apresentam menor quantidade de gordura saturada, e evitar a manteiga e as margarinas hidrogenadas de consistência mais firme. As margarinas *light* ou *diet*, que possuem baixa concentração de gordura total e menor quantidade de ácidos graxos "trans", devem ser as escolhidas em substituição à manteiga.

Ácidos graxos "cis" e "trans"

Um processo chamado de "hidrogenização" ou hidrogenação adiciona moléculas de hidrogênio aos óleos líquidos, como os de milho e soja, para fazer com que eles se tornem mais sólidos e estáveis à temperatura ambiente. Durante o processo de hidrogenização, algumas moléculas são rearranjadas de uma posição "cis" para uma posição "trans". O que isso traz de mal para o organismo? Uma alimentação rica em ácidos graxos "trans" pode aumentar a fração LDL do colesterol, considerado o "mau colesterol". O conteúdo de ácidos graxos "trans" varia de 7 a 24% nas margarinas. Quanto mais cremosa a margarina, menor seu grau de hidrogenação e, portanto, terá menor quantidade de gorduras saturadas e menor conteúdo de ácidos graxos "trans". Os fabricantes usam óleos hidrogenados porque conferem à margarina uma textura e um sabor mais próximos da manteiga, e prolongam o prazo de validade de produtos como biscoitos, torradas e batatas fritas.

Gorduras poli e monoinsaturadas

A gordura poli-insaturada é formada pelos ácidos graxos (gordurosos) do grupo ômega-6 e ômega-3. O grupo ômega-6 tem como fontes principais as sementes, grãos e óleos vegetais ricos no ácido linoleico; e o grupo ômega-3, os peixes de água fria.

A gordura poli-insaturada é essencial ao organismo, mas o corpo humano não tem condição de produzi-la, daí a necessidade de os ômegas serem utilizados no processo alimentar.

O ácido graxo essencial mais importante é o ácido linoleico que é encontrado nos óleos de canola, milho, soja, girassol, algodão, arroz e amendoim, os quais segundo pesquisas reduzem o colesterol e os triglicerídeos no sangue, melhoram a contratilidade do músculo cardíaco e diminuem a agregação das plaquetas, o que reduz a possibilidade a formação de coágulos e tromboses. O óleo de girassol é o que apresenta maior concentração de ácido linoleico, e o óleo de canola (planta da família da mostarda) é o que tem a mais baixa concentração de gorduras saturadas.

O problema da contaminação dos óleos e azeites nacionais pelo benzopireno, substância cancerígena, é relatado em trabalhos de pesquisa. O benzopireno é uma substância formada a partir da queima de combustíveis de carros, ônibus e caminhões, cujas partículas se depositam nas plantas próximas às estradas e que aos poucos vão sendo absorvidas pelos vegetais. No processo de extração do óleo, o benzopireno é encontrado misturado ao produto industrializado. O óleo de milho é o que apresenta maior índice de contaminação.

As gorduras monoinsaturadas também podem baixar o colesterol. O mais utilizado ácido graxo monoinsaturado é o oleico, predominante no azeite de oliva. O consumo de azeite de oliva (frio) em substituição às gorduras saturadas faz baixar a fração LDL do colesterol e dificulta a sua oxidação, o que é benéfico quando se analisa o mecanismo de formação da arteriosclerose. Os estudos nesse sentido comparam a incidência de infarto do miocárdio que é menor entre os habitantes do Mediterrâneo, que consomem grande quantidade de azeite de oliva, em relação às populações dos Estados Unidos e da Finlândia, que não possuem os mesmos hábitos alimentares.

Alimentação correta

Existe uma íntima relação entre os alimentos ingeridos e o corpo humano desde o nascimento até a morte. A ciência tem estudado exaustivamente o mecanismo molecular de cada célula do corpo e comprovado a importância decisiva de nutrientes e substâncias que compõem os alimentos na prevenção e evolução das doenças.

A hipercolesterolemia não é considerada uma doença, mas uma característica constitucional metabólica, na maioria das vezes associada a erros na alimentação. Tanto é que a American Heart Association publicou diretrizes de alimentação para reduzir os níveis de colesterol da população. Simples mudanças nos hábitos alimentares podem resolver o problema. Devem-se restringir as gorduras saturadas, como a manteiga, e trocá-las pelas monoinsaturadas e poli-insaturadas, como o óleo de canola, milho, girassol, soja ou de oliva. Não se deve jamais reutilizar o óleo já empregado em outra fritura. Numa alimentação saudável, as gorduras devem constituir menos de 30% do valor total calórico. É aconselhável consumir alimentos cozidos e grelhados ou feitos no vapor, assim como peixe, carnes brancas e magras. A carne branca de frango e de peru, sem pele, possui baixos teores de gordura total e saturada, entretanto, a carne escura dessas aves possui teores de gordura às vezes mais elevados do que algumas partes da carne bovina. A melhor escolha é a carne de peixe. O colesterol só é encontrado em alimentos de origem animal. Particularmente ricos em colesterol são a gema de ovo, as vísceras (fígado, coração, língua, etc.), camarão, lagosta, ostra e os laticínios, principalmente a manteiga. As fibras baixam o colesterol, daí ser importante o seu consumo elevado e incluir no dia a dia alimentos como: farelo de arroz, de aveia e de trigo, feijão, ervilha, guando, lentilha e soja, germe de trigo, grão-de-bico cozido, farinha de trigo integral, pão de centeio, aveia em flocos, ameixa seca, damasco seco, couve-de-
-bruxelas cozida e uva-passa; o leite deve ser desnatado ou de soja,

queijos só os brancos, tipo ricota, minas ou tofu, iogurte (que deve ser utilizado em substituição ao creme de leite nos molhos das refeições mais sofisticadas) em geral cereais, legumes, verduras, bastante cebola e alho (trabalhos científicos assinalam que esses produtos dissolvem coágulos e evitam as tromboses), frutas e beber muita água (no mínimo dois litros por dia).

Deve-se ter equilíbrio também na adoção dessas medidas salutares. A radicalização não é aconselhável e pode se tornar uma verdadeira neurose. Foi cunhado pelo Dr. Steven Bratman no seu livro *Guia Prático da Medicina Alternativa* o termo "ortorexia nervosa" à obsessão doentia em que pode se transformar o hábito de ingerir alimentos saudáveis.

É importante que se conheçam as concentrações em colesterol, gorduras saturadas e insaturadas dos alimentos que constituem a nossa dieta. Dessa maneira, e obedecendo às preferências individuais de paladar, pode-se organizar um cardápio saboroso e saudável.

Casos ilustrativos

Um caso ilustrativo diz respeito à senhora S.W.O., de 45 anos, que se queixava de, apesar de estar fazendo dieta, seu colesterol continuar subindo. Ao responder às indagações do médico quanto aos detalhes da dieta, ela disse que nem almoçava para não engordar, que era outra das suas preocupações. Alegava que na hora do almoço se limitava a comer uma salada e no jantar fazia um lanche reforçado. Teoricamente, estaria tudo de acordo com seus desejos não fosse o detalhe (importante) de quais alimentos compunham a salada e constituíam o "lanche". A salada não era uma simples salada verde ou, para variar, com algumas outras verduras e legumes, mas continha embutidos (frios sortidos, salame, salsicha, presunto, etc.), queijos amarelos e gordurosos e às vezes, maionese "light".

O lanche em substituição ao jantar era composto de uma xícara de café com leite (não desnatado), ou chocolate, e/ou similares, um misto-quente, às vezes hambúrguer ou cheesburguer para, segundo ela, suprir as necessidades de proteína, e eventualmente um waffle, porque adora e "ninguém é de ferro para aguentar tanta dieta". Fazia questão de ressaltar que tinha abolido a manteiga dos sanduíches e do waffle, além dos biscoitos amanteigados que adorava. Na realidade, a paciente desconhecia não só os valores calóricos dos alimentos como também seu conteúdo em colesterol.

Outro caso de dificuldade em regularizar a taxa de colesterol é o de M.S., executivo, 38 anos, que ao se submeter a um *check-up* constatou anormalidade nos índices do colesterol. Ponderou que sempre fez dieta alimentar, não comia gorduras, manteiga nem ovos durante toda semana, exceto nos almoços de negócios, mas que apesar de algum constrangimento em certas situações, procurava conciliar o cardápio com a sua dieta. Não podia compreender como, com toda essa preocupação alimentar durante a semana, poderia estar com o colesterol elevado. Questionado sobre os hábitos alimentares do fim de semana, alegou que precisava se "soltar" no sábado e domingo quando comia em restaurantes sofisticados ou no clube, mas não exagerava. O certo é que o organismo não reconhece feriados, fins de semana ou comemorações e, consequentemente, o processo metabólico é o mesmo durante os 365 dias do ano. Portanto, deve-se procurar manter uma regularidade no regime alimentar e se adaptar ao consumo de alimentos saudáveis sem esforço ou punição. As pessoas, pelo fato de não comerem a quantidade desejada dos alimentos de que gostam ou mesmo evitá-los esporadicamente, se consideram fazendo dieta e na maioria das vezes acreditam que essa dieta é correta. Na verdade, a alimentação deixou de ser uma necessidade fisiológica para se tornar nos dias de hoje uma necessidade emocional.

A dieta ideal para não engordar e manter o colesterol dentro da faixa de normalidade é muito simples: comer muito pouco do que se acha gostoso, e comer à vontade do que não se gosta.

Capítulo 5

Exercício e Sedentarismo

"Os que não encontram tempo para o exercício, terão que encontrar tempo para as doenças."

(Edward Derby)

O exercício aumenta a aptidão física e previne diversas doenças. Melhora as condições cardiovasculares, respiratórias, a circulação do sangue, o desempenho sexual, o aparelho locomotor, as funções cerebrais e evita o envelhecimento precoce. Força, agilidade, coordenação motora, flexibilidade, postura e resistência física adquiridas com a prática de exercícios são fatores importantes para o desempenho produtivo do ser humano e que o capacitam a realizar eficientemente as tarefas impostas pela vida. Além desses fatores positivos, os exercícios aeróbicos protegem o sistema cardiovascular. A conscientização da importância do binômio atividade física e saúde é fator primordial de promoção à vida sadia e à prevenção de doenças. Há uma íntima relação entre doença e estilo de vida, em que a atividade física se constitui como um fator fundamental.

Sem dúvida, a atividade física interfere de forma decisiva ao se contrapor a todos os fatores de risco para doenças cardiovasculares. As pessoas que se exercitam regularmente conseguem atenuar ou neutralizar fatores de risco como a hipertensão arterial, o diabetes, o aumento do colesterol e de outras gorduras no sangue, a obesidade, o estresse, até mesmo os fatores genéticos e o fumo. O exercício físico quando realizado de forma regular, obedecendo a um programa progressivo de condicionamento, tem efeito anti-hipertensivo permanente; ajuda no controle do diabetes – diabéticos que têm atividade física regular e programada necessitam de menor dose de antidiabéticos orais ou de insulina –; constitui um potente tranquilizante natural reduzindo, dessa forma, o estresse; reduz o nível de gorduras no sangue, aumenta o catabolismo e a queima de calorias do corpo, o que combate de modo saudável a obesidade. O efeito benéfico dos exercícios físicos é confirmado em todos os trabalhos científicos que avaliam a ação da atividade física sobre o organismo. Como, por exemplo, nos indivíduos que fumam mais de 20 cigarros por dia, e correm 40 minutos, cinco a seis vezes por semana, que passam a apresentar o mesmo risco para doenças cardiovasculares dos sedentários não fumantes.

Os exercícios aeróbicos protegem o sistema cardiovascular ao melhorar a circulação do sangue em todas as áreas do organismo, principalmente do músculo cardíaco, ao dissolver pequenos coágulos que dificultam a circulação em artérias de pequeno calibre (ação trombolítica), e é também um forte aliado no combate ao envelhecimento físico e mental, ao oxigenar melhor todas as células do organismo, além de contribuir para que a pessoa mantenha uma boa silhueta, uma postura correta e um bom funcionamento das articulações.

Atividade física e doença das coronárias

Nos Estados Unidos, dados fornecidos pelo Framingham Report mostram um número bem menor de ataques cardíacos fatais entre as pessoas mais ativas do que entre os sedentários. Estudos realizados em habitantes de kibutzim israelenses, onde os hábitos de vida e a alimentação são muito parecidos entre todos os habitantes, verificaram que a incidência de doença coronariana era 2,5 a 3 vezes maior entre os indivíduos com atividades mais sedentárias em relação às pessoas que exerciam funções que exigiam atividade física mais intensa. Outro estudo interessante foi realizado pelo Departamento de Transporte de Londres, que constatou uma incidência significativamente maior de infarto nos motoristas dos ônibus em comparação com os cobradores, que exercem sua atividade em constante movimentação. Tal diferença foi atribuída a dois fatores: o exercício físico praticado pelo cobrador e o maior estresse sofrido pelo motorista.

O sedentarismo é consequência quase inevitável da evolução tecnológica e mecanização do fim do século XX, e está diretamente relacionado ao aumento da mortalidade e da morbidade nos países mais industrializados e socioeconomicamente mais evoluídos. Deve-se ter sempre em mente que o corpo humano foi projetado e criado para a ação e não para a inatividade.

Aptidão física

A resistência cardiorrespiratória, a força, a flexibilidade, a resistência muscular e a composição corporal são os parâmetros a serem mensurados na avaliação da aptidão física de uma pessoa. A resistência cardiorrespiratória é a capacidade que o sistema cardiovascular e o aparelho respiratório apresentam e que permite a realização de esforços físicos de intensidade moderada por períodos de longa duração. Portanto, quanto maior for a resistência cardiorrespiratória de uma pessoa, mais apta ela estará para realizar suas tarefas. É exatamente a resistência cardiorrespiratória que determina nosso fôlego.

Para que se consiga obter maior resistência cardiorrespiratória, os exercícios aeróbicos (caminhada, *jogging*, natação, ciclismo) devem ser executados com uma intensidade determinada pela frequência cardíaca (números de batimentos por minuto), de forma regular, realizados de maneira contínua durante no mínimo 30 minutos, com uma frequência de três a cinco vezes por semana.

Efeitos do exercício sobre o organismo

- Tonifica o corpo.
- Relaxa o corpo e a mente.
- Fortalece o coração.
- Desenvolve a circulação.
- Regula a pressão arterial.
- Libera substâncias que dissolvem pequenos coágulos.
- Eleva a capacidade respiratória.
- Aumenta a oxigenação de todos os órgãos e células do corpo.
- Auxilia no equilíbrio do metabolismo do organismo.
- Melhora a aparência física e a postura.
- Produz um sono mais relaxante.

- Aumenta o gasto calórico e ajuda a eliminar o excesso de peso.
- Melhora o desempenho sexual.
- Aumenta a força muscular e a flexibilidade.
- Traz uma agradável sensação de bem-estar pela liberação de endorfinas.

Praticamente nenhum desses benefícios citados constitui novidade para a pessoas bem informadas, mas é preciso que toda a população reflita sobre a relação entre os custos – baixos – e os benefícios – altos – quando se pretende vencer o sedentarismo.

A saúde é uma conquista e não um dom natural, e deve ser permanentemente conseguida. Manter a saúde é uma tarefa que precisa ser realizada diariamente.

Tipos de exercícios

Basicamente, existem dois tipos de metabolismo empregado pelo organismo na produção de energia para a execução do trabalho muscular: o aeróbico e o anaeróbico. A intensidade do estímulo físico é que irá determinar o tipo de atividade metabólica que o organismo lançará mão. Estímulos de baixa e moderada intensidade permitem trabalhos musculares de longa duração com pouco dispêndio de energia e são considerados atividades físicas aeróbicas. Estímulos de forte intensidade desencadeiam um metabolismo que proporciona a produção de energia rápida, que permite um trabalho muscular de curta duração com grande dispêndio de energia, e caracterizam as atividades físicas anaeróbicas. Os exercícios em que predominam as atividades físicas aeróbicas são de intensidade que varia de fraca a moderada e podem ser praticados por até várias horas, o que tem ação altamente benéfica sobre o sistema cardiovascular. Esse tipo de exercício permite a manutenção de um estado de equilíbrio entre o consumo de energia e o suporte enérgico proporcionado pelo organismo, o que faz com que os exercícios aeróbicos sejam os recomendados em qualquer programa de exercícios quando se visa à aptidão física relacionada à saúde.

Veja se você precisa de exercícios

A finalidade do exercício não é somente a proteção do aparelho cardiovascular, mas também a manutenção do bom funcionamento da estrutura corporal.

- No dia seguinte a um maior esforço físico você acorda todo dolorido?
- Você acha difícil curvar-se, virar-se ou fazer uma rotação do tronco?
- Você se sente frequentemente cansado mesmo sem ter feito nenhum exercício especial?
- Tem dificuldade em conciliar o sono mesmo quando está muito cansado?
- Quando você corre pequenas distâncias ou sobe escada fica sem fôlego?
- Você está com seu peso acima do ideal?
- Você se sente deprimido às vezes, sem motivo?

As pessoas que sofrem de cansaço generalizado, sem causas médicas, se beneficiam com *mais* exercício do que com *mais* descanso.

O que se deve fazer

- Dar preferência à prática de exercícios sob orientação e realizados com regularidade.
- Transformar o exercício em fonte de lazer.
- Fazer alongamento e aquecimento antes de praticar qualquer tipo de exercício.
- A pessoa deve se exercitar até se sentir *agradavelmente* cansada.
- Não querer fazer tudo de uma vez e só uma vez.
- Procurar o exercício mais adequado para as características do próprio corpo. Por exemplo, quem tem uma lesão no pé deve praticar natação e não longas caminhadas.
- Praticar exercícios que requerem movimentos fáceis e envolvam todos os grupos musculares.
- Deve-se evitar competir com os outros e, principalmente consigo mesmo.

- Nunca praticar um esporte só no fim de semana, principalmente se não estiver com algum preparo físico.
- Antes de a pessoa se engajar em um programa de exercício deve se submeter a um *check-up* completo.
- Não se descuidar da hidratação. Quanto mais intensa a prática do exercício, maior a transpiração e, consequentemente, a perda de água e sais minerais. A reidratação com bebidas que contêm sais minerais e às vezes vitaminas pode se constituir numa boa opção.

Muitas pessoas desistem de fazer exercícios porque ficam com o corpo muito dolorido no dia seguinte à realização de uma sessão ou série de exercícios que, possivelmente, foram inadequados para aquele momento de preparação física. Se a pessoa nunca foi adepta de ginástica ou de algum esporte, o preferível é caminhar. Como dizia Hipócrates: "Caminhar é o melhor remédio para o homem". A caminhada é o primeiro passo para a pessoa deixar de ser sedentária. É uma atividade física aeróbica de baixo impacto, barata e fácil de ser executada porque não exige nenhuma habilidade especial, além de não ocasionar nenhum dano físico importante. É uma atividade simples que, se feita de forma programada, proporciona excelente condicionamento físico. Caminhar alivia as tensões, traz prazer e bem-estar, ajuda a controlar o peso e fortalece os músculos e o coração.

O ideal é que a pessoa não se limite apenas a caminhar, mas também procure mexer todos os grupos musculares por meio do alongamento. Na preparação para a caminhada deve estar incluída uma série de alongamentos.

É o caso de D.J., 60 anos, que caminhava diariamente. Em testes ergométricos atingia categoria aeróbica excelente, mas durante a mudança de residência, ao arrumar a biblioteca, sofreu distensões musculares em regiões onde a musculatura não se encontrava devidamente exercitada. Esse caso mostra que o caminhar regular, embora altamente benéfico para o aparelho circulatório, não atende a todas necessidades do corpo, sendo importante que a pessoa pratique outros exercícios, como alongamento, musculação leve e equivalentes.

Algumas dicas para a caminhada

Usar roupas leves, claras (se caminhar durante o período de sol), confortáveis e de tecido que absorva a transpiração. O calçado deve estar bem ajustado para não ocasionar fricção inadequada em áreas de maior atrito. No início, a velocidade e duração do exercício devem obedecer a um programa predeterminado, personalizado e orientado por um professor de educação física. A frequência do pulso, que é a mesma dos batimentos cardíacos, determinará a velocidade ideal da caminhada ou da corrida. A frequência cardíaca na atividade aeróbica deve ficar entre 65 e 80% da frequência cardíaca máxima, e o exercício deve ser feito por cerca de 30 minutos. Deve ser calculada da seguinte maneira:

220 – idade da pessoa = frequência cardíaca máxima (FCM)
FCM x 0,7 = frequência cardíaca ideal durante a atividade aeróbica.
Por exemplo – uma pessoa de 60 anos: 220 - 60 = 160; 160 x 0,7 = 112 batimentos por minuto.

Estatísticas

Dados de uma pesquisa nacional do Datafolha, feita com 2.054 pessoas, entre 18 e 60 anos, em 98 municípios do país, apontam que 60% dos entrevistados não praticam qualquer tipo de exercício físico.

Quem não se exercita:

- 70% das mulheres;
- 69% dos que têm até o primeiro grau;
- 66% dos que têm entre 45 e 60 anos;
- 65% dos que moram no Nordeste;
- 64% dos que têm renda de até dez salários mínimos.

Quem se exercita:

- 62% dos que têm curso superior;
- 57% dos que têm renda superior a 20 salários mínimos;
- 50% dos homens;
- 47% dos que moram na região Sul;
- 46% dos que têm entre 18 e 24 anos.

Motivos pelos quais se exercitam (respostas múltiplas):

- Emagrecer e para manter a forma: 53%;
- Saúde: 36%;
- Hábito: 20%;
- Ordem médica: 16%;
- Lazer: 13%;
- Para ter mais disposição: 11%;
- Combater o estresse: 10%;
- Meio de transporte: 5%;
- Relaxar: 3%;
- Faz exercício no trabalho: 2%;
- Outras respostas: 4%.

Motivos pelos quais não se exercitam:

- Falta de tempo: 65%;
- Não gostam de esporte: 18%;
- Preguiça: 10%;
- Falta de dinheiro: 10%;
- Problemas de saúde: 7%;
- Gastam toda a energia no trabalho: 6%;
- Idade avançada: 2%;
- Religião não permite: 1%;
- Falta de hábito: 1%;
- Não têm lugar para praticar: 1%;
- Outras respostas: 7%.

O índice dos que não praticam qualquer atividade física aumenta de acordo com a faixa etária. O mais alto (66%) registra-se entre os que têm de 45 a 60 anos.

O que uma vida sedentária pode provocar:

- Obesidade;
- Enfraquecimento dos ossos;
- Aumento da pressão sanguínea;
- Síndrome da fadiga crônica;

- Dores crônicas;
- Doenças cardíacas (duas vezes mais comuns do que em pessoas que fazem algum tipo de atividade física);
- Diabetes tipo 2;
- Problemas nas articulações;
- Gripes;
- Perda da massa muscular;
- Ganho de gordura na massa corporal;
- Capacidade respiratória precária (a pessoa se cansa com facilidade);
- Postura inadequada;
- Cansaço;
- Dores musculares após mínimos esforços.

Benefícios da atividade física regular:
- Ajuda a pessoa a ser mais produtiva no trabalho;
- Aumenta a capacidade para trabalhos físicos;
- Dá mais pique para outras atividades;
- Aumenta a força muscular;
- Ajuda coração e pulmões a trabalharem de forma mais eficaz;
- Fortalece os músculos;
- Traz maior flexibilidade;
- Proporciona mais energia;
- Ajuda na administração do estresse;
- Melhora a autoimagem;
- Aumenta a resistência à fadiga;
- Ajuda a controlar sintomas depressivos e ansiosos;
- Auxilia a relaxar e a sentir menos tensão;
- Melhora a capacidade de conciliar o sono rapidamente e de dormir bem;
- Ajuda a queimar calorias.

Calorias queimadas por hora:
- Bicicleta (mais lento): 240;
- Bicicleta (mais rápido): 410;

- Correr lentamente: 740;
- Correr mais rapidamente: 920;
- Pular corda: 750;
- Nadar lentamente: 275;
- Nadar rápido: 500;
- Jogar tênis: em dupla 400;
- Andar lentamente: 240;
- Andar moderadamente: 320;
- Andar rápido: 440;
- Correr 17,5 quilômetros em uma hora: 1.080 calorias;
- Rachar lenha: 1.020;
- Carregar compras escada acima: 480;
- Jogar tênis: 480;
- Cortar grama: 330;
- Praticar canoagem: 300;
- Caminhar no escritório: 210;
- Dançar música lenta: 180;
- Consertar o carro: 180;
- Brincar com crianças: 150;
- Trabalho leve de pé (arquivar, xerocar): 150;
- Fazer amor com intensidade: 90;
- Beijar e fazer carícias: 60;
- Dormir ou assistir à tevê na cama: 54.

As nutricionistas americanas Marie Krause e Kathleen Mahan pesquisaram o consumo de calorias de um adulto de peso normal quando realiza pequenas atividades do dia a dia (publicado no livro *Alimentos, Nutrição e Dietoterapia*). Entre as queimas calóricas mais curiosas, temos:

- Depois de oito horas de sono: queima de 576 calorias;
- Dez minutos escovando os dentes, lavando o rosto e fazendo a barba: 20;
- Ir e voltar de uma padaria localizada a cinco minutos de casa andando no plano: 71;

- Lavar chão, varrer, lavar roupa, arrumar cama e outras atividades durante meia hora: 125;
- Tomar um banho de 15 minutos e levar mais cinco se vestindo: 52;
- 15 minutos dirigindo: 42;
- Ler, escrever, participar de reuniões e outras atividades de um trabalho de oito horas: 900;
- Subir cinco andares de escada em cinco minutos: 70;
- Assistir à tevê ou ler sentado durante uma hora e meia: 117.

Mas atenção: essas atividades acabam não exercitando os músculos necessários. Pode-se até perder peso, mas não obter os efeitos da ginástica ou da musculação. Além disso, normalmente são feitas sem ritmo certo. É diferente de um exercício aeróbico.

Pesquisas

Pesquisadores da Universidade de Minnesota afirmam que mulheres que realizam exercícios físicos com regularidade depois da menopausa podem reduzir em até 30% o risco de sofrer morte prematura, causada por infarto ou derrame.

Segredos da atividade física na terceira idade

Um dos melhores remédios para enfrentar a chegada da terceira idade é a prática regular de uma atividade física. Mesmo quem nunca se exercitou na vida pode ter uma série de benefícios com o início dessa prática.

O processo de envelhecimento é acompanhado de uma série de alterações nos diferentes sistemas do organismo, que progressivamente diminuem a aptidão e o desempenho físico. Entretanto, muitas dessas modificações podem ser retardadas ou minoradas com a prática de exercícios. Trabalhos sobre envelhecimento indicam que cerca de 50% das perdas funcionais do idoso podem ser atribuídas ao sedentarismo.

Vale lembrar que em todos os trabalhos que correlacionam atividade física e radicais livres é mostrado um aumento da produção de radicais livres diretamente proporcional à intensidade da atividade física, e acentuado o papel protetor das vitaminas E, C e betacaroteno, sendo que a vitamina E tem ação preponderante.

Como começar a se exercitar e caminhar:

1º passo – Avaliação médica: devem ser checados capacidade cardiorrespiratória, condições cardiovasculares, estado clínico geral e situação ortopédica (músculos, tendões e ossos).

2º passo – Avaliação da aptidão física. Só pode ser feita por um profissional especializado (professor de educação física ou fisioterapeuta).

3º passo – Elaboração de um programa individualizado, confeccionado de acordo com as condições físicas e de saúde, e as habilidades e preferências da pessoa.

4º passo – Adaptação progressiva com supervisão continuada. Nunca devem ser praticados o esporte ou os exercícios sem a orientação do especialista.

Dessa maneira, o indivíduo consegue reverter a perda da massa muscular, aumentar a resistência óssea (maior fixação de cálcio no osso), combater a osteoporose, aumentar a resistência de ligamentos e tendões, aumentar a força e a resistência necessárias para as atividades diárias, diminuir a tendência à obesidade, melhorar os problemas posturais, facilitar o controle de diabetes e da hipertensão, melhorar a função cardiorrespiratória, retardar a progressão da aterosclerose, reduzir o risco de doenças cardíacas, diminuir a flacidez dos tecidos, melhorar a flexibilidade dos movimentos, facilitar o funcionamento dos intestinos e aliviar as tensões.

Para o idoso, o esporte ou atividade física ideal deve ser escolhido de acordo com as condições físicas e as preferências pessoais. Devem-se evitar esportes de alto impacto (para não agravar os problemas das articulações), a atividade física deve ser praticada com bastante regularidade (de três a cinco vezes por semana) e jamais deixar de realizar um aquecimento muscular adequado.

As atividades aeróbicas indicadas são: caminhadas, bicicleta ergométrica, esteira, natação e dança de salão. As atividades não aeróbicas indicadas são: hidroginástica, alongamento e, quando necessária, musculação, que deve ser realizada com baixas cargas e sob rigorosa supervisão.

Sobre alongamento

À medida que envelhecemos, nossa musculatura vai se tornando mais rígida. Para que os músculos mantenham o grau de elasticidade satisfatório, é preciso fazer exercícios de alongamento regularmente. Para pessoas de qualquer idade, demandam poucos minutos e não causam fadiga. Os exercícios de alongamento são imprescindíveis antes da realização de qualquer atividade física. Diminuem o risco de distensões, reduzem as tensões musculares, desenvolvem a percepção corporal, aumentam a amplitude dos movimentos e a flexibilidade.

Os exercícios devem ser executados de maneira lenta e contínua, e ao se atingir o ponto máximo suportável de alongamento da musculatura, para-se o movimento e mantém-se a posição por dez a 15 segundos. A sensação de tensão deverá ceder enquanto se mantém a posição. Se, por acaso, surgir dor intensa, a posição deve ser relaxada para evitar microlesões na musculatura. Toda pessoa deve respeitar seus limites e aumentar lenta e gradualmente a intensidade dos exercícios.

Capítulo 6

Obesidade

"A felicidade se faz, não se acha."

(E. J. Hardy)

As sociedades ocidentais contemporâneas têm, de maneira correta, cultuado o aspecto físico, mas, simultaneamente, exageram na procura e no ideal da magreza. Isso ao mesmo tempo que é benéfico para a saúde cardiovascular, quando em exagero pode gerar uma verdadeira neurose na busca de uma silhueta competitiva semelhante a modelos, principalmente no sexo feminino. As "eternas" dietas, a maioria seguida por modismo, muitas vezes são responsáveis por importantes alterações orgânicas e podem ser causadoras de diversas doenças graves.

O comportamento alimentar é fundamental para a sobrevivência, mas apesar de regulado por mecanismos fisiológicos do próprio organismo, sofre as influências culturais e ambientais e se adapta às exigências emocionais de cada um.

Peso corporal

O peso corporal varia individualmente e é influenciado por fatores genéticos, alimentação, atividade física e estado emocional. O peso corporal é regulado pelo próprio organismo em torno de determinado valor que é chamado de ponto de equilíbrio (*set point*). Isso pode ser comprovado pelo fato de pequenas variações na ingestão calórica diária não causarem mudanças substanciais de peso. Nosso organismo dispõe de mecanismos reguladores por meio do próprio metabolismo.

Experiências de laboratório mostram que animais submetidos a dietas forçadas ou de privação, logo após cessar o período do regime dietético programado, voltam a adotar uma ingesta que permite o retorno do seu peso a valores que se aproximam do ponto de equilíbrio. No ser humano, entretanto, as condições ambientais, culturais e emocionais são fatores decisivos, e afetam os mecanismos reguladores da fome e da saciedade, dificultando manter o ponto de equilíbrio do peso corporal.

Um dos componentes mais importantes na motivação em se alimentar é o prazer. A ingestão de alimentos mais palatáveis que dão prazer e resultam na liberação de endorfinas, em detrimento a dietas nutricionalmente balanceadas e mais saudáveis, é causa frequente de aumento do peso corporal. Os mecanismos fisiológicos envolvidos no prazer não são de todo conhecidos, mas sabe-se que há sempre fatores emocionais de carência e de recompensa comportamental. Portanto, quanto mais carência afetiva, maior é a ingestão de "alimentos do prazer" que possuem alto poder calórico, e, na maioria das vezes, em quantidades muito acima das necessidades calóricas do organismo.

Certas situações de estresse ou de forte tensão emocional podem desencadear uma fome exagerada, que resulta em um comer compulsivo. São episódios temporários de alimentação copiosa e descontrolada que costumam levar à obesidade em pouco tempo.

Episódios de compulsão alimentar podem ter início na infância ou na adolescência. Pessoas com transtorno do comer compulsivo, em geral, relatam histórias de vários tratamentos realizados para controle do peso e, paradoxalmente, evidenciam maior preocupação com a forma e a imagem corporal, apesar de não conseguirem manter o peso desejado. Assim como a mente cria a saúde e a doença, também cria a obesidade na maioria dos casos.

Além do peso ideal

Ser obeso não é apenas um inconveniente estético. A obesidade já é reconhecida como doença e como fator de risco para doenças cardiovasculares, e na maioria dos casos passível de prevenção a partir da mudança de hábitos de vida, principalmente da alimentação.

Recentemente, o Institute of Medicine (Estados Unidos) anunciou que a obesidade é uma doença heterogênea, na qual estão envolvidos múltiplos fatores, sendo mais constantes os genéticos, os ambientais e os psicológicos. Ela ocorre quando as calorias ingeridas, que se transformam em energia, excedem a quantidade de energia que o corpo despende em suas atividades. Apenas uma minoria dos casos de obesidade se deve a alguma doença, como no caso de hipotireoidismo, ou como consequência do consumo de certos medicamentos, como determinados hormônios e corticosteroides.

A obesidade está diretamente implicada no surgimento ou agravamento de diversas outras doenças.

Verdadeira epidemia

Durante a Conferência sobre Obesidade da Organização Mundial de Saúde, em junho de 1997, em Genebra, autoridades em nutrição e saúde lançaram um alerta: uma epidemia crescente de obesidade e de pessoas acima do peso está acontecendo em vários países do mundo. Se nada for feito para deter o problema, milhões de pessoas poderão desenvolver doenças importantes, como câncer, doenças cardiovasculares, doenças reumáticas crônicas, diabetes, etc.

Caso não aconteçam mudanças de comportamento social e de hábitos, uma proporção crescente – e já substancial – de adultos desenvolverá diversos problemas físicos diretamente relacionados com a obesidade. Algumas autoridades médicas afirmam que o impacto da doença é tão variado e extremo, que pode ser agora considerado um dos mais negligenciados problemas de saúde pública do nosso tempo, com ação negativa sobre o organismo tão grande quanto o tabagismo.

Acima do peso ideal e obesidade

Estar acima do peso significa que há uma quantidade excessiva de peso corporal, que inclui músculos, ossos, gordura e água. Já obesidade é o excesso de acúmulo de gordura no corpo. Uma pessoa pode estar acima de seu peso ideal e não ser obesa, por exemplo, um fisiculturista, que apresenta grande massa muscular. Também é possível ser obeso sem estar acima do seu peso. É o caso de pessoas muito sedentárias que estão dentro do peso considerado normal em virtude da atrofia muscular e da perda de massa óssea, mas que apresentam excesso de gordura corporal.

Quem é obeso?

Todas as pessoas precisam ter certa quantidade de gordura corporal – onde é estocada energia – para manter o controle térmico do corpo, diminuir o impacto de traumatismos, e proteger dos órgãos e vísceras. Em razão das alterações hormonais, as mulheres apresentam mais gordura do que os homens. A maioria dos médicos e especialistas concorda em considerar obesos homens os que tenham mais do que 25% de gordura corporal, e mulheres com mais do que 30%.

As pessoas que estão com 20% acima de seu peso ideal devem preocupar-se em emagrecer caso tenham histórico familiar de doenças como diabetes e cardiopatias, ou se sofrem de hipertensão arterial, aumento das gorduras no sangue, ácido úrico elevado, problemas da coluna ou dos joelhos.

Como medir a gordura corporal

A medição de gordura corporal mais acurada é feita dentro d'água. Mas esse procedimento é limitado a laboratórios com equipamento especial. Duas formas comumente usadas são:

- medição com uso do adipômetro: aparelho que consiste em uma pinça que aprisiona uma dobra cutânea medindo sua espessura. O procedimento é realizado em locais predeterminados e os resultados permitirão calcular os percentuais de gordura corporal.
- bioimpedância: um aparelho computadorizado que mede os percentuais de água, gordura e peso magro (ossos, órgãos e músculos), por meio do envio de uma quantidade inofensiva de corrente elétrica pelo corpo da pessoa.

Os dois métodos são normalmente usados em academias de ginástica e em clínicas de emagrecimento (spas, etc.). Mesmo assim, os resultados podem ser imprecisos. É por isso que muitos médicos preferem adotar as tabelas criadas por órgãos oficiais, que são capazes de orientar com relativa segurança. As mais utilizadas são fáceis de se calcular e não necessitam de equipamento especial.

Tabela de peso por altura – desenvolvida em 1990 pelo U.S. Department of Agriculture e pelo Department of Health and Human Services. Essa tabela indica o peso ideal de acordo com altura e idade da pessoa. Tem como desvantagem o fato de não distinguir excesso de gordura de excesso de músculos.

Tabela de índice de massa corporal (IMC) – uma fórmula matemática correlaciona peso e gordura corporal. IMC equivale ao peso da pessoa em quilogramas dividido pela altura em metros quadrados (IMC = kg/m^2). Em geral, pessoas abaixo dos 34 anos que apresentam IMC de 25 ou mais são consideradas obesas; acima dos 35 anos, IMC de 27 ou mais. IMC acima de 30 costuma ser sinal de obesidade moderada para grave.

Um médico ou outro profissional da saúde (*personal trainer* com especialização em nutrição) podem ajudar a pessoa a estabelecer suas metas de emagrecimento. Para atingir o objetivo final com segurança, deve-se planejar perder de 450 gramas a um quilo por semana, consumindo aproximadamente 300 a 500 calorias menos do que o habitual (mulheres e homens sedentários normalmente precisam comer aproximadamente 2 mil calorias para manter seus pesos; homens e mulheres muito ativos podem consumir mais do que 2.500 calorias por dia).

Causas de obesidade

As principais causas do crescimento mundial dos casos de obesidade são hábitos de vida sedentários e dietas ricas em gordura. Isso reflete as mudanças profundas na sociedade e nos padrões de comportamento nos últimos 20 a 30 anos. É fato que há pessoas que podem tornar-se obesas porque têm uma predisposição genética e se expõem a hábitos de vida e alimentares pouco saudáveis. Mas a principal causa da epidemia de obesidade são as mudanças no comportamento e no estilo de vida, especialmente quanto aos padrões de alimentação.

Os principais fatores que causam obesidade são:

Fatores genéticos – a obesidade costuma ser comum em uma mesma família, sugerindo uma causa genética. Porém, deve-se levar em conta que os membros de uma família não dividem apenas os genes, mas também dieta e hábitos de vida pouco saudáveis, que podem contribuir para o aumento de peso. Mesmo assim, há provas cada vez maiores de que a doença é hereditária. Em um estudo feito com adultos que foram adotados quando crianças, os pesquisadores descobriram que o peso dessas pessoas era mais próximo dos pais biológicos do que dos adotivos. Aparentemente, tinham menos facilidade para engordar.

Fatores ambientais – o estilo de vida também contribui muito para a obesidade. As pessoas, apesar de ainda não poderem alterar as suas cargas genéticas, podem mudar a alimentação e adotar uma vida mais ativa. Muitas conseguem emagrecer e manter o peso ideal praticando algum tipo de exercício e aprendendo a escolher refeições mais nutritivas e menos calóricas, além de evitar os estímulos ambientais (um aroma de comida tentador, uma cozinheira competente do que o criativa, jantares sociais) que as façam comer mais do que devem e do que o corpo precisa, ou mesmo comerem quando não estão com fome.

Fatores psicológicos – muitas pessoas comem para compensar carências afetivas ou em resposta a emoções negativas, como tristeza, raiva, tédio, solidão. Cerca de 30% dos obesos sofrem de compulsão por comida (episódios em que a pessoa come descontroladamente uma quantidade exagerada de comida).

Dentre outras causas, mais raras, que podem ocasionar obesidade estão incluídas: hipotireoidismo, síndrome de Cushing, depressão, alguns problemas neurológicos, consumo de medicamentos que contenham hormônios e corticosteroides, e remédios antidepressivos.

Como prevenir e combater o problema

Por meio da introdução no cotidiano de hábitos de vida saudáveis, como aumentar o consumo de vegetais, frutas, grãos e cereais; praticar algum tipo de atividade física; e passar a se preocupar mais com o gerenciamento do peso do que com uma redução de peso radical em curtíssimo tempo (como é o habitual), conseguem-se resultados altamente positivos. A obtenção do peso ideal tem que ser um processo a longo prazo que deve envolver, também, a elevação da autoestima e a conscientização dos riscos que a obesidade oferece à saúde.

Não existem dietas milagrosas ou pílulas mágicas para emagrecer. Para uma perda de peso real e segura, é necessário estabelecer metas razoáveis de diminuição dos quilos extras, mudar os hábitos alimentares e praticar exercícios regularmente. Inibidores de apetite e outros medicamentos que ajudam a emagrecer podem auxiliar nos casos mais graves por um curto prazo de tempo, numa fase inicial de um regime, mas não podem substituir a adoção, para a vida toda, de hábitos alimentares saudáveis.

Na maioria dos casos esses medicamentos não oferecem vantagens, muito pelo contrário, além de prejudicarem a saúde, evitam que o obeso se conscientize de que deve mudar seus hábitos e pioram o equilíbrio emocional.

Para pacientes muito obesos, que apresentam complicações médicas significativas em função da obesidade, a cirurgia é uma das opções. O critério para indicação da cirurgia é ter pelo menos 45 quilos além do peso considerado ideal. A técnica mais utilizada no momento é o procedimento restritivo gástrico, que reduz a capacidade do estômago, provocando uma sensação de saciedade mais rápida. Se a pessoa insistir em comer além da capacidade do seu pequeno estômago, sentirá dor e poderá ter náuseas e vômitos.

A alimentação ideal

Quando se fala em dieta saudável, significa comer sempre com moderação (não comer muito nem pouco de qualquer alimento ou nutriente), variedade (comer os mais variados itens que pertençam aos cinco grupos alimentares básicos) e equilíbrio (entre as calorias consumidas e as gastas – para perder peso, menos calorias devem ser ingeridas e mais devem ser gastas; para manter o peso, o número de calorias ingeridas e gastas deve ser o mesmo).

Os cinco grupos alimentares básicos são:

1) Pães, cereais, massas e arroz;
2) Vegetais;
3) Frutas;
4) Leite desnatado, iogurte e queijo branco;
5) Carne vermelha (menos), carne de frango e peixe (mais vezes), ovos (de preferência a clara).

As pessoas devem se abster do açúcar. É uma substância derivada de um processo químico de refinamento cujo produto final não contém nutrientes. Foram eliminadas as fibras, as proteínas, as vitaminas e os sais minerais, e o açúcar é composto apenas de carboidrato de grande potencial calórico. O corpo não necessita de açúcar, mas de glicose, que o organismo extrai dos alimentos ingeridos como cereais, frutas, legumes, etc. Na Antiguidade não existia o açúcar refinado, o mel de abelha era o adoçante substituto, usado mais como remédio.

Durante o mecanismo da utilização do açúcar pelo corpo humano, seu metabolismo precisa incorporar substâncias fornecidas pelas vitaminas do complexo B, de cálcio e outras mais, o que ocasiona redução das reservas orgânicas. William Dufty, em seu livro *Sugar Blues*, assim se refere ao açúcar: "é uma droga doce e viciante que dissolve os dentes e os ossos de toda uma civilização".

Os doces e o açúcar estão muito ligados ao afeto e ao amor. As pessoas com carência afetiva e as crianças tendem a compensar a dependência e carência emocional comendo doces, balas e bombons, o que ocasiona um desequilíbrio metabólico e a elevação do peso corporal.

A importância da água

Beber muita água antes e fora das refeições é mais importante que tomar remédio. Não só o corpo fica mais hidratado, como a sensação de fome também é temporariamente atenuada. Uma das consequências da redução do volume alimentar imposto pela dieta é o aparecimento de constipação intestinal (prisão de ventre), que é reduzida com a ingestão de maior quantidade de água. A diminuição da quantidade de alimentos e, consequentemente, de sal e outros condimentos reduz a sensação de sede e a pessoa de forma inadvertida passa a beber menos água que o habitual.

Os efeitos contraproducentes do álcool

O álcool estimula o paladar, no período inicial de sua ingestão traz uma sensação de relaxamento e bem-estar. Quando utilizado socialmente, está sempre associado a situações prazerosas e acompanhado de aperitivos gordurosos e "engordativos". Além disso, o álcool ativa a sensibilidade degustativa e inibe o controle dos impulsos, o que resulta sempre em ingestão maior de calorias.

Qualquer bebida alcoólica possui grande quantidade de calorias, que associadas às fornecidas pelos pratos saborosos, de muito ultrapassam a dose ideal, por isso a bebida constitui um dos grandes inimigos das pessoas obesas, ou daquelas que desejam manter o peso.

O valor dos exercícios

A prática regular de exercícios não é apenas importante para perder e manter o peso, como já foi dito, mas também para a saúde em geral. Exercícios mais vigorosos são capazes de reduzir a gordura abdominal comum às pessoas do tipo "maçã" (gordura predominantemente localizada no abdome), diminuindo o risco que elas têm para doenças cardiovasculares. Há estudos que mostram maior incidência de doença coronariana em homens, cujo diâmetro da cintura é maior do que o diâmetro dos quadris.

Trinta minutos de caminhada ou outra atividade aeróbica, três vezes por semana, já são suficientes para ajudar o organismo a queimar calorias. Pessoas sedentárias conseguem melhorar significativamente a saúde quando passam a fazer pelo menos 30 minutos por dia, cinco vezes por semana, de qualquer atividade física. Exercícios físicos ajudam a controlar o peso porque consomem o excesso de calorias (energia) que, se não utilizadas, são estocadas como gordura.

O peso corporal é regulado pelo número de calorias que se come e se gasta. Tudo o que se ingere contém calorias, com exceção da água, e tudo o que se faz consome calorias, incluindo dormir e respirar. Assim, qualquer atividade física extra que for executada queimará ainda mais calorias. Portanto, ter vida sedentária é estocar calorias que fatalmente reverterão em aumento de peso. O obeso, mais que qualquer pessoa, deve fazer uma revisão médica completa do seu organismo antes de se engajar em um programa de exercício.

Cuidado com as dietas da moda e as das vizinhas

As pessoas devem evitar seguir as dietas da moda, que prometem resultados fantásticos, que costumam ter baixíssimas calorias e em geral excluem alguma das cinco categorias básicas de alimentos, como carboidratos (pães e massas) ou proteínas (carnes). Quase sempre são nutricionalmente desequilibradas e apresentam um índice de êxito em longo prazo de aproximadamente zero. A maioria traz resultados decepcionantes e muitas são perigosas para a saúde. São métodos dietéticos que podem prejudicar o organismo e, quando promovem emagrecimento muito rápido, podem até levar à morte. É o caso, por exemplo, de uma pessoa que desconhece ser portadora de uma insuficiência renal, e adota, sem exames prévios, uma dieta composta exclusivamente de proteínas. Tal dieta vai sobrecarregar os rins de uma forma tal que poderá levar a uma situação de grave risco de vida. É inaceitável que pessoas, sem saber de seu nível de colesterol e sem verificar a presença de cálculos biliares (de vesícula), se proponham a fazer uma dieta à base de gordura, simplesmente por ter ouvido falar de pessoas que emagreceram com tal dieta.

O que não se menciona em relação a essas dietas é que quando se perde peso muito rápido, a primeira coisa que se perde é água, principalmente quando se usam diuréticos ou sauna. Enganosamente, o ponteiro da balança realmente desce rápido à custa da perda de água. Mas água não é a mesma coisa que gordura: cada grama de gordura corporal tem aproximadamente 8 calorias, ao passo que a mesma quantidade de água tem zero caloria. A diferença é que a água volta a ficar retida nos tecidos tão logo sejam ativados os mecanismos da sede, e a pessoa comece a beber e a comer. Nesse momento não só a água, mas as calorias e o peso também são recuperados.

As dietas que seguem regimes de baixas calorias visam proporcionar as necessidades básicas necessárias ao organismo, com valores proteicos e vitamínicos adequados (carnes, ovos, legumes, verduras e frutas), com restrição de gorduras e carboidratos (açúcares, doces, massas e biscoitos). Tecnicamente são perfeitas, não causam alteração do equilíbrio orgânico, e fornecem entre 1.000 a 1.800 calorias diárias. O grande problema é que ocasionam uma sensação de fome exagerada, o que produz desistências e compromete o tratamento. Portanto, a dieta não pode ser por demais restritiva.

A retirada dos carboidratos da dieta não deve ser total. Apesar de o metabolismo do corpo transformá-los em tecido gorduroso, isso só acontece quando os carboidratos são ingeridos além da cota necessária à produção de energia. O perigo é que as pessoas acostumadas a comer diariamente pão e biscoitos no café da manhã ou no lanche, e algum tipo de massa no almoço ou jantar, acham que a quantidade ingerida é pequena e representa aquilo de que o organismo precisa. E invariavelmente a pessoa acaba por comer muito acima do necessário.

Emprego da fitoterapia na obesidade

Têm sido largamente utilizados compostos naturais no combate à obesidade, com o objetivo de diminuir o apetite e reduzir a absorção dos alimentos. Os modos de ação, entretanto, são vários. O *Fucus vesiculosus* é uma alga que, por sua elevada capacidade de absorver água, produz uma sensação de plenitude gástrica que faz diminuir o apetite, além de melhorar as funções intestinais. A *Cynara scolymus,* mais conhecida como alcachofra, tem efeito ligado ao metabolismo das gorduras e favorece a digestão. O *Rhamnus frangula*, popularmente chamado de cáscara-sagrada, possui efeito laxativo. Deve-se salientar que nenhum chá ou planta medicinal deve ser usado prolongadamente, por muitos meses ou anos, porque pode produzir alterações importantes, não desejadas, em outros setores do organismo. Há sempre a possibilidade de que em um chá de ervas terapêuticas haja componentes tóxicos, mesmo em mínimas quantidades, mas que, em longo prazo, provoquem alguma espécie de lesão no organismo.

Um recurso natural muito utilizado é a Clorela, uma alga unicelular microscópica de água doce provida de imensa capacidade de fotossíntese, que em razão do seu crescimento rápido acumula grande quantidade de clorofila e de elementos nutritivos. Dentre algumas propriedades estudadas, ela ajuda a normalizar a digestão e as funções intestinais e, se ingerida uma hora antes das refeições, faz emagrecer, não por possuir propriedades emagrecedoras, mas por fornecer grande quantidade de proteínas, o que fará com que a pessoa sinta menos fome durante a refeição e não coma além dos limites.

Os remédios para emagrecer

Em 1991 e 1992, uma pesquisa promovida pela FDA e pelo National Heart, Lung and Blood Institute, denominada *Weight Loss Practices Survey*, descobriu que 5% das mulheres e 2% dos homens tentavam emagrecer com o auxílio de remédios.

O estudo também mostrou que o uso de comprimidos para emagrecer contendo anorexígenos (inibidores do apetite) não fez grande diferença em relação à perda de peso obtida por quem apenas optou pela dieta e prática de exercícios. Mesmo aquelas pessoas que tomaram o remédio, fizeram exercícios e dieta, perderam apenas 250 gramas a mais por semana em comparação com as que não tomaram.

Os inibidores de apetite auxiliam na perda de peso no início de um programa de regime alimentar. Mas uma vez que se para com a medicação, há o retorno do apetite normal e se recupera todo o peso perdido. É o que usualmente se chama de efeito sanfona. Mesmo que a pessoa permaneça com a medicação indefinidamente, a redução do apetite diminui de forma significativa com o tempo porque, depois de seis semanas de uso, o bloqueio da fome pelo medicamento decresce, além de surgirem uma série de complicações decorrentes dos efeitos colaterais do remédio usado por longo período. A pessoa, então, volta a aumentar de peso e em piores condições físicas.

Existe uma substância, orlistate, que tem a propriedade de inibir a formação da enzima lipase, que é a responsável pela metabolização das gorduras. Dessa forma, o remédio reduz em 30% a absorção da gordura ingerida nas refeições. Outra nova substância que está sendo estudada é a sibutramina, que age sobre o sistema nervoso central, mas de modo diferente das anfetaminas. O novo medicamento atua como um recaptador de neurotransmissores – serotonina e noradrenalina, substâncias responsáveis pelas sensações de fome e de saciedade.

Tipos de obesidade – maçã ou pera?

Os médicos não estão apenas preocupados com o quanto a pessoa é gorda, mas também com a localização da gordura no corpo. Já há provas de que, dependendo da localização do acúmulo de gordura pelo corpo, a saúde é afetada de maneira diferente. Os problemas de saúde que a obesidade acarreta são mais comuns em pessoas em que o excesso de gordura se acumula na região abdominal (tipo maçã, mais frequente nos homens) do que nas que a gordura se deposita e, principalmente, nos quadris e nas coxas (tipo pera, predominantemente encontrado no sexo feminino). Pessoas do tipo maçã apresentam risco maior de ter hipertensão, diabetes, infarto do miocárdio em idade mais jovem.

Efeitos psicológicos e sociais

A obesidade causa sofrimento emocional. Em uma sociedade que valoriza corpos magros – sobretudo para as mulheres –, o obeso sente-se pouco atraente e ainda sofre discriminação e preconceito no trabalho, na escola, quando está procurando emprego e em situações sociais. Sentimento de rejeição, vergonha e depressão são comuns e geram um ciclo vicioso que faz com que o obeso coma ainda mais. A perda de alguns quilos é capaz de melhorar consideravelmente a autoestima e a depressão.

Obesidade infantil

O número de crianças obesas está aumentando a cada dia, e é uma preocupação dos órgãos mundiais de saúde. Elas podem ter predisposição genética à obesidade, já que é mais comum em crianças quando um dos genitores é obeso e mais comum ainda quando ambos, o pai e a mãe, são obesos. Entretanto, os hábitos alimentares da família têm grande influência. Um fator importante é que os níveis de atividade das crianças de hoje são mais baixos em relação às gerações anteriores, principalmente em virtude da televisão, do computador e videogames.

Essas circunstâncias, combinadas com o maior consumo de alimentos gordurosos e *junk food*, são responsáveis pelo aumento considerável da obesidade infantil. A prevenção e o tratamento se baseiam em motivar a criança a praticar exercícios, tentar mudanças de comportamento e restringir o teor de gordura das refeições.

Como se deve agir para emagrecer e manter o peso

Simples modificações na seleção dos alimentos e em seu preparo permitem que não se abandonem por completo aqueles itens preferidos do cardápio, muitas vezes pouco nutritivos e muito calóricos. Por exemplo: deve-se optar por leite desnatado em lugar do integral; queijo branco em vez do amarelo; iogurte como substituto do creme de leite; dar preferência às partes magras de carnes e frangos sempre sem pele, e a alimentos cozidos, grelhados ou feitos no vapor, evitando os fritos.

Evite ir ao supermercado antes das refeições e/ou acompanhado de crianças e adolescentes. Encare como trabalho e não como lazer o ato de comprar alimentos. Ao fazer compras, procure ler as embalagens para saber os valores nutricionais e calóricos dos produtos. Dê preferência aos *light* e aos que mencionam redução de calorias, mas é importante conferir no rótulo o valor calórico e de gorduras dos produtos que se intitulam light ou *diet*. Alguns produtos rotulados de *diet* não contêm açúcar, mas possuem grande quantidade de gordura. Alguns alimentos dietéticos são indicados para prevenção de determinadas doenças, pois têm baixo teor de sal e de colesterol, mas possuem elevado conteúdo calórico.

Concentre todos os alimentos da casa na cozinha. Incluir na dieta pequenas porções de uma guloseima ou de uma sobremesa preferida é melhor do que cortá-las totalmente. Para o obeso, abdicar de seu alimento favorito pode gerar um verdadeiro ataque de fome, que será saciado, com certeza, com um ataque à geladeira. Resultado: sentimento de derrota pela interrupção do programa dietético e ganho de peso.

Quem quer emagrecer não precisa fazer jejum total. Deve fazer no mínimo três refeições ao dia, balanceadas e moderadas, utilizando pratos menores. Procure envolver a cozinheira no processo dietético.

Não se deve comer vendo televisão ou lendo, tampouco só porque os outros estão comendo. Quando a pessoa sentir fome fora de hora, deve procurar comer uma fruta ou tomar uma xícara de café com leite desnatado e adoçante. Beba bastante água durante o dia, nos intervalos entre as refeições. Evite açúcar, doces, refrigerantes e álcool (tem alto poder calórico). Use adoçantes artificiais. Prefira os sucos naturais; mas com moderação, porque para se ter um copo de suco é preciso espremer um número de frutas maior do que o ideal. De preferência, para se conseguir o volume desejado, adicione água. É sempre melhor comer a fruta a tomar seu suco, pois ela contém fibras importantes para ativar o trânsito intestinal, além de causar uma sensação maior de saciedade.

Não deixe totalmente de comer massas. O organismo precisa de carboidratos como de qualquer outro nutriente. Um prato de macarrão por si só tem poucas calorias, mas os molhos que o acompanham é que fazem a cota de calorias passar do ideal e que vão fazer engordar.

Para não desanimar durante o processo de emagrecimento, deve-se evitar ficar se pesando todo dia. Para saber se a dieta está dando resultado, tire medidas das coxas, da cintura, do quadril e do busto. A balança é inimiga, principalmente, das mulheres, que podem pesar até três quilos a mais durante o período pré-menstrual e menstrual, pela ocorrência de retenção de líquidos. Não se deve achar que só comer salada emagrece. Se a pessoa exagerar no azeite, nos molhos com creme de leite e nos eventuais acompanhamentos, encherá a salada de calorias. Verduras, dependendo da quantidade exagerada que se coma, também engordam. Não se deve desanimar se os resultados da dieta demorarem mais do que o esperado. Deve-se, sim, rever a dinâmica do processo.

Estatísticas da Organização Mundial da Saúde (OMS) chamam atenção para a grande incidência do problema e mostram que obesidade e peso acima do normal afetam mais da metade da população de diversos países, e que a doença atinge 10 a 25% dos adultos na maioria dos países do Oeste Europeu e 20 a 25% em alguns países das Américas.

Dados da pesquisa The Third National Health and Nutrition Examination Survey apontam que um em cada três adultos americanos entre 20 e 74 anos está acima de seu peso ideal, e mais de uma em cada cinco crianças e adolescentes entre 6 e 17 anos está acima de seu peso.

Em 1960, 5% das crianças e dos adolescentes estavam acima de seus pesos e no ano 2000 já eram 11%.

Cerca de 70% dos casos diagnosticados de doença cardiovascular estão relacionados à obesidade, e ela aumenta as probabilidades de se desenvolver hipertensão arterial. A incidência de câncer de mama é maior entre mulheres obesas.

Sem dúvida, o problema da obesidade vai além do aspecto estético e na realidade se torna um fator de risco para inúmeras doenças. Deve ser adequadamente enfocado e conscientizado pela população, pelos médicos e pelos responsáveis pela saúde pública. Deve ser feito um trabalho contínuo de orientação e informação.

Uma coisa é certa: não há método milagroso nem resultado rápido para o problema de excesso de peso. A prosaica constatação confirmada em todos os estudos é que comida além da cota necessária engorda.

Capítulo 7

Estresse, Tensão e Relaxamento

"Nosso maior prazer neste mundo são os pensamentos agradáveis."

(Montaigne)

Conceito de estresse: a história de hans Selye

Em seu livro *Estresse – a Tensão da Vida* (*The Stress of Life*, 1956), o médico e pesquisador austríaco, radicado no Canadá, Hans Selye conta como ficou fascinado, ainda estudante de medicina, com o fato de que os portadores das mais diversas enfermidades apresentavam os mesmos sintomas gerais, como febre, dores nas articulações, língua suja, perturbações digestivas com perda de apetite, fraqueza e, em geral, febre. A maioria deles tinha dilatação no baço e/ou no fígado, inflamação nas amígdalas, irritações na pele e assim por diante. Os médicos e os professores estavam interessados em sintomas sutis que lhes permitissem diagnosticar qual doença o enfermo portava, mas a atenção de Selye ficou atraída pelo fato de todos os doentes mostrarem uma série de sintomas comuns: a "síndrome geral de doença".

Durante muito tempo, Selye teve de abandonar sua observação pela obrigação de estudar as doenças específicas, deixando de lado o que primeiro lhe tinha chamado a atenção: o não específico, ou seja, o que havia de generalizado no fato de estar doente. Somente anos mais tarde, já formado, Selye, trabalhando como endocrinologista e ao pesquisar hormônios ainda não conhecidos, desenvolveu estudos que lhe permitiram descrever o que terminou por denominar de Síndrome de Adaptação Geral (SAG), uma resposta própria, generalizada, de todos os organismos a quaisquer influências nocivas do meio ambiente, com uma série de elementos comuns.

A SAG representa a resposta geral e automática dos organismos a qualquer agressão sofrida. No primeiro trabalho publicado sobre o assunto, Selye utilizou a expressão "Síndrome produzida por vários agentes nocivos", como título de sua descrição do fenômeno. Ele já usava o termo "estresse biológico" para descrever suas observações, mas durante algum tempo evitou utilizá-lo, pois temia a associação da palavra "estresse" com um significado predominantemente neurológico ou psicológico. A dificuldade de encontrar um nome adequado para sua descoberta dá uma noção do problema que existe em achar palavras adequadas para descrever novos conceitos.

Quando Selye adotou a expressão SAG, ele a explicava dizendo que "síndrome" se referia ao fato de que as manifestações individuais são coordenadas e interdependentes em parte. "Adaptação" significa que há um estímulo às defesas orgânicas e ao estabelecimento e à manutenção de uma reação do organismo. A palavra "geral" foi escolhida para sublinhar o fato de que a síndrome é produzida por agentes que têm efeito sobre grandes partes do organismo. A SAG apresenta, segundo a descrição de Selye, com base em observações feitas em animais de laboratório, três fases características: a reação de alarme, a fase de resistência e a fase de exaustão.

A reação de alarme se caracteriza por três sintomas que sempre se repetem: a dilatação do córtex suprarrenal, a atrofia dos órgãos linfáticos, a começar pelo timo, e a aparição de úlceras no intestino. Essa reação expressa a resposta do organismo a uma agressão e representa uma mobilização total das forças de defesa.

A fase de resistência consiste em uma segunda etapa da luta do organismo contra o agente agressor e representa um estágio de adaptação do corpo à exposição contínua a qualquer agente nocivo. Esse estágio desenvolve a luta contra a agressão de uma forma mais branda, tendo em vista a necessidade de preservar a energia corporal.

A fase de exaustão expressa o terceiro momento da luta. Reaparecem os aspectos iniciais da síndrome, acompanhados de sintomas de envelhecimento prematuro que refletem o desgaste a que foi submetido o organismo.

É fundamental que se compreenda que para a sobrevivência o estresse do cotidiano não é ruim em si, pois todos os seres vivos a ele estão submetidos e ele representa uma manifestação de vida do organismo em suas interações com o ambiente. Apenas quando há excesso de estresse e uma extensa continuidade dessa condição é que se qualifica o estresse como negativo. É preciso, ainda, distinguir dois tipos fundamentais de estresse: o endógeno (interno, que está dentro da pessoa e depende do tipo de comportamento dela) e o exógeno (externo, oriundo de situações e circunstâncias vividas, sendo que muitas delas são criadas pela própria pessoa).

Causas endógenas do estresse

Os padrões de comportamento têm grande importância na maior ou menor suscetibilidade individual ao estresse. Friedman e Rosenman, por meio de testes psicológicos, classificaram as pessoas segundo seu padrão de comportamento em dois tipos opostos: A e B. Os indivíduos que pertencem ao grupo A possuem personalidade mais competitiva, mais irritável e agressiva, e buscam metas habitualmente mal definidas e sempre sujeitas a imposições de tempo. Sentem com maior facilidade cansaço e sensação de exaustão, uma vez que trabalham intensamente, mas nunca estão satisfeitos com suas realizações, porque seu nível de ambição situa-se sempre acima daquilo que obtêm.

Segundo Rosenman, o padrão de comportamento tem origem genética e constitucional, mas também é influenciado pelas condições ambientais. Portanto, as causas exógenas do estresse encontram mair receptividade em pessoas do tipo A, ao mesmo tempo que potencializam as alterações de comportamento desses indivíduos.

Causas exógenas do estresse

A vida moderna causa uma série de situações estressantes para as quais as pessoas, muitas vezes, não se encontram devidamente preparadas para enfrentá-las. São fatores socioeconômicos e ambientais que podem causar o estresse patológico.

Estudando as causas exógenas do estresse, o Dr. Thomas H. Holmes e colaboradores, da Washington School of Medicine, desenvolveu uma Medida de Pontuação para a Readaptação Social, que avalia quantitativamente o fator de estresse em cada acontecimento traumático exógeno. A tabela é a seguinte:

Acontecimento	Número de pontos
Morte de cônjuge	100
Divórcio	73
Separação judicial	65
Prisão	63
Morte de familiar próximo	63
Acidente ou doença	53
Casamento	50
Demissão do trabalho	47
Reconciliação da separação	45
Aposentadoria	45
Mudança de saúde de familiar	44
Gravidez	40
Dificuldades sexuais	39
Chegada de um novo membro familiar	39
Mudança no trabalho	39
Mudança de situação financeira	38
Morte de amigo próximo	37
Mudança de setor de trabalho	36
Brigas conjugais (mudança para mais)	36
Hipoteca ou empréstimo de 10 mil dólares	31
Término de hipoteca ou empréstimo (acima de 10 mil dólares)	30
Saída de casa de filho	29
Mudança de responsabilidade no trabalho	29
Problemas com a família do cônjuge	29
Sucesso pessoal extraordinário	28
Início ou fim do trabalho do cônjuge	26
Início ou fim de faculdade	26
Mudança de condição de vida	25
Revisão de hábitos pessoais	24
Problemas com superiores no trabalho	23
Mudança de condições ou de horário de trabalho	20
Mudança de endereço residencial	20

Mudança de escola	20
Mudança de hábitos recreativos	19
Mudança de atividades religiosas	19
Mudança de atividades sociais	18
Hipoteca ou empréstimo inferior a 10 mil dólares	17
Mudança de hábitos de sono	16
Mudança de hábitos alimentares	15
Férias	13
Época de festas de fim de ano	12
Pequena infração à lei	10

Note-se que alguns dos acontecimentos incluídos nessa tabela são positivos. Todavia, se reconhece que a mudança desses fatos provoca uma carga de estresse, cuja quantificação é o objetivo da tabela. Por meio dessa tabela se consegue determinar estatisticamente o surgimento de doenças. Segundo Holmes, 49% das pessoas que atingiram 300 pontos nessa escala no intervalo de um ano desenvolveram alguma doença no período, enquanto entre os que atingiram menos de 200 pontos em um ano, apenas 9% apresentaram alguma enfermidade.

A pontuação não leva em conta dados importantes para avaliar a gravidade do estresse causado pela situação descrita, pois, dependendo de dados como idade, sexo, religião, nível de educação, etc. de cada pessoa, a intensidade do estresse varia consideravelmente. A participação das causas endógenas do estresse, que se associam às causas exógenas, é que vai determinar a intensidade da reação resultante.

A dinâmica do estresse

Todo organismo reage às ameaças preparando-se para uma reação de luta/fuga. Esse preparo, organizado por meio de reações reflexas, consiste em uma descarga de adrenalina na corrente sanguínea. Tal descarga provoca reações como a vasoconstrição periférica (quando as arteríolas da superfície do corpo se contraem e o indivíduo empalidece), que tem a dupla função de diminuir eventuais sangramentos e acumular sangue nos músculos e nos órgãos mais essenciais; o aumento da velocidade e intensidade dos batimentos cardíacos que permite um maior afluxo de sangue ao organismo para prepará-lo para uma reação (luta ou fuga) que consome maior quantidade de energia. Além disso, ocorre o aprofundamento e a aceleração da respiração, a liberação de grandes quantidades de açúcar pelo fígado e o aumento da capacidade de coagulação do sangue.

Essas reações têm como finalidade melhor preparar o organismo para enfrentar as situações de perigo. Basicamente existem duas formas de se reagir ao perigo, a luta ou a fuga. Ambas requerem uma pronta resposta do organismo que é facilitada pelos fenômenos descritos. O sangue circula mais rapidamente e irriga principalmente os músculos, deixando-os prontos para entrar em ação; a vasoconstrição – estreitamento do calibre de artérias e arteríolas – reduz a circulação do sangue periférico, o que ajuda não somente a concentrar o sangue nos músculos, como também a diminuir eventuais sangramentos (isso faz com que a pele fique mais clara, provocando a palidez própria do medo); o aprofundamento da respiração favorece a oxigenação do sangue e provoca a sensação de "falta de ar", também bastante comum em situações de medo; e o açúcar liberado pelo fígado serve de combustível para os músculos.

Tudo isso prepara o organismo para o esforço extra destinado a lidar com a situação de perigo. Essa reação orgânica, denominada "reação de emergência", também ocorre em outras situações nas quais se exige do organismo um esforço extraordinário, por exemplo, em competições esportivas.

Todo esse processo ocorre muito rapidamente, de uma forma instintiva que não é comandada pela razão, mas pela parte mais primitiva e autônoma do cérebro. Pode-se dizer que o medo é a emoção que acompanha a reação animal de luta ou fuga desencadeada pela percepção de algum perigo real. Com isso, a pessoa (ou o animal) fica tensa, em estado de alerta, com as pupilas dilatadas, pronta para a descarga energética que se aproxima.

A dificuldade entre os civilizados decorre do fato de que na maioria das vezes essa preparação se frustra, a pessoa reprime seus sentimentos e procura evitar reagir. Toda essa energia acumulada não se descarrega, fica acumulada e causa uma série de prejuízos ao organismo: é o estresse crônico, que acarreta uma perturbação das funções orgânicas e um desequilíbrio no delicado sistema hormonal.

Como consequência, segue-se um cortejo de malefícios que vão desde a hipertensão arterial crônica até a arteriosclerose, além da queda no sistema imunológico e o aparecimento de doenças que atacam os pontos mais vulneráveis de cada organismo.

A administração do estresse

Já que o estresse faz parte da vida, é importante que se esteja preparado para conviver com ele. Para isso, é necessário que se desenvolvam técnicas para administrá-lo. Eis algumas delas:

* Planejar-se com antecedência, contando com as dificuldades de trânsito para não fazer como algumas pessoas que acabam marcando mais compromissos do que podem realizar. M.M. era uma dessas pessoas e sempre se atrasava para seus compromissos. Certo dia, encontrava-se em São Paulo e, ao telefonar para seu médico carioca marcando uma consulta para aquela mesma tarde, deixou escapar o seguinte raciocínio: "Vou pegar a Ponte Aérea das 2 horas e levo 20 minutos de táxi para ir do aeroporto ao seu consultório. Pode marcar minha consulta para as duas e meia".

O médico estranhou e perguntou se o voo chegava às duas horas no Rio. "Não, saio daqui às duas", respondeu seu paciente, levando ainda alguns segundos para se dar conta de que o avião só chegaria ao aeroporto do Rio perto de três da tarde. Isso sem levar em consideração o fato de que sempre se perde algum tempo entre sair do avião e chegar até a fila do táxi (que pode ser extensa), e também sem considerar as várias possibilidades de engarrafamento do trânsito entre o aeroporto e o consultório do médico.

M.M. estava em tratamento de uma gastrite de fundo nervoso atribuída ao excesso de estresse, nem assim se dava conta da tensão que criava para si mesmo ao se obrigar a horários tão apertados ou – como nesse caso – simplesmente impossíveis de serem cumpridos. É comum encontrar agendas de executivos com horários congestionados, ou até mesmo superpostos.

* Saber dizer não, principalmente para si mesmo. Para os outros, muitas vezes, não é necessário dizer não, pois muitas das dificuldades acabam por si mesmas.

* Parar de tentar fazer tudo ao mesmo tempo. Afobado come cru, diz a sabedoria popular.

* Exercício físico pode descansar, pelo estímulo à produção de endorfinas.

* Evitar se apressar, chegar antes da hora nos encontros, levar algo para ler ou para fazer enquanto espera para aproveitar o tempo e não se sentir desperdiçando-o. Lembrar-se de que um dos maiores prazeres da vida é a leitura, para o qual se depende de nada nem de ninguém, apenas de um bom livro. É uma atividade em que todos os alfabetizados são autossuficientes.

* Tentar descobrir o que mais gera tensão e evitar.

* Zelar pelo futuro. Não aceitar compromissos e incumbências desagradáveis, ter cuidado com a aceitação dos compromissos futuros. Muitas vezes, a pessoa se dá conta de que aceitou um compromisso simplesmente porque, como estava agendado para muitos meses à frente, parecia fácil de ser cumprido. Um belo dia chega o momento de enfrentar a obrigação assumida e a pessoa percebe que criou uma desnecessária armadilha para si mesma. É como as dívidas no cartão de crédito, que depois "aquela idiota" (que é ela mesma) vai pagar. É preciso ser otimista, realista e atento com os compromissos, principalmente os futuros.

* A inveja causa estresse, é fundamental administrar a inveja (das lanchas dos amigos, dos carros novos deles, etc.). Para isso é imprescindível admitir que ela existe. Às vezes, a pessoa não se dá conta da emoção negativa que invade seu subconsciente ao usufruir dos prazeres que um amigo rico lhe pode proporcionar. Muitas pessoas aceitam essas situações com tranquilidade, o que não costuma acontecer com aquelas muito competitivas.

* Evitar a companhia de pessoas de que não se gosta, principalmente parentes (que a pessoa considere) desagradáveis.

* Muito cuidado com o fim de semana. É importante saber selecionar o lazer e observar se se sente bem após o dia de descanso. Deve-se aprender qual a melhor forma de recarregar as baterias.

* Procurar comer devagar, mastigando lentamente, sem se envolver com preocupações enquanto se alimenta. Convém evitar refeições de negócios.

* Tirar férias regularmente, em uma extensão de acordo com a própria personalidade, pois há pessoas que gostam de longas férias, enquanto outras preferem tirar férias curtas e mais frequentes.

* Fazer um balanço do dia, observando que por vezes as pessoas exageram a importância, urgência e imprescindibilidade de certas providências.

* Controlar a raiva, tentando ver o ponto de vista do outro. Dar um tempo, respirar fundo, "contar até dez", não levar a sério entreveros com desconhecidos são providências bem-vindas.

* Sempre se perguntar se é preciso ser tão competitivo, tão bem-sucedido. É interessante entender de onde vem a cobrança de resultados positivos em todas as áreas da vida.

* Procurar ter repouso suficiente, dormir bem é fundamental. Tentar praticar relaxamento e/ou meditação.

* Lembrar-se de que se relaxar o corpo é tão bom e saudável para o organismo, para a mente também deve ser.

Relaxamento

Existem muitas formas de relaxamento, todas baseadas no fato de que para relaxar o corpo é preciso relaxar a mente. Uma das formas mais populares de relaxamento mental consiste na busca de estados alterados de consciência, para o que existem dezenas de técnicas, conforme está descrito no capítulo 22. Outras formas de relaxamento envolvem massagens, entre elas o shiatsu, uma milenar técnica japonesa que leva em conta a teoria dos meridianos corporais, e o watsu, que é o shiatsu realizado dentro da água, feito de preferência em uma piscina aquecida.

Capítulo 8

O Sono, a Insônia e os Sonhos

"Um dos traços mais pronunciados da vida moderna é a repressão das emoções."

(E. R. Mowrer)

O sono é fundamental para o indivíduo, é o doce reparador das energias. De todos os animais vertebrados, o único que parece não dormir é o tubarão, todos os outros necessitam do repouso do sono, inclusive o ser humano. Em média, um ser humano adulto requer oito horas diárias de sono para se manter plenamente sadio. Em alguns poucos felizardos, o organismo contenta-se com menos. De fato, algumas pessoas são privilegiadas porque necessitam de menos horas de sono para repor suas energias.

Para que o sono seja realmente reparador, algumas condições precisam ser observadas: a pessoa deve estar deitada, pois essa é a posição natural de dormir, a musculatura deve ficar relaxada e a cabeça apoiada em um travesseiro, de modo a evitar que o pescoço seja forçado para trás (no caso de a pessoa estar dormindo de costas), ou para os lados (quando se dorme de lado), ou que um braço seja usado para apoiar a cabeça, pois isso acaba por forçar a articulação do ombro (escápulo-umeral). O silêncio também é uma importante condição para um sono reparador, bem como uma temperatura ambiente agradável. Finalmente o colchão (ou qualquer apoio para o corpo) deve ter uma densidade apropriada, nem tão duro que provoque dores ocasionadas pelo peso do próprio corpo, nem tão macio que acarrete desvios na coluna.

As fases do sono

Durante o sono atravessamos fases de sono leve, alternadas com outras de sono, profundo. Geralmente, depois dos primeiros minutos de sono logo mergulhamos em uma fase inicial de sono profundo que se prolonga por cerca de duas horas, quando então se inicia a primeira fase de sono leve, a pessoa começa a se movimentar no leito e pode acordar com mais facilidade. Essa fase é identificada por intermédio do eletroencefalograma, quando o movimento das ondas cerebrais se torna mais veloz e também porque aparecem rápidos movimentos dos olhos (chamados de REM: rapid eyes movements), que indicam estar o indivíduo sonhando. Outra constatação dessas pesquisas é de que só conseguimos nos lembrar dos sonhos sonhados imediatamente antes de acordarmos. Isso explica por que muitas pessoas raramente sonham, ou melhor dizendo, raramente se lembram de seus sonhos.

O eletroencefalograma (EEG)

O EEG consiste em um registro amplificado dos potenciais elétricos das células cerebrais, colhido através do couro cabeludo por uma série de eletrodos e registrado durante um razoável intervalo de tempo. A atividade elétrica registrada corresponde apenas a uma parte das atividades elétricas das células nervosas, pois registra-se apenas o somatório de diferentes atividades.

A interpretação do traçado eletroencefalográfico é empírica, no sentido de que se consideram como normais os traçados estatisticamente mais frequentes. A existência de EEGs normais pode coincidir com quadros de enfermidades cerebrais e os EEGs anormais podem até ocorrer sem a presença de qualquer enfermidade. O EEG, embora sirva apenas para detectar alguns elementos da atividade cerebral, tem utilidade na avaliação dos ritmos cerebrais e como auxiliar para diagnóstico de epilepsias e tumores.

O ritmo cerebral mostra uma atividade sincronizada dos neurônios. A atividade normal comporta três tipos de onda: alfa, beta e teta. A atividade alfa representa o ritmo essencial do cérebro de uma pessoa desperta, em repouso, relaxada e com os olhos fechados. Compõe-se de ondas com uma frequência de dez ciclos por segundo.

Desaparece durante o sono e se interrompe quando a pessoa abre os olhos. A atividade beta se compõe de ondas de 15 a 18 c/seg. Por ser de pequena amplitude, é sensível às variações de tônus e motilidade muscular, aumentando ou desaparecendo de acordo com os movimentos da pessoa. A atividade teta é composta por ondas de 4 a 6 c/seg. e costuma aparecer durante o sono, após a depressão do ritmo alfa e alternando-se com ondas beta. No sono profundo, encontram-se predominantemente ondas teta, enquanto durante os momentos de sonho predominam as ondas beta. Quando o sono é muito profundo podem aparecer ondas delta, de 1 a 4 c/seg. O EEG ajuda a localizar, juntamente com os aparelhos destinados a medir os movimentos oculares, os momentos do sono em que ocorrem a atividade de sonhar.

Estatísticas

Uma em cada três pessoas sofre de distúrbios do sono em determinado momento de suas vidas, muitas delas de forma crônica.

A U.S. National Highway Traffic Safety Administration estima que aproximadamente 100 mil casos de acidentes de carro ocorridos anualmente (cerca de 1,5% de todos os acidentes) tiveram como fator principal a sonolência e a fadiga.

A importância do sono

Dormir é essencial para a saúde física e emocional. Fisicamente, o sono adequado ajuda o corpo a se recuperar de doenças, cirurgias e traumatismos (a National Commission on Sleep Disorders Research alerta que problemas no sono podem ser uma barreira significativa para a recuperação da saúde e potencialmente são capazes de exacerbar doenças). Uma pesquisa revelou que, na esfera emocional, pessoas com insônia crônica são mais propensas a desenvolver diversos tipos de problemas psiquiátricos e apresentam maior número de sintomas físicos. Mesmo um problema ocasional no sono pode fazer com que as tarefas do cotidiano pareçam mais cansativas, deixando a pessoa menos produtiva. A perda de horas de sono pode comprometer a habilidade para se realizar atividades que envolvam memória, aprendizagem, raciocínio lógico e cálculo matemático. Além disso, pode prejudicar o relacionamento com familiares, amigos e colegas de trabalho, e ocasionar a ocorrência de falhas e erros durante as atividades laborativas, o que favorece maior incidência de acidentes de trabalho.

O que importa é que além da quantidade de horas dormidas é a qualidade do sono que interessa, ou seja, não é simplesmente quantas horas de sono se tem, mas, o quão bem a pessoa se sente e é capaz de *funcionar* a cada dia depois do quanto dormiu.

Fatores que interferem no sono

Os problemas situacionais, como preocupações econômicas, conflitos no lar e no trabalho, doenças na família, são causas comuns de insônia. Os fatores psicológicos têm enorme influência no sono. Estresse, ansiedade, angústia e depressão são considerados os principais fatores responsáveis pelas noites maldormidas. Pessoas em depressão, em sua maioria, sofrem de insônia. Em geral, os problemas com o sono desaparecem quando a situação estressante é controlada.

Fatores comportamentais, como ingerir bebidas alcoólicas ou contendo cafeína à tarde ou à noite, praticar exercícios perto da hora de dormir, ter discussões que geram excitação emocional ou fazer qualquer atividade mental intensa antes de ir para a cama, podem atrapalhar o sono. Outros fatores classificados como ambientais têm influência direta na qualidade do sono: quarto muito quente ou muito frio, muito barulhento ou muito iluminado, conforto e tamanho da cama e a maneira como o parceiro dorme, presença de mosquitos, etc.

O estado físico da pessoa, a presença de doenças crônicas, como artrite, problemas de coluna e outros distúrbios ósseos e articulares que causem dor e desconforto, problemas respiratórios, como asma e apneia do sono, e mudanças hormonais como tensão pré-menstrual, menopausa e gravidez (sobretudo durante o terceiro trimestre quando o volume abdominal é maior) também interferem no sono. O período do dia em que se trabalha – o turno de trabalho – também altera a qualidade do sono. O trabalho noturno faz com que se tenha de dormir durante o dia quando o *relógio biológico* está regulado para o estado de vigília. Isso pode levar à intensa sonolência durante as horas de trabalho.

Os executivos e as pessoas que viajam com frequência sofrem de *Jet lag*. Quando se muda de fuso horário durante longas viagens de avião, o ritmo biológico fica fora de sincronia, o que ocasiona dificuldades para dormir. O uso de alguns medicamentos, como os corticosteroides e medicamentos que reduzem o apetite, no tratamento de asma e da depressão, pode ocasionar como efeito colateral a dificuldade em conciliar o sono.

Incidência de problemas do sono

Estima-se que 40% ou mais de mulheres e cerca de 30% dos homens tenham problemas de sono. Essa diferença se deve às alterações que acompanham a menstruação, a gravidez e a menopausa, além do fato de que as mulheres carregam, hoje em dia, uma dose extra de preocupação com suas atividades profissionais.

As pessoas idosas também têm, frequentemente, problemas com o sono. Na verdade, com o passar do tempo, o relógio biológico muda, o que faz com que os idosos passem a dormir mais cedo, a ter menos horas de sono profundo e a acordar também mais cedo, além de durante a noite terem o sono mais entrecortado por causa de problemas físicos e de saúde. À medida que a pessoa envelhece precisa cada vez menos de horas de sono. Enquanto um recém-nascido dorme durante quase o dia inteiro, o adulto saudável necessita dormir entre seis a oito horas, o idoso precisa de cinco a seis horas. Os idosos habitualmente têm uma atividade física reduzida, o que ocasiona menor gasto de energia e, consequentemente, menor necessidade de reposição.

Como conseguir um bom sono

As pessoas que sofrem com distúrbios do sono devem, em primeiro lugar, procurar um médico, para se certificarem de que não há problema algum de saúde que possa estar comprometendo a qualidade do sono. Na maioria dos casos, o médico procurará recomendar mudanças nos hábitos e no estilo de vida, como:

- Evitar cafeína, nicotina e álcool no final da tarde e à noite. Cafeína e nicotina podem atrasar o sono, e o álcool pode fazer com o que o sono seja interrompido no meio da noite.
- Exercitar-se regularmente, mas nunca nas três horas antes do horário que costuma ir dormir.

- Não tirar sonecas durante o dia, a não ser quando se está fisicamente muito cansado.
- Estabelecer uma rotina relaxante ao ir para a cama, com o propósito de se desligar da agitação do dia e de enviar sinais ao cérebro de que a hora do sono chegou.
- Tentar planejar e condicionar o horário de sono, dormindo de sete a oito horas por noite, mesmo nos fins de semana.
- Usar a cama exclusivamente para o sono e para a atividade sexual.
- Se a pessoa não consegue dormir nos primeiros 30 minutos após se deitar, não permanecer deitada, rolando de um lado para o outro. O certo é levantar-se e procurar uma atividade relaxante, como ouvir uma música bem calma e suave ou ler um romance até sentir sono.
- Na hora de dormir, procurar fazer um relaxamento, se possível tomar um banho quente, e selecionar pensamentos agradáveis. Não é, em hipótese alguma, o momento adequado para pensar em resolver os problemas.
- Não ver filmes de terror ou de suspense na televisão na hora de dormir, ou mesmo acompanhar noticiário estressante.

Às vezes, adotar essas atitudes é benéfico, mas pode não ser o suficiente. Em alguns casos, para aliviar a falta de repouso e ajudar a romper o ciclo de noites maldormidas ou mesmo passadas em claro, é preciso a ajuda de algum medicamento que deve ser prescrito por um médico.

Distúrbios do sono

Apneia do sono – distúrbio importante, potencialmente fatal, que atinge um número considerável de pessoas e se apresenta muito mais comum do que se imagina. Caracteriza-se por interrupções da respiração durante o sono. Há três tipos de apneia do sono: obstrutiva, central e mista. A apneia obstrutiva é a mais comum e mais grave. É causada pelo relaxamento dos músculos de trás da garganta que chega a obstruir a passagem de ar pelas vias aéreas superiores. A respiração pode ficar interrompida por dez segundos ou mais, causando minidespertares (geralmente não lembrados), centenas de vezes por noite. Nesses casos, geralmente a pessoa ronca alto. A apneia central ocorre quando as passagens de ar ficam abertas, mas o diafragma e os músculos do peito param de trabalhar, provocando o despertar da pessoa diversas vezes durante a noite para poder continuar respirando, geralmente com uma "arfada". A apneia mista é uma combinação da apneia central, seguida por um período mais longo da apneia obstrutiva.

É mais comum em homens de meia-idade e em pessoas com excesso de peso. Os mais predispostos a desenvolver o problema são aqueles que roncam alto, estão com excesso de peso ou têm alguma anormalidade física no nariz, garganta ou em outras áreas da passagem de ar superior. Os especialistas explicam que nem todo ronco indica um problema sério, mas se há suspeita de distúrbio do sono, recomendam a procura imediata de um médico.

Em virtude das sérias perturbações que provoca no sono, as pessoas que sofrem de apneia do sono geralmente se sentem muito sonolentas durante o dia e com a concentração e a habilidade prejudicadas para realizar as tarefas do cotidiano. O distúrbio pode ter como consequências depressão, irritabilidade, disfunções sexuais, dificuldade de memorização e aprendizagem, e ataques de sono durante o trabalho, ao telefone e, pior, no volante. Já foi estimado que mais de 50% das pessoas com apneia do sono sofrem de hipertensão arterial. Embora ainda não haja certeza se há uma relação de causa e efeito entre as duas condições, parece que o problema contribui para o aumento da pressão. O risco de ataque cardíaco e derrame também pode ter uma incidência maior em quem sofre de apneia do sono, que igualmente pode estar relacionada com a síndrome de morte súbita em bebês.

Insônia – pode ser transitória quando acontece em um período de apenas algumas noites e, geralmente, é causada por estresse, excitação, mudança do fuso horário ou no ambiente de dormir; a insônia de curto prazo é um sono pobre, cujo quadro pode perdurar por duas ou três semanas; e o quadro de insônia crônica tem uma duração mais prolongada, em geral ocorre por mais de um mês e pode ser correlacionada a problemas médicos, comportamentais e psiquiátricos, como a depressão.

Narcolepsia – distúrbio que provoca ataques de sono diurnos, que acontecem a qualquer momento (durante uma conversa ou até na realização de atividades, como a de guiar um veículo) e têm, geralmente, uma duração de segundos a 30 minutos. Afetando a parte do cérebro que regula o sono e a vigília, os sintomas da doença iniciam-se tipicamente em indivíduos entre a puberdade e os 25 anos. Essa necessidade de sono frequente e irresistível pode desenvolver-se gradualmente durante meses ou anos, sendo a excessiva sonolência diurna em geral seu primeiro sintoma.

Parassonias – desordens leves e distúrbios que ocorrem durante o sono, mas que podem ser acompanhados de grande atividade da pessoa enquanto dorme. Às vezes, esses distúrbios assumem aspectos dramáticos e atrapalham também o sono de quem está dormindo perto. São eles: sonambulismo, falar dormindo, terror noturno (abrupto despertar, com a pessoa expressando absoluto terror e agressividade contra ela mesma ou contra os outros) e distúrbio do movimento REM (a pausa que normalmente acontece durante o sono REM é incompleta ou ausente, fazendo com que a pessoa que dorme *dramatize* os seus sonhos. Mais comum em idosos, pode resultar em comportamentos violentos e acidentes).

Nos casos mais complexos, para diagnosticar o tipo de problema a pessoa deverá ter seu sono monitorado. Trata-se da polissonografia, quando sensores do tamanho de uma pequena moeda são colocados na cabeça e no corpo do indivíduo antes de ele começar a dormir, a fim de gravar as ondas cerebrais, a atividade muscular, os movimentos das extremidades, os batimentos cardíacos e a respiração. Este teste não é doloroso nem impede os movimentos durante o sono. Pode ser feito, ainda, o teste de latência múltipla do sono, para detectar o quão rápido o paciente dorme.

Os sonhos

Dormimos em média sete a oito horas por dia. Desse tempo aproximadamente 20% passamos sonhando. O que representa cerca de quatro anos num período de 70 anos de vida. Isso mostra como o sonhar é importante na vida de cada um.

Existem observações que permitem afirmar que os animais também sonham. É comum notar durante o sono de animais domésticos que eles emitem sons e movem as patas, o que é uma forte evidência de estarem sonhando. Isso é confirmado por meio da eletroencefalografia, que revela REM e aceleração das ondas cerebrais nesses períodos.

Os sonhos, pelas suas peculiares características, muito têm interessado a humanidade ao longo dos séculos. A ideia mais antiga e popular sobre os sonhos é de que eles podem ter um caráter premonitório. A Bíblia está repleta de relatos de sonhos com significado profético e a sabedoria popular registra grande quantidade de interpretações dos sonhos, sempre como uma tentativa de antever o futuro. Mas foi Sigmund Freud quem modernamente desenvolveu uma investigação mais científica acerca da interpretação dos sonhos, baseada em duas premissas. A primeira, de que o sonho seria um guardião do sono, sendo sua função protegê-lo. O sonho tentaria incorporar estímulos externos, de modo que o sono não fosse interrompido. Dessa forma, ele evita que a pessoa acorde ao receber qualquer estímulo externo, quando se encontra em estado de sono leve. Por exemplo, um ruído de uma porta batendo geraria de imediato um sonho no qual a pessoa ouviria barulho semelhante, evitando acordar assustada. A segunda premissa de Freud é mais complexa: ele propõe que se entenda todo sonho como uma realização de um desejo ainda não atendido, e a partir daí formula uma interpretação para o sonho como algo desejado pelo sonhador. Inclusive, a sabedoria popular deu à palavra sonho o significado de desejo longamente acalentado.

Alguns sonhos são fáceis de serem entendidos de acordo com essa formulação, principalmente sonhos alegres, nos quais ocorrem fatos agradáveis. Mas a questão se torna mais complexa quando se trata de pesadelos. Quanto a estes, Freud afirma serem fruto de sentimentos de culpa, que levam o indivíduo a uma autopunição exercida por meio de sonhos dolorosos, sofridos, desagradáveis.

Jung considerava um equívoco utilizar simbolismos fixos para interpretar os sonhos, como aqueles que se encontram em livros de interpretação dos sonhos. Ele valorizava as associações de ideias que o sonhador podia fazer com o sonho quando o revia ou quando o narrava para outra pessoa. Jung afirmava que cada pessoa tem a sua própria simbologia e esta precisa ser levada em conta.

Sonho criativo

Existem ainda referências a sonhos como instrumentos de organização de ideias que a pessoa está desenvolvendo. É famosa a narrativa do químico Kekulé sobre como elaborou a estrutura do anel de benzeno, descoberta de crucial importância para a evolução da química na época (1865). Ele contou, no Congresso de Berlim, em 1890, que após um longo dia de trabalho começou a cochilar e teve uma visão dos átomos girando no espaço e formando longas fileiras que se movimentavam como cobras. Uma das cobras, bem à sua frente, tomou a cauda na boca e rodopiou. Sentiu-se despertar como se um raio o houvesse atingido e passou o resto da noite desenvolvendo a hipótese que o consagrou: o benzeno como um anel fechado em que os átomos de carbono se ligam uns aos outros.

Dmitri Mendelejew também relatou ter tido a visão de sua tabela periódica dos elementos, genial concepção que o imortalizou, durante um sonho. O modelo do átomo criado por Niels Bohr também foi fruto de um sonho. Isso mostra a importância da atividade onírica como organizadora das ideias que estão sendo desenvolvidas. Dito de outra forma, o sonho nos ajuda a expressar nossas intuições. Muitas vezes, nossa razão reprime as ideias inovadoras que estão a ponto de brotar de nossa mente e é durante o sono, quando afrouxa a repressão provocada pela autocrítica, que conseguimos expressar nossas ideias mais ousadas e criativas.

Capítulo 9

Tabagismo

"De nada vale ajudar aqueles que não se ajudam a si mesmos."

(Confúcio)

Quem nunca fumou não precisa ler este capítulo. Quem é um ex-fumante pode ler com orgulho. Quem ainda fuma, deve ler com atenção e esperança.

A nicotina acalma, diminui a ansiedade, alivia a depressão, reduz a fome, melhora a concentração, a memória e a capacidade de solucionar problemas. Não é de se estranhar que os fumantes tenham tanta dificuldade em deixar de fumar! Apesar de a nicotina apresentar essas propriedades aparentemente "benéficas", o tributo pago pelo organismo do fumante é muito alto. Fumar cria dependência fisiológica e psicológica da mesma forma que consumir cocaína, heroína ou álcool.

Um pouco de história

Originário do continente americano, o fumo (*Nicotiana tabacum*) era amplamente utilizado pelos indígenas, especialmente em cerimônias religiosas. Os índios usavam o *calumet* (cachimbo da paz), retirando em baforadas densas nuvens de fumaça que se evolavam aos céus. No século XV, com a descoberta da América, o tabaco foi levado para a Europa, sendo rapidamente aceito pelas mais altas classes sociais europeias. Diversas qualidades lhe foram logo atribuídas: era considerado desintoxicante e desinfetante, capaz de espantar pragas, curar gonorreia, servir como unguento, laxante, usado para gargarejo e sua cinza ainda servia para clarear os dentes. Com tantas utilidades e alcançando um "status" de sofisticação, as plantações de fumo proliferaram nas colônias. Mas aos poucos foram surgindo denúncias sobre os efeitos maléficos do fumo, particularmente sua danosa ligação com a embriaguez. Na Inglaterra, sob o reinado de Jaime I e Henrique II, o fumo foi proibido. O papa Urbano II chegou a excomungar o fumo e, na Rússia, o czar Miguel mandava açoitar todo aquele que fosse surpreendido fumando. O sultão Murat IV da Turquia encontrou no Alcorão numerosas referências quanto à proibição ao prazer do fumo e quem não respeitasse essa proibição era decapitado.

Se por um lado, em certa época e em alguns lugares, os fumantes eram perseguidos e punidos, por outro a produção de fumo crescia vertiginosamente, surgindo poderosos negociantes. Em 1889, James Buchanan Duke fundou a Companhia Americana de Tabaco. Os cigarros foram pouco a pouco se aperfeiçoando e, anos mais tarde, com a industrialização, a fabricação em massa possibilitou a redução do preço, facilitando o consumo. Ao mesmo tempo que os efeitos da nicotina começavam a ser descobertos, o baixo preço dos cigarros facilitou o seu consumo por jovens, fazendo com que o Congresso cedesse às pressões da sociedade e, em 1898, aumentasse suas taxas de comercialização em 200%.

Durante a Primeira Guerra Mundial, a indústria do tabaco voltou a prosperar: para aliviar a tensão, os soldados fumavam bastante no *front*. O General John J., conhecido como Black Jack, chegou a afirmar que para ganhar a guerra precisava tanto de tabaco como de munição. No final de 1929, a média de fumantes americanos aumentava a cada quatro dias. Paralelamente, alguns médicos e pesquisadores começaram a observar que uma doença rara na época aparecia com uma frequência cada vez maior: o câncer de pulmão. Em 1919, de 100 mil habitantes, 0,6 morria por causa dessa doença; em 1925, desse mesmo total, já 1,7 era vítima de câncer de pulmão.

Apesar de tudo, o hábito de fumar era considerado um ato elegante para as mulheres e simbolizava a virilidade no homem, e os jovens consideravam a atitude de fumar uma conquista do *status* de adulto. Com o aparecimento da pílula anticoncepcional, na esteira do movimento feminista, observou-se um aumento significativo do número de mulheres fumantes. Atualmente, com a confirmação das evidências dos efeitos nocivos do fumo sobre o organismo e o conceito de "fumante passivo", ou seja, a agressão causada pela fumaça do ambiente ao organismo dos não fumantes, aos poucos, o ato de fumar passou a ser visto como uma postura deselegante e pouco inteligente.

Hoje em dia, é de tal ordem a mobilização popular contra o cigarro, que os fumantes têm se sentido acuados e de certa forma indesejados e marginalizados, por serem considerados poluidores do ambiente.

Substâncias nocivas

A nicotina é um forte vasoconstritor: após cada cigarro fumado diminui o calibre das artérias e das arteríolas, elevando a pressão dentro do sistema circulatório e reduzindo o fluxo de sangue a todos os órgãos e células do organismo. Não é só a nicotina a grande vilã. No cigarro, o monóxido de carbono decorrente da queima de outras substâncias é inalado e vai ocupar o espaço do oxigênio dentro do glóbulo vermelho do sangue. Isso tem grande efeito na diminuição da capacidade de transporte do oxigênio pelo sangue. Além de reduzir a oxigenação de todos os órgãos, essas substâncias lesam a parede dos vasos sanguíneos, dando origem às placas de ateroma e às tromboses.

A nicotina provoca uma predisposição do coração a bater de forma irregular, dando origem às arritmias, aumentando o risco de morte súbita.

No tabaco existem 4.700 substâncias tóxicas, sendo que 60 são cancerígenas, entre elas o benzopireno, que é uma substância química da família dos hidrocarbonetos, também formada pela queima dos combustíveis de carros, ônibus e caminhões. O benzopireno não se acumula no organismo, mas durante seu metabolismo ele alcança milhões de células do corpo humano e, ao alterar o material genético celular, provoca o câncer.

A nicotina também diminui o paladar e o olfato, importantes sentidos do prazer.

Fumar durante muitos anos pode gerar, além de dentes amarelados, um risco elevado de doença periodontal (infecção que atinge gengivas, ligamentos e ossos) e consequentemente perda dos dentes. Em 1995, uma pesquisa publicada no *Journal of Periodontology* mostrou que o cigarro é um dos principais fatores de risco em desenvolvimento e progressão da doença periodontal. Outro estudo publicado em *Journal of Oral and Maxillofacial*

Surgery mostra que os fumantes apresentam maior número de resultados insatisfatórios nos enxertos de tecido gengival, enxertos ósseos e implantes dentários.

Um pouco de estatísticas

Três milhões de pessoas em todo o mundo morrem em decorrência de doenças associadas ao fumo. No Brasil, são relatadas 100 mil mortes por ano, isso quer dizer que 11 brasileiros morrem a cada hora por problemas causados pelo tabagismo. Pesquisas do Instituto Nacional do Câncer (Inca), órgão do Ministério da Saúde e da Organização Mundial da Saúde (OMS), mostram que o cigarro mata mais do que a soma dos óbitos por Aids, álcool, cocaína, heroína, acidentes de trânsito e suicídios.

O Brasil tem cerca de 30,8 milhões de fumantes, o que representa 30% da população adulta do país, um número alto em comparação com outros países. De acordo com a OMS, o Brasil é o sétimo maior consumidor de cigarros do mundo.

O fumo é o responsável por 90 a 95% dos casos de câncer de pulmão (os fumantes correm um risco até 20 vezes maior do que a média da população não fumante de desenvolver câncer de pulmão), 80 a 85% dos casos de bronquite crônica e 20 a 25% das mortes por cardiopatia ou acidente vascular cerebral.

Em 1954, um relatório desenvolvido pela epidemiologista Cuyler Hammond informou que dos homens que morreram entre 50 e 54 anos, os fumantes representavam 65% a mais do que os não fumantes; na faixa de 55 a 59 anos, eram 60% a mais; entre 60 e 64 anos, subia a 102%; e somente entre 65 e 69 anos o número baixava para 30%, provavelmente porque a maioria dos fumantes havia morrido antes.

Os cientistas acreditam que o fumo seja mais nocivo às mulheres, em função de seu efeito antiestrogênio, e porque a redução nos níveis de HDL seja maior do que nos homens. Durante 14 anos, o Centro Nacional de Câncer de Tóquio acompanhou 92 mil mulheres que nunca fumaram, mas eram casadas com fumantes que consumiam mais de 14 cigarros por dia. Resultado: elas apresentaram 40% de risco de ter câncer de pulmão, e as mulheres cujos maridos fumam de 16 a 19 cigarros por dia têm 60% de risco.

A seguir, alguns dados de uma pesquisa feita pelo médico e professor da Universidade Federal do Rio Grande do Sul (UFRGS), Mário Rigatto, que estudou os efeitos do cigarro: 900 mil gestações no Brasil são prejudicadas pelo fato de as mães fumarem; 20% das mulheres brasileiras fumam durante a gestação; são 50% maiores as chances de aborto espontâneo em mães fumantes; fumar na fase de amamentação transfere ao bebê o equivalente a um cigarro por dia, em média; fumar durante a mamada transfere, em média, três cigarros por dia ao bebê por meio do leite e da fumaça; filhos de mães fumantes têm duas vezes mais probabilidades de morte durante o parto, e pesam menos 200 gramas, em média, ao nascerem; apresentam mortalidade no primeiro ano de vida em média 50% maior; apresentam atraso de sete meses de alfabetização no aprendizado escolar.

Um estudo na Universidade de Chicago mostrou que mães que fumam mais de dez cigarros por dia na gravidez correm risco 4,4 vezes maior de ter filhos com problemas psiquiátricos e de comportamento. Foram avaliadas 177 crianças, entre os 7 e 12 anos, durante seis anos. Os menores com problemas de conduta apresentavam de maneira frequente e persistente envolvimento em pelo menos três dos seguintes comportamentos antissociais: incêndios premeditados, vandalismo, crueldade física, estupros, roubos e assaltos.

Alguns dados da OMS

- A cada dez segundos, o fumo faz uma nova vítima no mundo.
- Se for mantido o consumo anual de cigarros, o vício será responsável pela morte de 10 milhões de pessoas até 2020.
- Metade dos fumantes do mundo vai morrer por causa do tabaco, a maioria deles antes de completar 60 anos.
- Calcula-se que exista 1,1 bilhão de fumantes no mundo – 900 milhões de homens (47% da população masculina do planeta) e 200 milhões de mulheres (12% da população feminina).
- Os fumantes têm uma expectativa de vida de quase 25 anos menos do que os não fumantes, com uma taxa de mortalidade três vezes superior.

Por que o cigarro vicia?

Em 1988, o Ministério da Saúde dos Estados Unidos considerou a nicotina uma droga que vicia. Cientistas do Bookhaven National Laboratory examinaram os cérebros de fumantes e não fumantes e constataram que os fumantes tinham menos 40% de uma enzima conhecida como monoamina oxidase B ou MAO B. Essa enzima reduz o efeito de um neurotransmissor – um mensageiro químico do cérebro – a dopamina, que está relacionada à sensação de prazer. Assim, ao fumar, há redução da MAO B, o que permite maior liberação de dopamina e consequentemente maior sensação de prazer.

Uma pesquisa feita em ratos pelos cientistas dos laboratórios Glaxo – Wellcome, em Genebra, mostrou que a nicotina estimula as células cerebrais de maneira muito semelhante à cocaína. O estudo mostrou que as duas substâncias – nicotina e cocaína –, que foram administradas durante duas semanas aos ratos, ativavam as mesmas áreas cerebrais, exatamente onde é ativado o neurotransmissor dopamina, responsável pelo prazer.

A nicotina provoca também a liberação de adrenalina e causa um efeito estimulante, mas ao mesmo tempo eleva a pressão arterial e acelera o coração. As substâncias carcinogênicas encontradas no cigarro danificam as moléculas do organismo por meio de reações químicas denominadas *oxidação*, que geram radicais livres, e também afetam o material genético que controla a taxa de crescimento celular. Como consequência, as células sofrem transformações e começam a se dividir de forma acelerada e incontrolável dando origem a tumorações cancerosas.

Recentemente um estudo publicado na revista *Nature*, de janeiro de 1998, relata a descoberta de uma proteína que causa dependência da nicotina. Os cientistas descobriram essa proteína nas células do cérebro de camundongos à qual se liga à nicotina. Essa substância também está presente na superfície das células nervosas do cérebro dos seres humanos, o que permite a absorção na nicotina pelo cérebro. Esse pode ser um passo importante no desenvolvimento de medicamentos capazes de eliminar o vício do fumo.

Um caso dramático é ilustrado por um paciente, J.L., portador de tromboangeíte obliterante (doença de Buerger, que se caracteriza pelo entupimento das artérias em decorrência de um processo inflamatório – arterite), que ao privar as extremidades de sangue faz com que elas necrosem, necessitando de amputação. Essa doença é causada por uma reação alérgica à nicotina. Pacientes que sofrem dessa enfermidade não podem sequer permanecer em ambientes com fumaça de cigarro. J.L., logo após sua doença ser diagnosticada, recebeu, pela gravidade de seu caso, ordem expressa dos médicos para deixar de fumar, caso contrário o problema se agravaria e ele poderia perder todas as extremidades. Como não parou de fumar, ele sofreu amputação primeiro da perna esquerda, depois da direita e, três anos após, do braço direito. Apesar de todas essas mutilações continuou fumando e dizia que seu grande temor era perder o braço esquerdo e não ter mais como segurar o cigarro.

Outro caso igualmente estarrecedor foi o de T.P., 52 anos, fumante há 40 anos que teve um câncer de laringe. Operado, os médicos tiveram que lhe fazer uma traqueostomia para possibilitar a sua respiração. Qual não foi a surpresa do plantonista ao flagrá-lo fumando um cigarro pelo orifício da traqueostomia!

Vale a pena parar de fumar

Aqui são enumerados alguns benefícios para quem conseguiu parar de fumar:

Em apenas um dia, há redução de 10 a 20 mmHg nos níveis da pressão arterial, o ritmo cardíaco se aproxima da normalidade, os níveis de monóxido de carbono no sangue diminuem drasticamente e os de oxigênio sanguíneo se elevam. Já nessa oportunidade a possibilidade de acidentes cardiovasculares se reduzem.

Em 48 horas as terminações nervosas afetadas pela nicotina começam a funcionar melhor, e o paladar e o olfato voltam a ficar mais apurados. A comida adquire melhor paladar e melhor aroma.

Em 72 horas, os brônquios relaxam e a respiração se torna mais fácil.

De duas semanas a três meses, a função pulmonar aumenta em 30%, melhora a capacidade respiratória; fica mais fácil a prática de exercícios físicos, melhoram a circulação e o desempenho físico, no homem melhora a atividade sexual, principalmente a ereção.

De um a nove meses a tosse crônica desaparece, os pulmões vão se limpando, melhora o vigor físico e aumenta a resistência a resfriados, gripes e infecções.

Um ano após parar de fumar, o risco de morrer de infarto é reduzido em 50%.

Cinco anos depois de deixar de fumar, o risco de câncer de pulmão é reduzido em 60%.

Dez anos após parar de fumar, o ex-fumante passa a ter a mesma taxa de mortalidade por causa da doença cardíaca do não fumante.

Quinze anos depois de parar de fumar, o ex-fumante passa a ter a mesma probabilidade de desenvolver um câncer de pulmão de um não fumante.

Um caso interessante

H.A., empresário de 62 anos, se sentiu arrasado por conta da continuada queda no seu desempenho sexual. Sedentário, hipertenso compensado com o uso de medicação, se encontrava com peso acima do normal, era fumante, enfim, apresentava múltiplos fatores que poderiam ser responsáveis pelo problema. Sabia dos eventuais efeitos colaterais do remédio que tomava para controle da pressão (a maioria dos anti-hipertensivos pode ocasionar diminuição da potência sexual), e a primeira providência foi suspender a medicação; como não mudou o quadro sexual e sabia que corria o risco de uma eventual crise hipertensiva, foi ao cardiologista para que lhe fosse receitado outro remédio para pressão. Apesar dessas mudanças persistia o problema sexual, resolveu então fazer um *check-up* completo.

Após as conclusões finais do *check-up* lhe foi recomendado continuar a medicação prescrita pelo cardiologista, dieta, caminhadas regulares e parar de fumar. Começou pelo mais "fácil" que era caminhar na praia todas as manhãs. Ao cabo de duas semanas já se sentia melhor fisicamente, mas quanto à parte sexual continuava na mesma. Resolveu acrescentar uma dieta mais rigorosa e procurar um andrologista que lhe pediu uma série enorme de exames, muitos dos quais invasivos. Reticente em se submeter àquela "batelada de exames", achou melhor dar mais uma chance às caminhadas, agora com o reforço da expectativa de redução de peso.

Mais quatro semanas e nada. Muito preocupado com a queda da libido e consequente abstinência sexual, mas sem coragem de encarar todos aqueles exames, optou por melhorar mais sua capacidade física e decidiu parar de fumar. Uma semana depois dessa "heroica" decisão começou a sentir o odor dos ambientes e das mulheres, pois até aquele momento desconhecia o quanto isso representava para ele. Surpreendentemente, com a melhora do olfato a libido voltou e sua atividade sexual se normalizou.

O drama

A abstinência da nicotina não é agradável. Cerca de 80% dos fumantes vivenciam a síndrome de abstinência e são fortemente impelidos a voltar a fumar. O índice de recaídas é muito alto nos primeiros meses, algo em torno de 70%. Os sintomas da abstinência incluem ansiedade, inquietação, irritabilidade, impaciência, perturbações do sono, dificuldade de concentração e tonteiras. A vontade de fumar se torna mais forte em situações estressantes e ao ingerir álcool e café.

Em um estudo americano de mil fumantes que desejavam parar de fumar, verificou-se que somente 172 tiveram êxito na primeira tentativa.

Não há evidências científicas de que a alternativa de fumar cigarros com baixo teor de alcatrão e nicotina traga algum benefício, porque em geral os fumantes passam a fumar maior número de cigarros e dar tragadas mais fortes e demoradas.

Como deixar de fumar

Não é uma tarefa fácil, mas possível e gratificante. Existem vários métodos que ajudam a parar de fumar, mas nenhum é mágico ou milagroso, na verdade, o mais importante e decisivo são a força de vontade e a autoestima e que dependem exclusivamente da pessoa.

As pessoas mais prejudicadas pelo vício de fumar, em geral, são as que apresentam maior dificuldade em deixar de fumar. Em um trabalho publicado na *Mayo Clinic Proceedings*, os pesquisadores afirmam que de 5.400 pacientes submetidos à angioplastia, 1.169 eram fumantes, e apesar das recomendações 63% continuaram a fumar e somente 9% procuraram ajuda para deixar o vício.

Mesmo diante dessa realidade, pode-se conseguir reverter esse quadro e aqui vão algumas "dicas":

- Estabelecer uma data para parar de fumar, de preferência um período com menor probabilidade de estar sob estresse.

- Escrever várias vezes e em diversos papéis uma razão para parar de fumar e lê-los cada vez que sentir vontade de fumar.
- Ir ao dentista e fazer uma limpeza nos dentes e na língua.
- Evitar tomar café.
- Evitar bebidas alcoólicas.
- Comunicar a amigos e familiares o firme propósito.
- Ler tudo o que puder sobre os efeitos maléficos do fumo.
- Evitar encontros sociais que tenham bebida e fumo.
- Fazer uma limpeza no carro por dentro e lavar os cinzeiros.
- Mandar lavar todas as roupas.
- Sentar-se em área não fumante nos locais públicos.
- Eventualmente, recorrer a tranquilizantes, sob orientação médica, na fase mais ansiosa do programa.

Qualquer método coadjuvante para tentar deixar o fumo é válido. Trata-se de um típico caso cujos fins justificam os meios.

Não precisamos chegar ao ponto de M.A., secretária de 48 anos que era tão viciada que não conseguia dormir sem fumar e, por diversas vezes, acordava durante a noite para saciar seu vício. Numa noite, estava vestida com uma camisola de nylon e deitou após ter bebido durante o jantar uma quantidade de vinho um pouco além do habitual. Adormeceu fumando e o cigarro caiu de sua mão sobre a camisola, ocasionando um fogaréu que lhe causou queimaduras de primeiro e segundo graus em uma extensão de aproximadamente 30% da superfície corporal. Foi internada no CTI em estado que inspirava cuidados. Foi sedada pelos médicos, mas nos momentos de lucidez, consciente da gravidade de seu caso, e sendo muito religiosa, fez uma promessa: se ficasse curada nunca mais colocaria um cigarro na boca. Recuperada, conseguiu com muito esforço cumprir o que prometeu.

Armas coadjuvantes que podem ser usadas nessa guerra

> A clonidina, substância empregada para tratamento da hipertensão arterial, também é usada em forma de adesivos dérmicos para ajudar a reduzir a necessidade fisiológica da nicotina. Deve ser utilizada sob supervisão médica e pode apresentar efeitos colaterais, como

tonteiras e secura da boca. Embora os adesivos reduzam a "vontade" do organismo, não é um tratamento mágico, mas um fator coadjuvante do programa PARAR DE FUMAR.

> *Patch* (adesivo) transdérmico de nicotina é colado sobre a pele e libera, lentamente, uma dose da substância, que por meio da derme entra na corrente sanguínea. A concentração de nicotina é estabelecida de acordo com as necessidades de cada um, diminuindo aos poucos a cada quatro semanas. Esse método permite compensar a falta do cigarro de uma forma progressivamente decrescente até a parada definitiva. Os *patches* já têm comprovado sua eficácia em 50% dos casos, quando corretamente utilizados. O inconveniente é a pessoa insistir em fumar durante o tratamento, porque a taxa de nicotina no organismo pode se elevar a níveis perigosos e causar dores de cabeça, náuseas e vertigens, tendo sido relatados casos de acidentes cardiovasculares. O tratamento tem a duração de três meses e só está contraindicado para grávidas e pessoas que sofram de insuficiência renal ou tenham problemas cardíacos.

> *Logado* (*Leurre olfactif gestuel d'aide à la dépendence oral*) é uma espécie de sachê (um pouco maior que uma caixa de fósforos) que difunde um odor preparado com essências aromáticas, semelhante ao do cigarro na hora em que vai ser aceso. Dessa forma, o produto ajuda o fumante a suportar a privação, tentando substituir as sensações do prazer de fumar: oferece ao sistema límbico (o cérebro das emoções) uma mistura de odores que *tapeia* a ansiedade pela espera do cigarro, e atende à necessidade que o fumante tem de segurar um objeto (cigarro ou isqueiro), reproduzindo a combinação gesto + objeto + sensação que caracteriza o ato de fumar. Após três ou quatro aspirações, o falso odor de cigarro impregna as células das fossas nasais, até que boa parte das áreas olfativas estejam saturadas pelo odor, que permanece no nariz. Esse produto é produzido pelo laboratório Warner Wellcome e é encontrado em diversas farmácias da Europa.

> Goma de mascar (chiclete) de nicotina é utilizada com 25% de sucesso. Cada vez que o fumante tem vontade de fumar recorre ao chiclete. Existe em duas versões, ambas importadas: 2 mg para quem fuma pouco e 4 mg para os inveterados. O detalhe é que o chiclete deve ser mordido uma vez por minuto para dar tempo de a nicotina chegar

ao cérebro. Por isso só é válido para os mais disciplinados. Pode causar efeitos colaterais desagradáveis como soluços, náusea e dores no estômago. Deve ser utilizado de um a três meses, e não pode ultrapassar 30 tabletes diários.

> Acupuntura traz bons resultados, evitando que o fumante se ressinta da falta do cigarro, auxiliando a superar a ansiedade, a timidez ou a depressão que podem aparecer com mais intensidade nessa fase. É realizada em várias sessões e utiliza agulhas que são colocadas no nariz, na testa e nas orelhas.

> Acupuntura a *laser* (Action Laser) é um método canadense (mas já aplicado no Brasil) que utiliza, em vez de agulhas, o raio *laser*. As aplicações, indolores, são feitas em uma sessão que dura meia hora. Os pontos atingidos são os mesmos da acupuntura com agulhas, liberam endorfinas no organismo, um sedativo natural que traz bem-estar, aliviando os sintomas da síndrome de abstinência. Durante dez dias, a pessoa em tratamento deve tomar altas doses de vitamina C e beber muita água, para ajudar a eliminar a nicotina. Há recomendação para evitar durante esse período a ingestão de café, bebidas alcoólicas, chá e chocolate, e não comer alimentos picantes. Os idealizadores do método garantem sucesso em 75% dos casos.

> Auriculoterapia consiste na introdução (sob anestesia local) de um fio de nylon no centro do pavilhão da orelha. O objetivo é trazer uma repulsa ao cheiro do tabaco e atenuar os sintomas desagradáveis sentidos nos primeiros dias da falta do cigarro.

> Termalismo é a utilização de águas termais sulfurosas, que *limpam* as vias respiratórias por meio de banhos nasais, umidificação, inalações e nebulizações. Esse método é associado à ginástica respiratória, a técnicas de relaxamento e ao apoio psicológico.

> Hipnose faz com que o cigarro seja rejeitado por sugestão (o médico fala ao paciente em transe sobre o enjoo que o cigarro vai ocasionar e o prazer que ele vai sentir em readquirir o fôlego, o paladar, o olfato, etc.). Os terapeutas afirmam que a taxa de sucesso oscila entre 80 e 85%.

> Terapia cognitivo-comportamental é oriunda dos Estados Unidos e os relatórios apontam resultados razoáveis conseguidos com esse método. Seu princípio consiste em associar uma sensação desagradável ao cigarro. O tratamento para os fumantes com baixos índices de

dependência é constituído de encontros de grupo semanais e sessões individuais para os mais viciados, associadas ou não à terapia de reposição de nicotina (adesivo ou chiclete).

> Grupos de apoio psicológicos têm o objetivo de informar ao fumante sobre os males do tabagismo com o auxílio de estatísticas e histórias reais, dando conselhos de higiene de vida e estimulando-o a largar o vício. Como são muitas as pessoas com o mesmo problema, parece que, unindo as vontades, a força para parar de fumar se torna maior.

> Antidepressivo bupropiona é um medicamento que age no cérebro sobre a dopamina (substância liberada quando se fuma, que causa uma sensação de bem-estar). Um estudo publicado na *New England Journal of Medicine* afirma que o uso desse antidepressivo durante sete semanas dobra a chance de sucesso para quem quer abandonar o cigarro. O medicamento ajuda a combater a depressão que costuma se abater sobre quem quer largar o vício.

> Homeopatia é um tratamento que não tem contraindicações. Os cigarros são substituídos por uma medicação que torna a falta mais tolerável, ao mesmo tempo ajuda a eliminar a nicotina. Metade das pessoas que se submete ao tratamento logra êxito, embora as recaídas sejam frequentes.

> Programação neurolinguística. Trata-se de um método terapêutico criado por Bandler e Grinder e que procura lidar com o cérebro humano a partir dos conhecimentos desenvolvidos pela informática. Existem diversos exercícios neurolinguísticos que visam modificar a relação do fumante com o cigarro de forma a diminuir a importância do fumo para a vida emocional do paciente, facilitando assim a abstinência.

>Meditação. Esta prática oriental visa obter um estado de relaxamento por meio de diversas técnicas, todas destinadas a parar o fluxo do pensamento, obtendo assim um estado de consciência mais favorável ao contato do paciente com sua energia interior. Dessa forma, se facilitaria o uso dos mecanismos volitivos do indivíduo para o combate à compulsão de fumar.

>Piteira *antitabaco* foi idealizada há muitos anos por um médico alemão e lançada no Rio, em 1997, por um engenheiro brasileiro que prometia que o abandono do cigarro se dava em quatro semanas. A piteira contém quatro filtros que absorvem a nicotina e o alcatrão

do cigarro em proporções diferentes e progressivas, fazendo com que na última semana apenas uma pequena quantidade dos elementos contidos no cigarro chegue ao organismo. Dessa forma, o abandono do vício ocorre de forma suave e sem a síndrome de abstinência. O processo de filtragem não usa produtos químicos nem altera o sabor do cigarro. O método é baseado num tubo criado pelo físico G. B. Venturini, em 1791, para medir e controlar substâncias gasosas. Os filtros podem ser reutilizados (após fumar oito cigarros, eles devem ser imersos em um vidro com álcool para remoção do alcatrão e da nicotina acumulados). Estudos feitos na Alemanha em uma clínica de combate ao fumo mostram que as piteiras foram a técnica de auxílio com maior índice de sucesso. Dos 20 mil fumantes que participaram da pesquisa, 78,8 % pararam de fumar.

Como superar a crise de abstinência

Várias instituições, hospitais e laboratórios tentam, em cursos, distribuir cartilhas com dicas de como superar os efeitos desagradáveis que podem surgir na fase do PARAR DE FUMAR. É claro que muitos podem atravessar essa fase sem problemas ou sacrifícios, mas de modo geral alguns dos sintomas que iremos descrever podem ocorrer e, caso isso aconteça, veja como minimizá-los.

> Desejo incontrolável de fumar: faça exercícios respiratórios, procure se distrair. Logo a pessoa percebe que a "urgência" vai passar.

> Irritabilidade: respire devagar e com calma, imagine cenas ou situações agradáveis, procure relaxar. Pratique o esporte preferido. A prática de esportes ajuda a abandonar o vício. Durante a prática esportiva, há liberação de adrenalina secretada pelas glândulas suprarrenais e produção de ácido lático e acidose provenientes do trabalho muscular. Essas substâncias produzidas no momento do esforço físico agem sobre o cérebro, gerando uma sensação prazerosa e de bem-estar.

> Falta de concentração: beba bastante água, realize pequenas caminhadas mesmo no período de trabalho e simplifique a rotina por alguns dias.

> Insônia: faça uma caminhada algumas horas antes de deitar, tome um banho morno, beba um copo de leite morno, e fique sonolento lendo ou vendo televisão deitado na cama.

> Aumento de apetite e ganho de peso: isso acontece às vezes e serve de desculpa para muitos não deixarem de fumar. Todos podem comer mais e saborear melhor os alimentos desde que racionalizem a alimentação. Uma dieta balanceada deve ser pobre em gorduras, doces e açúcar e rica em verduras, legumes e frutas. Beba muita água. Faça exercícios com regularidade, principalmente porque agora a respiração se torna cada vez melhor.

> Fadiga: faça mais exercício, a fadiga é mais psíquica do que orgânica; é importante dormir de forma adequada, procurar tirar uns cochilos ao longo do dia e tentar não exigir demais do corpo até quatro semanas após ter parado de fumar.

Um teste realizado por médicos americanos sobre a dificuldade de parar de fumar mostra que não se trata de uma empreitada fácil. Foram acompanhados mil fumantes que se propuseram a parar de fumar, e constatou-se que, na primeira tentativa, somente 172 conseguiram largar o vício e 828 falharam. Do universo dos que falharam, numa segunda tentativa, 53 conseguiram seu intento. Na terceira tentativa, 48 alcançaram o objetivo. Ao final da pesquisa, dos mil fumantes iniciais, ao todo 387 pararam definitivamente de fumar, tendo alguns de fazer até sete tentativas.

A verdade é uma só: os mais variados métodos existentes só funcionam se a pessoa estiver mesmo determinada a PARAR DE FUMAR.

Capítulo 10

Envelhecimento e Medicina Ortomolecular

"Prolongar a juventude é desejo de todos, desfrutar de uma velhice sadia é sabedoria de poucos."

"O idoso conserva suas faculdades se mantiver vivos seus interesses."

(Cícero)

A modernidade trouxe uma série de benefícios para a humanidade nos mais diferentes aspectos, em especial no campo da medicina. Ao mesmo tempo, introduziu males físicos e psíquicos, acelerou o envelhecimento e antecipou o aparecimento das doenças degenerativas em nossos organismos.

O envelhecimento é temido por todos. Platão dizia que a velhice é temida porque ela nunca vem só. Todo mundo quer viver muito, mas não quer envelhecer. Mas a ciência e o bom senso podem retardar o envelhecimento e preservar a qualidade de vida. Uma pessoa de meia-idade, mesmo se sentindo jovem, deve se conscientizar de que não possui mais a mesma resistência e o vigor de quando tinha menos idade. Agindo dessa maneira ela adéqua suas atitudes e comportamento às mudanças do seu organismo, sem que isso lhe seja penoso. Uma pessoa de mais idade não deve querer se igualar fisicamente aos mais jovens em jogos ou competições. A ciência do envelhecer é aceitar as limitações da idade. Segundo Ovídio, "a velhice chega insensivelmente". São muito conhecidos os casos de pais que, sem o vigor físico de filhos adolescentes, teimam em competir com eles em esportes de fim de semana, com resultados previsivelmente desastrosos. Acidentes cardiovasculares graves e articulares em geral ocorrem. Entretanto, é a constatação do envelhecimento físico o que mais deprime.

Em termos biológicos, pode-se dizer que o ser humano tem a idade das suas artérias porque como elas conduzem o sangue que leva oxigênio e todos os nutrientes às células e aos órgãos do corpo, e principalmente a glicose ao cérebro, quando a circulação está desobstruída todas as células e tecidos estarão preservados. Portanto, a pessoa pode ser um jovem-velho se as artérias estiverem precocemente envelhecidas, atingidas pela arteriosclerose, ou ser um velho-jovem porque mesmo com idade avançada suas artérias foram poupadas desse processo degenerativo.

Assim como as artérias, o cérebro por si só também envelhece, perde 5% da sua massa total aos 70 anos e aumenta essa perda para 10% aos 80 e até 20% após 90 anos. Mas como qualquer órgão do corpo humano pode, com um programa adequado de manutenção, funcionar bem por mais tempo mesmo com essas limitações físicas.

Hoje já ficou comprovado que há uma ligação positiva importante entre a alimentação e a longevidade. Em muitas espécies animais, os trabalhos experimentais mostram que é possível aumentar a duração de vida em até 50% mediante a modificação adequada da alimentação.

O papel dos neurotransmissores no funcionamento do cérebro

Um dos mais temidos sinais de envelhecimento é a perda de memória. Nem sempre a dificuldade em memorizar ou mesmo o esquecimento são sinais de envelhecimento precoce. A cada minuto, o cérebro humano perde neurônios.

Os neurotransmissores fazem parte da química da memória e do pensamento.

Os pensamentos "viajam" pelas células do cérebro e os neurotransmissores constituem o sistema de transporte. Eles se encontram em grande abundância no cérebro, e estão particularmente concentrados no hipocampo, parte do cérebro onde se encontra o centro da memória. Com o envelhecimento há uma diminuição não só de neurônios como também da utilização de neurotransmissores nas funções cerebrais.

Há mais de cem diferentes substâncias neurotransmissoras. A acetilcolina é a mais abundante e sua deficiência ocasiona perda de memória. O neurotransmissor serotonina é responsável pela sensação de bem-estar, ajuda a controlar a dor e estimula o sono. O baixo nível de serotonina causa mau humor, depressão, diminuição da concentração e também da memória, e aumenta a vontade de comer doces.

A dopamina, por exemplo, tem como principal função a coordenação dos movimentos do corpo. Como todo neurotransmissor, também diminui com o avanço da idade, e se cair a níveis muito baixos aparece o mal de Parkinson. O glutamato é essencial para armazenar novos conhecimentos e evocar os antigos. Há muito é receitado a crianças na fase de aprendizado para melhorar o desempenho escolar. O GABA (ácido gama-aminobutírico) é um neurotransmissor tranquilizante que favorece o relaxamento e o sono.

Algumas substâncias, como o triptofano e a melatonina, também participam ativamente da atividade cerebral e são prescritas juntamente com o ginseng, o magnésio e a gingko biloba na prevenção do envelhecimento cerebral e na tentativa de promover maior longevidade das funções do cérebro. Outro fator importante para conseguir maior longevidade da atividade cerebral é o constante estímulo à criatividade e à intelectualidade. A produtividade intelectual tem provado que a circulação de ideias ativa a circulação cerebral e a produção de neurotransmissores.

Costuma-se exigir demais do cérebro; note-se que exigir não é o mesmo que exercitar.

A ação do ambiente sobre a saúde

Grande número dos problemas de saúde da atualidade é ocasionado pela poluição química e radioativa do ar, dos alimentos e da água. Tais fatores agridem o organismo constantemente de maneira insidiosa e despercebida. Somente quando a imprensa divulga os grandes acidentes de vazamento de produtos venenosos de usinas nucleares e indústrias químicas é que a população tem a sua atenção voltada para o problema. Independentemente dessas catástrofes, as doses diárias de envenenamento químico e de radioatividade atingem pessoas de todas as idades. O número de certos casos de câncer apresentou, em nível mundial, aumento significativo nos últimos anos. Segundo pesquisa da Organização Mundial da Saúde (OMS), esse crescimento pode ser atribuído a um melhor diagnóstico, mas uma vertente de pesquisadores tem-se questionado até que ponto a contaminação química dos alimentos, a radioatividade da água e da atmosfera, os campos eletromagnéticos (EMF – Electromagnetic Fields) e a poluição do ar não estariam interferindo no aumento de incidência dessa doença. O assunto tem levado um grande número de médicos, veterinários e dentistas a estudar melhor o problema com o auxílio da medicina ambiental e da medicina ortomolecular.

Trabalhos científicos que comparam o homem da Antiguidade com o homem moderno demonstram que os teores dos metais essenciais ao organismo não se elevaram no corpo humano através dos tempos. No entanto, metais tóxicos como o cádmio são encontrados em quantidade 700 vezes maior no corpo do homem de hoje. As fontes de contaminação desse metal são: cigarros, farinhas refinadas, material odontológico, café e chá.

Mais prejudicial do que uma alimentação pobre em vitaminas é uma alimentação "rica" em metais pesados. Os agrotóxicos, os conservantes, os corantes, o chumbo dos canos de água, o alumínio das panelas, "quentinhas" e laminados, o manganês das latas de cerveja, o cádmio dos cigarros, a água das piscinas, as tinturas dos cabelos, o esmalte das unhas, tudo contribui para o processo lento de intoxicação. Calcula-se que, a cada ano, 10 milhões de toneladas de mercúrio são lançadas ao mar, contaminando os peixes e demais frutos do mar. O maior episódio de intoxicação coletiva por um mineral tóxico foi provocado pelo mercúrio, em Minamata no Japão, quando mais de 20 mil pessoas foram intoxicadas ao se alimentarem com o pescado da região, com uma mortalidade de 50%.

A ingestão continuada de substâncias tóxicas contidas nos alimentos industrializados, nas frutas, nos legumes e nas verduras que sofrem a ação de herbicidas e fungicidas, dos hormônios do crescimento aplicados à carne bovina e às aves de corte para engorda rápida, afeta continuadamente o organismo humano ocasionando intenso processo de oxidação.

Os estudos concluem que a alimentação é um fator relevante na contaminação interna do homem. Pesquisas em animais revelam que os vegetarianos (cavalos, vacas) apresentam concentrações tóxicas bem menores que os não vegetarianos. Os cães, em geral, pela sua estreita ligação com o homem, são tão contaminados quanto seus donos.

A contaminação por metais tóxicos

Os agrotóxicos constituem um fator importante na contaminação do corpo humano por metais tóxicos. Os resíduos químicos dos produtos utilizados que ficam depositados nas plantações vão ser também absorvidos pelo organismo ao ingerirmos grande parte das frutas, dos legumes e das verduras na nossa alimentação diária. Os critérios estabelecidos pela OMS para autorização do uso de agrotóxicos e aditivos químicos nos alimentos devem ser questionados, uma vez que essas substâncias são estudadas em animais de laboratório, cujo metabolismo é sabidamente diferente do ser humano. É notório que ratos e cobaias assimilam melhor alimentos contaminados e até com certo grau de degradação, e os parâmetros comparativos usados em testes de laboratório podem não refletir a realidade do que acontece com o ser humano, já que o nosso organismo parece ser mais sensível e vulnerável a certas substâncias utilizadas no combate a pragas e parasitas.

Outro aspecto se refere à capacidade nutricional dos alimentos. Todo alimento industrializado sofre perda de nutrientes em razão do cozimento e da pasteurização, o que reduz a quantidade de vitaminas e sais minerais, e resulta numa menor capacidade do corpo humano de lutar contra os radicais livres. Soma-se a isso a adição de corantes e conservantes que tornam o alimento menos saudável. Mesmo os esforços de alguns fabricantes ao enriquecerem o produto com algumas vitaminas e sais minerais não são suficientes para compensar os problemas que podem ser causados. Até os vegetais *in natura*, muito mais nutritivos e salutares, também começam a perder nutrientes a partir do momento de sua colheita por causa da interrupção de sua oxigenação. O tratamento químico do solo, muito empregado nos dias de hoje, pode contribuir para que os alimentos percam até dois terços do seu valor nutritivo. Tudo isso deve ser levado em conta quando se deseja uma alimentação nutritiva e balanceada. As deficiências e alterações ocasionadas podem ser mais bem avaliadas pelo resultado de um exame ainda discutido atualmente: o mineralograma.

Os solos cansados e exauridos em decorrência do cultivo contínuo dão origem a pastos pobres em minerais, o que pode ocasionar inúmeros problemas na saúde dos animais e que precisam ser corrigidos por meio da adição de minerais à ração que é fornecida aos rebanhos.

Radicais livres

O organismo humano é um imenso laboratório: milhões de reações químicas são processadas em suas células, a cada segundo. Elas trabalham por meio da troca de substâncias e da liberação de energia. Do oxigênio que se respira, 95% é destinado para fins energéticos. Os 5% restantes se tornam radicais instáveis que, com outros radicais livres oriundos dessas reações químicas que acontecem normalmente por conta de metabolismo interno, vão lesar as células do organismo. Os radicais livres são formados permanentemente, sem interrupção, nas células do organismo e podem ser dosados no sangue e na urina mediante técnica sofisticada. Os radicais livres podem se originar de diversas outras formas: radiações de materiais radioativos, raios X, ultravioleta são fontes de radicais livres, assim como diversos tipos de envenenamento químico e uso de drogas.

O corpo produz enzimas e outras substâncias que anulam a ação danosa dos radicais. Certas situações – estresse, intoxicação por metais pesados, ingestão excessiva de bebidas alcoólicas, hábito de fumar – favorecem a fabricação de radicais livres: em virtude de um efeito oxidativo intenso, as substâncias antioxidantes normalmente produzidas pelo organismo não se encontram em quantidade suficiente para combatê-los. Nesse momento, o corpo necessita de mais ação antioxidante, que pode ser conseguida com as vitaminas C, E, complexo B, selênio, betacaroteno e diversas outras vitaminas, e também sais minerais. Os radicais livres são substâncias extremamente tóxicas e provocam extensa destruição celular. Eles afetam o sistema de defesa do organismo, favorecem o aparecimento do câncer, aceleram o envelhecimento celular e aumentam a adesividade das plaquetas, o que ocasiona uma predisposição maior às tromboses. As pessoas, em condições normais, possuem um sistema antioxidante eficiente até a idade de 35 anos. A partir desse momento, a eficiência vai diminuindo gradativamente.

Os metais tóxicos (chumbo, mercúrio, alumínio, arsênio, cádmio, prata, níquel, bário, urânio, bismuto, estanho, antimônio, berilo e tório), de modo geral, atuam sobre as enzimas produzidas pelo organismo que eliminam os radicais livres, diminuindo a atividade dessas enzimas e, consequentemente, elevam a quantidade dos radicais livres.

Ainda não há tecnologia simples para a mensuração dos radicais livres na prática clínica, os métodos de precisão existentes exigem aparelhagem sofisticada, o que torna esses exames de alcance limitado em nosso meio.

Medicina ortomolecular

Esse termo foi criado por Linus Pauling há mais de 50 anos e significa lançar mão de substâncias normalmente existentes no corpo humano; consiste em utilizar vitaminas, sais minerais e aminoácidos para combater diversas doenças e restabelecer o equilíbrio químico do organismo. Para isso são empregadas doses muito elevadas (megadoses) de vitaminas que ultrapassam em muito as quantidades recomendadas para uma nutrição normal, porque as necessidades diárias de vitaminas variam de acordo com diferentes patologias e situações.

Quanto ao conceito de medicina ortomolecular, ele merece algumas considerações. Um modismo invade a medicina em todos os segmentos, particularmente nas áreas mais novas onde os conhecimentos podem estar incompletos e as afirmativas ainda carecem de conclusões e comprovação integral. Essa situação se deve em parte às limitações da própria medicina em algumas áreas, por exemplo, no processo orgânico de envelhecimento, à ansiedade do médico em buscar alternativas pioneiras – muitas vezes motivado pelos ganhos comerciais – e à atuação da mídia, que se interessa em divulgar o novo e principalmente o que chama atenção. A própria limitação da medicina nos leva a buscar novos horizontes. A medicina ortomolecular, a nosso ver, tem bases sólidas e já comprovadas cientificamente, como no caso dos conceitos de oxidação e de radicais livres. Quanto à eficiência de todos os tratamentos a que se propõe, nesse particular ainda requer mais tempo para se ter uma melhor avaliação.

As doses prescritas de algumas vitaminas e sais minerais são quase empíricas, e os resultados alcançados são de difícil quantificação e até o momento pouco avaliados pelos padrões científicos vigentes. Isso, entretanto, não invalida a sua utilização, muito pelo contrário, devem ser mais empregados como coadjuvantes de inúmeros tratamentos de saúde e na tentativa de retardar o envelhecimento do ser humano. Além disso, contribuem para o equilíbrio do organismo na cura de numerosas doenças de causa ainda não descoberta ou de difícil identificação.

A medicina ortomolecular não deve constituir uma especialidade em si mesma, porque os conceitos descobertos e cientificamente comprovados dizem respeito à totalidade do organismo humano e, consequentemente, pertencem a todas as especialidades médicas.

Caso ilustrativo

J.R., 52 anos, publicitário, apresentava hipertensão arterial moderada controlada com medicação, fadiga mental e perda de memória. Sua queixa era de não conseguir mais o mesmo rendimento no trabalho. O grande esforço despendido para manter seu desempenho lhe causava enorme cansaço, que ele tentava superar bebendo grande quantidade de café. Quanto à memória, tinha dificuldade de se lembrar de coisas simples, como o telefone de sua casa, e às vezes era obrigado a interromper sua fala por esquecer o raciocínio que estava desenvolvendo. J.R. estava assustado com a hipótese de estar em um estágio inicial de doença de Alzheimer, porque de início achou que estava com estresse, tirou férias, diminuiu a carga de trabalho, mas os sintomas continuaram os mesmos. Procurou um médico que o examinou minuciosamente, fez tomografia da cabeça e outros exames especializados para verificar se havia alguma atrofia cerebral, mas nada foi encontrado, a não ser a hipertensão arterial já conhecida.

A orientação médica foi no sentido de modificar seu estilo de vida, praticar exercícios físicos, meditação, alimentação com baixo teor de gorduras, com ênfase nas fibras e vitaminas naturais, e drástica redução na ingestão de carne vermelha. Nessa oportunidade lhe foram receitados antioxidantes (vitaminas E e C, betacaroteno e selênio), além de ginkgo biloba e ginseng. Após um mês, J.R. estava surpreso com sua melhora. Voltou a trabalhar com a mesma eficiência de antes. Com o prosseguimento do tratamento, aos poucos, os lapsos de memória foram desaparecendo. É difícil saber ao certo quais das medidas adotadas por J.R. foram mais eficientes: os hábitos de vida saudáveis, incluindo a alimentação que foi radicalmente modificada – ele apreciava frituras, churrasco, particularmente, picanha com gordura e hambúrgueres –, ou a medicação ortomolecular e a meditação.

Mineralograma

O cabelo é um tecido orgânico formado por células e proteínas no qual se acumulam minerais biológicos e também elementos tóxicos. Recentes pesquisas têm demonstrado que o mineralograma pode ser comparado a uma biópsia, porque com o crescimento lento dos cabelos, ficam nele armazenados diversos elementos importantes do organismo.

O mineralograma capilar é um exame que determina, por espectrometria de emissão com fonte de plasma e espectrometria de massa, a quantidade de cerca de 30 a 40 elementos químicos por meio da análise de uma pequena amostra de cabelo ou de pelos do corpo. Diferentemente das amostras de sangue e de urina, utilizadas rotineiramente em análises clínicas, o cabelo é um monitor biológico capaz de ser impregnado por diversas substâncias ao logo do seu crescimento, o que permite que, ao ser examinado, possa registrar uma intoxicação ocorrida meses ou mesmo, anos antes. O cabelo cresce, em média, um centímetro ao mês, o que permite avaliar a época em que uma pessoa foi envenenada por determinada substância tóxica. Graças a esse recurso hoje utilizado em medicina legal, o mundo tomou conhecimento de que Napoleão Bonaparte morreu durante o exílio na ilha de Santa Helena por intoxicação crônica por arsênico. Assim como colecionadores de mechas de cabelo de pessoas famosas podem fornecer material para estudo espectométrico e, mediante o resultado do mineralograma, procurar relacionar os achados com o comportamento e maneira de ser dessas personalidades. Note-se que o uso de xampus, tinturas e desodorantes pode alterar e dificultar o exame. Portanto, é mais aconselhável a utilização de pelos pubianos para fornecimento de material a ser examinado.

A importância dos minerais para o organismo constitui ponto pacífico em todos os trabalhos científicos. Cada vez mais se procura identificar as funções biológicas de diversos minerais que se encontram em menores proporções no corpo humano, e relacionar sintomas com o desequilíbrio encontrado. Excesso de metais tóxicos e deficiência de elementos essenciais à vida (zinco, cálcio, lítio, cromo, enxofre, cobalto, ferro, manganês, magnésio, selênio, fósforo, vanádio, cobre, iodo, boro, molibdênio, estrôncio, sódio e potássio), incorporados à matriz do cabelo durante seu estágio inicial de crescimento, podem ser identificados, dosados e eventualmente correlacionados com sintomas ou achados clínicos.

A partir dos dados apresentados no mineralograma, é possível elaborar uma receita composta de vitaminas e sais minerais em diversas dosagens que poderão corrigir ou compensar as alterações encontradas e que também vão exercer uma ação antioxidante. Embora a análise de cabelo ainda não permita firmar um diagnóstico quando se tenta correlacioná-lo com sintomas apresentados, o mineralograma tem se constituído em um método muito sensível e que permite orientar o médico quanto às deficiências nutricionais, à exposição da pessoa a elementos tóxicos, às alterações do metabolismo e do comportamento.

O certo é que em se tratando de envelhecimento, as pessoas devem ter o mesmo objetivo: envidar todos os esforços para preservar a saúde a fim de morrerem jovens o mais tarde possível.

"O médico do futuro não receitará nenhum remédio, mas estimulará seus pacientes a cuidarem de si mesmos adequadamente, terem uma boa alimentação e prestarem atenção na causa e na prevenção das doenças" (Thomas Edison – 1847-1931).

Capítulo 11

Hipertensão Arterial

"O coração não é – como simbolicamente possa parecer – o centro dos sentimentos e das emoções, mas, sem dúvida, é o que mais sofre seus efeitos."

(Os autores)

Responsável por mais de 30% das mortes no Brasil, a hipertensão arterial é conhecida como a *assassina silenciosa*, porque, em geral, só é percebida quando já causou alguma complicação ao organismo. Estima-se em 17 milhões o número de brasileiros hipertensos, sendo que, após os 65 anos, metade da população tem pressão alta.

É uma doença que não costuma dar sinais de alerta. Na maioria dos casos, é diagnosticada durante um exame físico quando o médico verifica a pressão arterial. Apesar da facilidade do diagnóstico, apenas uma pequena minoria, em torno de 20% dos hipertensos, tem conhecimento de que é portadora de hipertensão arterial, e somente um percentual ainda menor se submete a um tratamento correto, de forma regular e contínua.

O que é pressão arterial?

A pressão arterial é a força que o sangue, bombeado pelo coração e ejetado na circulação, exerce nas paredes das artérias durante todo o seu percurso dentro dos vasos sanguíneos do organismo. A pressão sistólica (máxima) representa a pressão do sistema circulatório no momento da contração do coração, e a diastólica (mínima) é o instante do relaxamento do coração e das artérias. Quanto maior resistência houver, dificultando ou impedindo o fluxo do sangue, mais força de contração fará o coração, aumentando a pressão arterial sistólica. Quanto menor for o relaxamento do coração e de todas as artérias, quando ficam endurecidas pela arteriosclerose, maior será a pressão arterial diastólica.

Evolução da técnica para medir a pressão arterial

A pressão arterial foi medida pela primeira vez em meados do século XVII pelo reverendo Stephen Hales, que ao colocar uma cânula na artéria carótida de uma égua, constatou que a coluna de sangue oscilava durante os batimentos do coração e que o seu nível variava com o comportamento do animal.

Posteriormente, Poiseuille, em 1828, conectou um tubo em U cheio de mercúrio à artéria de um cão e demonstrou que a pressão arterial oscilava, com variações que eram influenciadas por fatores externos, tais como dor e repouso.

Em 1856, na cidade de Lion, na França, o cirurgião Faivre ao fazer uma amputação conectou um manômetro de mercúrio à artéria femoral do paciente e registrou os níveis da pressão arterial. Esses fatos aconteciam ocasionalmente porque eram grandes as dificuldades técnicas existentes nessa época para conseguir medir a pressão arterial, o que tornava inviável esse procedimento nos seres humanos.

Nos anos seguintes, foram construídos diversos dispositivos para registrar as ondas de pulso e que passaram a se chamar esfigmomanômetros.

Até o final do século XIX, a medida da pressão arterial ainda não havia se tornado prática rotineira, apesar de Scipione Riva-Rocci, médico italiano, em 1896 ter inventado e desenvolvido um tipo de esfigmomanômetro mais aperfeiçoado e que essencialmente é o mesmo empregado até hoje, cem anos depois. Riva-Rocci apresentou seu invento no Congresso Italiano de Medicina e seus estudos foram publicados na *Gazetta Medica de Torino* no mesmo ano, e consistia em utilizar uma bolsa elástica revestida com material inelástico que era colocada no antebraço do paciente e a este sistema estava acoplado um frasco cheio de mercúrio. O russo Nicolai Korotkoff, em sua tese de doutorado, descreveu os sons ouvidos pelo estetoscópio durante a medida da pressão arterial com o esfigmomanômetro. Foi um grande progresso porque permitiu identificar as pressões sistólica (máxima) e diastólica (mínima), e possibilitou a aplicação prática da medida da pressão arterial com a utilização do estetoscópio.

Mas devemos às seguradoras a introdução na rotina médica da medida da pressão arterial, porque elas se interessaram em avaliar o risco de mortalidade cardiovascular relacionado a diferentes níveis de pressão arterial em pessoas aparentemente saudáveis. Em 1939, a análise dos registros de 15 seguradoras americanas fez com que fosse criado o conceito de hipertensão arterial como fator de risco independente para as doenças cardiovasculares. Somente nos anos 1960 foram iniciadas as campanhas de prevenção e conscientização da população.

Variações da pressão arterial

A pressão varia com a atividade física e o estado emocional do indivíduo. As atividades físicas e mentais provocam oscilações na pressão arterial, o que requer ajustes constantes do aparelho circulatório. As mudanças posturais, a alimentação, a atividade física, o descanso e o sono são os principais determinantes das variações da pressão arterial em uma pessoa sadia. Durante o exercício, há uma elevação fisiológica (normal) da pressão arterial, assim como durante o andar, o comer, o falar, o defecar e outras atividades psicoemocionais. Ela também varia com a idade da pessoa.

A pressão é considerada normal até 120 mmHg para a máxima e 80 mmHg para a mínima: em linguagem popular 12 por 8. Até 14 por 9 é aceitável, embora não sendo o ideal. A pressão arterial apresenta níveis mais baixos quando a pessoa se encontra em repouso físico associado à tranquilidade mental.

Alguns remédios, como os antigripais, antiasmáticos e os corticoides, também podem elevar a pressão arterial.

Quais as consequências da hipertensão?

Como já foi referido, na década de 1930 a elevação da pressão começou a despertar uma atenção maior quando estudos de companhias de seguro norte-americanas mostraram que indivíduos com pressão arterial elevada estavam mais sujeitos a riscos de doenças cardíacas e representavam custos maiores.

O coração sofre o impacto da pressão arterial elevada. Para entender o efeito da hipertensão sobre o coração, imaginemos uma pessoa que fica com os músculos crescidos ao fazer musculação. Da mesma forma, a força exercida pelo coração para bombear o sangue em um sistema em que a pressão está elevada em virtude do estreitamento das artérias se torna um verdadeiro trabalho de "musculação" realizado pelo órgão. Assim, o músculo cardíaco cresce (se hipertrofia), o que não é bom, poisaos poucos faz com que o coração vá perdendo a sua força de contração, quando então aparece a insuficiência cardíaca. Outras consequências não menos graves são: o acidente vascular cerebral (AVC), o infarto do miocárdio e a insuficiência renal. A elevação da pressão dentro do sistema circulatório (hipertensão arterial) aumenta o risco de hemorragias por causa da ruptura da parede das artérias que não resistem à pressão elevada exercida pelo sangue circulante. Além do cérebro, vários setores do organismo também são afetados pela hipertensão, como os olhos (retinopatia) e os ouvidos (labirintite e zumbidos).

Interessante salientar, com um raciocínio mais simplificado, que a pressão sistólica (máxima) sobe com a força de contração do coração que impulsiona com intensidade além do ideal o sangue dentro das artérias, ocasionando o risco de ruptura desses vasos, o que causa hemorragias, a mais frequente chamada de derrame cerebral (AVC). Quando é a pressão arterial diastólica (mínima) que se eleva, é em decorrência de uma excessiva resistência arterial à passagem do sangue, o que causa forte impacto negativo ao coração e aos poucos gera a insuficiência cardíaca. Em outras palavras: nos casos de hipertensão sistólica (elevação da máxima em geral em virtude da tensão emocional), se encontra o eretismo cardíaco que é um trabalho exagerado do coração, é o coração que lesiona as artérias, enquanto na hipertensão diastólica (elevação da mínima), ocasionada pela dificuldade no escoamento do sangue pelas artérias por conta de sua contração aumentada (espasmo e endurecimento), são as artérias que causam de forma progressiva lesão no coração.

Fatores importantes

Diversos fatores contribuem para o aparecimento da hipertensão arterial. Entre eles, a predisposição familiar (hereditariedade) assume papel importante, uma vez que filhos de pais hipertensos têm quatro vezes mais probabilidades de se tornarem hipertensos do que os filhos de pais normotensos. Nos indivíduos predispostos, quanto mais a pessoa estiver acima do peso ideal, mais elevados serão seus níveis de hipertensão. Os abusos alimentares, particularmente no que diz respeito à ingestão de gorduras, sal e álcool, o hábito de fumar e a vida sedentária são causas importantes no desenvolvimento da doença. As bebidas alcoólicas, em pequenas doses, têm efeito vasodilatador e podem baixar a pressão, mas com maiores doses há um crescimento da velocidade circulatória e aumento da pressão arterial.

O hipertenso não deve fumar, uma vez que a nicotina é vasoconstritora: reduz o calibre dos vasos sanguíneos e, como consequência, aumenta a pressão dentro do sistema circulatório.

O estresse e a tensão emocional que ocasionam a liberação dos hormônios do medo e da agressividade são determinantes diretos da elevação da pressão arterial. Uma elevação momentânea da pressão arterial pode ocorrer em diversas situações e é chamada de hipertensão circunstancial. Com base nisso, alguns hipertensos alegam que não são hipertensos e que a pressão só se encontra alterada durante o exame médico. Na realidade, a pressão poderá estar mais elevada naquele momento (síndrome do avental branco), porém já demonstra a predisposição à hipertensão arterial, ou mesmo o início de hipertensão, se esse episódio por mais de uma vez acontecer. É comum as pessoas não aceitarem que se tornaram hipertensas e negarem as evidências e, com isso, retardarem o início do tratamento, que muitas vezes é simples e só requer pequenas mudanças dos hábitos alimentares e do comportamento.

Nas mulheres, uma das causas de hipertensão arterial é o uso da pílula anticoncepcional. Toda mulher que utiliza esse método contraceptivo deve controlar periodicamente a pressão arterial, e se tiver pai e mãe hipertensos deve optar por outro método anticoncepcional. A pílula anticoncepcional contém um hormônio que aumenta a produção de renina, substância ligada diretamente à elevação da pressão arterial.

Em certas situações, como durante o orgasmo, por exemplo, a pressão arterial também se eleva, e em alguns casos pode atingir até 140 mmHg de pressão diastólica (mínima), o que traz risco a pessoas idosas que se encontram sem medicação adequada.

Em geral, a pessoa descobre que é hipertensa entre os 35 e 50 anos. Trata-se da hipertensão chamada primária ou essencial.

Não negar as evidências

Muitas vezes a pressão arterial se apresenta normal em todas as medições em repouso, mas durante o teste ergométrico ela se eleva além dos limites fisiológicos. Nesses casos, verificamos que a pessoa virá a se tornar hipertensa alguns anos depois, se não forem instituídos e seguidos os cuidados preventivos.

A tendência do organismo é se adaptar à pressão mais elevada, apesar dos danos que isso irá causar. Infelizmente a pessoa, depois de algum tempo com a pressão acima do normal, se sente melhor e mais ativa com níveis de pressão mais elevados de que com níveis de pressão normais. Isso faz com que o hipertenso, ao começar o tratamento medicamentoso e ter seus valores da pressão normalizados, venha a se sentir com menos ânimo e mais sonolento. Em alguns casos, sente-se tentado a abandonar o tratamento, o que constitui um sério risco. Com o prosseguimento do tratamento, o organismo volta a se adaptar à pressão normal e a pessoa fica protegida das complicações causadas pela doença.

Os hipertensos leves, na maioria dos casos, não necessitam de medicação, beneficiando-se com exercícios aeróbicos praticados de forma regular e bem orientados, e eliminando alimentos com elevado teor de sal, tais como: aperitivos, tira-gosto, enlatados, embutidos salgados em geral, também reduzindo o peso corporal.

Escolher o remédio adequado, tomar doses de acordo com o controle periódico da pressão arterial, administrar o estresse, comer com pouco sal, utilizar o sal marinho, tirar férias regularmente, aproveitar inteligentemente os fins de semana, se exercitar com regularidade, caminhar diariamente, não fumar e adotar hábitos alimentares saudáveis são medidas importantes para controlar a doença.

MAPA e medicação anti-hipertensiva

A aplicação da monitorização ambulatorial da pressão arterial (MAPA) durante 24 horas para avaliação e controle do tratamento dos hipertensos está se difundindo e crescendo em diversos países. Estudos publicados no *JAMA* (*The Journal of American Medical Association*) testataram a premissa de que a MAPA pode melhor conduzir o tratamento medicamentoso anti-hipertensivo com menor quantidade de remédio e, consequentemente, menos efeitos colaterais. Foram estudados 419 pacientes controlados com uso das medidas convencionais da pressão e 213 pacientes controlados pela MAPA, com o objetivo de manter a pressão arterial diastólica entre 80 e 89 mmHg, sendo aumentada ou reduzida a dose da medicação para manter esses limites. Concluiu-se que o ajuste do tratamento anti-hipertensivo com base na MAPA requer menor dose dos medicamentos para manter o controle da pressão arterial e o bem-estar dos pacientes.

Um caso ilustrativo

Um jovem empresário com pouco menos de 40 anos, bem-sucedido, ao submeter-se a um *check-up* tomou conhecimento de que sofria de hipertensão arterial. F.L, em vez de ficar preocupado em normalizar a situação, se sentiu orgulhoso porque seu pai também fora hipertenso e ele achava que precisava dar "pressão" nos negócios e nos empregados da fábrica, segundo suas palavras. F.L. recusava-se a admitir que a pressão alta era extremamente nociva e por fim poderia ser fatal. Em consequência dessa atitude, ele não cumpria as prescrições médicas. Por duas vezes teve que ser internado com urgência por causa das crises hipertensivas. Mesmo assim achava que essas urgências médicas tinham sido geradas por excesso de trabalho e preocupações. Somente quando começou a namorar uma médica, que constatou o tamanho real de seu coração (numa simples radiografia de tórax) e insistiu na necessidade do tratamento, F.L. passou aos poucos a aceitar as afirmações já tão ouvidas de outros médicos. Como resultado ele começou a adotar as medidas indicadas, felizmente a tempo de haver regressão das lesões cardíacas, uma vez que em uma fase inicial da hipertrofia cardíaca causada por hipertensão arterial elas regridem algum tempo após a pressão arterial ser normalizada.

Capítulo 12

Arteriosclerose e Diabetes

"Os melhores médicos do mundo são o Dr. Dieta, Dr. Tranquilo e o Dr. Alegre."

(Jonathan Swift)

A arteriosclerose é um processo degenerativo, lento e insidioso, das artérias do corpo humano. Múltiplos fatores participam desse processo, dentre eles o histórico familiar. Até hoje, existem inúmeras teorias que tentam explicar de que forma ele se inicia e a sua progressão. Mas nenhuma delas, por si só, esclarece totalmente o mecanismo de formação da arteriosclerose (aterogênese).

A arteriosclerose torna as artérias endurecidas, sem elasticidade, e com suas paredes espessadas. A palavra *sclero* do grego significa endurecimento.

O tipo mais comum de arteriosclerose é a aterosclerose em que há formação de placas endurecidas (ateromas) localizadas dentro das artérias e que gradativamente leva à obstrução do vaso sanguíneo. Na camada interna e macia da artéria (endotélio), depositam-se gotículas de gordura e colesterol que aos poucos vão agregando outros elementos e, por fim, forma-se o ateroma. É uma verdadeira ferrugem que se deposita dentro de um cano, que lentamente aumenta em quantidade e espessura, dificultando a passagem do líquido pelo interior do tubo até ocasionar seu entupimento. No organismo humano, o tubo é a artéria e o líquido é o sangue, que transporta todos os nutrientes e revitalizantes para as células.

É oportuno lembrar que as artérias transportam o sangue oxigenado dos pulmões para todos os tecidos e órgãos do corpo humano, enquanto as veias são vasos sanguíneos que trazem de volta ao coração o sangue cheio de gás carbono. As veias não sofrem diretamente o processo de aterosclerose.

Qualquer redução do fluxo sanguíneo arterial ocasiona uma isquemia, que é a diminuição do suprimento de sangue de uma determinada região. À obstrução total da passagem do sangue dá-se o nome de trombose. Quando isso ocorre, toda a área que deveria ser irrigada pela artéria fica obstruída e consequentemente não recebe a nutrição (oxigênio) necessária, as células morrem ocasionando uma necrose ou um infarto.

Acima de 50 anos, a arteriosclerose está presente de maneira direta ou indireta em 75% das causas de morte.

Os avanços terapêuticos

Durante o congresso da Sociedade Real de Londres sobre genética humana, ocorrido em março de 1998, foi revelado um grande avanço no mapeamento de 100 mil genes dos 23 pares de cromossomos do núcleo da célula (projeto Genoma, iniciado em 1990, nos Estados Unidos). Hoje em dia já é possível detectar, por meio de exames de DNA, a probabilidade de uma pessoa desenvolver doenças como osteoporose, rim policístico, aterosclerose, câncer e outras enfermidades em que há forte influência hereditária. Esses exames podem ser realizados ainda na infância, antes que a doença tenha se manifestado, aumentando muito a chance de controle. E, em breve, um simples exame genético de rotina poderá mostrar a expectativa de vida de cada indivíduo – que desfrute de uma vida saudável –, excetuando-se os casos de acidentes.

O enfoque da cardiologia, já no início do século XXI, é calcado na terapia molecular que interfere no âmago das células e no aconselhamento genético de toda família, o que reduzirá significativamente a incidência de problemas como hipertensão, hipercolesterolemia (colesterol alto) e doenças do músculo cardíaco, conforme foi demonstrado durante o XIII Congresso Mundial de Cardiologia, realizado em 1998 no Rio de Janeiro.

Em alguns centros de excelência, tanto na Europa como nos Estados Unidos, rastreiam-se genes que afetam a saúde do coração, o que permite a adoção de medidas precoces de combate às doenças cardiovasculares, sem dúvida a maior causa de morte no mundo ocidental. Já está sendo feita em caráter experimental, inclusive no Brasil, a dosagem de substâncias como a ICAM-1 (sigla em inglês para molécula de adesão intercelular), capaz de mostrar a presença de um processo inflamatório na parede arterial e prever problemas das artérias coronárias com até oito anos de antecedência.

Pesquisadores publicaram no *JAMA* (*The Journal of the American Medical Association*) trabalho sobre a possível capacidade de vitaminas antioxidantes prevenirem a aterosclerose. O estudo envolveu sete homens e 13 mulheres, entre 24 e 54 anos, com níveis normais de colesterol, para ver o efeito a curto prazo de uma dieta rica em gorduras sobre as funções do endotélio (camada que reveste as artérias e onde se formam os ateromas). Um grupo estava em uso de megadoses de vitaminas com efeito antioxidante e o outro sem tratamento prévio. Foi confirmado que uma única refeição com alta concentração de gordura, mesmo em pessoas saudáveis e que têm colesterol dentro dos limites normais, pode reduzir a função endotelial de autoproteção durante um período de mais de quatro horas, o que facilitaria o início da formação da placa de ateroma. Essa redução do mecanismo endotelial parece ter sido bloqueada nas pessoas que tinham tratamento prévio antioxidante com as vitaminas C e E.

Outros estudos mostram que uma alta concentração no plasma de lipoproteína (a), (Lp(a)) (como já foi comentado no capítulo 4), hoje é considerada um fator de risco no aparecimento de aterosclerose, de doença vascular e de trombose, independentemente de sexo, idade, dieta, atividade física, fumo e consumo de álcool. Pesquisas indicaram que níveis anormais de Lp(a) podem causar 25% de morte prematura por infarto do miocárdio. A maioria das mudanças no estilo de vida (dieta, exercícios) e agentes farmacêuticos conhecidos para reduzir o colesterol têm pouco ou nenhum efeito sobre a concentração de Lp(a). Mas dietas baseadas em óleos de peixe mostraram alguma capacidade em reduzir os níveis de Lp(a), ao passo que niacina e N-acetilcisteína apresentaram, em certos estudos, um poder pronunciado para reduzir os níveis de Lp(a).

A administração do ativador de tecido plasminogênio (*tissue plasminogen activator*), tPA ou alteplase (*Activase/Genentech*), dissolve o coágulo e restabelece o fluxo sanguíneo normal do cérebro, em indivíduos tratados até três horas após um acidente vascular. Uma trombólise imediata pode limitar, e muito, os danos causados pelo derrame. Já há uma nova tecnologia de imagem por ressonância magnética (MRI – Magnetic Resonance Imaging), chamada diffusion weighted MRI, capaz de captar o que a imagem convencional não mostra: a passagem do sangue pelo cérebro. Imagens detalhadas revelam o tipo de derrame que está acontecendo e a sua progressão. Uma série de medicamentos está sendo pesquisada com a intenção de proteger áreas do cérebro de danos por até 12 horas após um derrame, dando aos neurologistas mais tempo para restaurar o fluxo sanguíneo normal usando trombolíticos ou cirurgia (para reparar a passagem do vaso) (*Medical Sciences Bulletin*, dezembro de 1996).

Outro tratamento é o uso de trombolíticos. Angiografias cerebrais, feitas logo após o começo do derrame por isquemia cerebral, mostraram que a oclusão arterial (tromboembólica ou aterotrombótica) ocorre em 80% dos infartos agudos, e drogas trombolíticas mostraram acelerar a recanalização das artérias intracerebrais. Um número cada vez maior de especialistas afirma que se os pacientes com isquemia cerebral em razão de uma trombose forem tratados imediatamente com trombolíticos, apresentam maior índice de sobrevivência.

A streptokinase é uma proteína trombolítica produzida a partir de uma bactéria (*Streptococcus beta-hemoliticus*). A droga reduziu (em 20 a 25%) a mortalidade em infartos agudos do miocárdio (IAM) quando usada até seis horas após o início dos sintomas. A aspirina – de conhecida ação antitrombótica, por reduzir a agregação das plaquetas, elementos formadores do trombo (coágulo) – mostrou diminuir a mortalidade em IAM (10 a 13%), quando um comprimido era administrado logo em seguida ao primeiro sintoma.

Segundo o pesquisador James Chesebro, do Centro Médico Monte Sinai, de Nova Iorque, o clopidogrel é 19% mais eficaz do que a aspirina na prevenção do infarto do miocárdio. Novas pesquisas avaliam a possibilidade de se usar os dois medicamentos juntos na prevenção de distúrbios ligados à obstrução das artérias. As duas drogas agem por meio de funcionamentos diferentes. Portanto, a ação de ambas poderá potencializar melhor as suas funções, oferecendo ao paciente maior prevenção contra o infarto. A aspirina previne um quarto dos casos de acidente vascular cerebral, infarto do miocárdio ou morte vascular em pessoas com aterosclerose. Já o clopidogrel previne 1/3 desses distúrbios. Essa droga também combate as doenças vasculares periféricas (que atingem a circulação das pernas, por exemplo).

Hábitos alimentares

Deve-se reduzir acentuadamente na alimentação diária o consumo de gordura animal, de gorduras saturadas, de gorduras de laticínios (leite integral, queijos amarelos) e de margarina que aumentam a oxidação da fração LDL do colesterol, facilitando a sua deposição na parede da artéria e dessa forma favorecendo a formação da placa de ateroma. Também deve-se evitar comer frituras em geral; dar preferência às carnes brancas cozidas e comer peixe, no mínimo, três vezes por semana. Comer muita fruta, legumes e verduras.

Ao temperar os alimentos, deve-se ter parcimônia com o sal e abusar do alho e da cebola. Em testes, o alho age beneficamente ao interferir na oxidação da fração LDL. Seiscentos miligramas de alho em pó por dia reduziram em 34% a oxidação da fração LDL. O alho cozido ou o desidratado em pó são mais eficazes do que o alho cru.

Alguns pesquisadores recomendam beber uma a duas taças de vinho tinto por dia. Embora os franceses comam muita gordura saturada (creme de leite, manteiga, *foie gras*), o índice de mortalidade por doença coronariana não é elevado com se poderia supor. É o chamado "paradoxo francês". Alguns especialistas acreditam que isso se deva ao vinho tinto. O vinho reduz a probabilidade de formação de coágulos dentro dos vasos (trombos) e aumenta o nível do "bom colesterol", que é a fração HDL. Os componentes fenólicos do vinho, os flavonoides, parecem interferir na oxidação do "mau colesterol", a fração LDL. Um estudo de 1994, feito por pesquisadores da Universidade da Califórnia na Escola de Medicina de San Diego, constatou que, quanto mais alto o consumo de vinho de um país, mais baixa é a taxa de mortalidade por doenças cardíacas. Outro estudo feito na Dinamarca e publicado em *British Journal of Medicine* acompanhou durante 12 anos os hábitos de bebida de 13 mil homens e mulheres com idades entre 30 e 70 anos. Constatou-se que a cerveja não tinha efeitos significativos nas taxas de mortalidade, enquanto os destilados estavam associados a níveis mais elevados de incidência de doenças cardíacas e morte. Entretanto, os que bebiam de três a cinco taças de vinho por dia pareciam ter menor taxa de mortalidade por causa de doenças do coração. Eram, inclusive, menos propensos à morte do que os abstêmios.

Finalmente, recomenda-se tomar diariamente pela manhã 400 a 800 UI de vitamina E, 500 a 1000 mg de vitamina C, 50 a 100 mcg de selênio e 10 mg de coenzima Q-10. Esse verdadeiro coquetel de vitaminas tem a capacidade de combater os radicais livres oriundos da oxidação da fração LDL do colesterol que vão lesar a camada interna das artérias e fazer com que nesse local surja a placa de ateroma.

Diabetes: o doce amargo

Cento e oitenta milhões de pessoas no mundo sofrem de diabetes mellitus. É uma doença tão antiga como a própria humanidade. O papiro Ebers, documento médico egípcio escrito cerca de 1.500 anos antes de Cristo, faz referência a uma enfermidade que se caracterizava pela micção frequente e abundante dos doentes. Os médicos da Antiguidade já conheciam o diabetes.

Celsus, 30 a.C. a 50 da era cristã, descreveu a doença como "micções frequentes indolores, com emaciação e perigo". E Aretaeus (30 a 90 da era cristã) acreditava que a enfermidade era decorrente de influências perniciosas sobre os rins e a bexiga em virtude dos sintomas de eliminação copiosa de urina, sede e emagrecimento. Criou o termo *Dia-betes,* que significa "passar através", pelo fato do principal sintoma observado se assemelhar à drenagem da água através de um sifão. Galeno (130-210) também pensava que o diabetes resultava de uma fraqueza dos rins. Os hindus, no século VI, descreveram pela primeira vez o gosto adocicado da urina dos diabéticos, tendo dado o nome *Madhumeda* (urina doce). Avicena (980-1027), grande médico árabe, descreveu o diabetes e apontou a perda das atividades sexuais como um dos seus sintomas.

O que é diabetes?

Diabetes mellitus é a incapacidade do organismo em manter adequadamente o nível de glicose no sangue (glicemia). Quando não tratado, o nível de glicose atinge valores excessivos, o que causa sérios danos ao corpo humano. A glicose é um tipo de açúcar proveniente dos alimentos que, ao ser ingerida, é absorvida pelos intestinos, passa à corrente sanguínea que a transporta a todas as células do organismo para ser utilizada na produção de energia. Para o cérebro e para todas as células do sistema nervoso, a glicose é a única fonte de energia. Os níveis de açúcar no sangue entre uma refeição e outra são mantidos pelo mecanismo de liberação da glicose estocada no fígado. O nível de açúcar no sangue é normalmente regulado por um hormônio, a insulina, produzido por determinadas células do pâncreas chamadas de células beta, e é liberado em resposta aos estímulos produzidos pela ingestão de alimentos.

Um dos mais importantes processos metabólicos do organismo é a conversão de alimentos em energia e calor, dentro do corpo. A energia pode ser retirada das proteínas, das gorduras e dos carboidratos. Estes são rapidamente transformados em glicose. Quando o nível de glicose no sangue aumenta após a refeição, a quantidade de insulina também se eleva para que esse excesso de glicose possa ser rapidamente absorvido pelas células. Só quando a insulina se liga à superfície das células é que elas podem utilizar a glicose que se encontra na corrente sanguínea. Quando a insulina termina o seu trabalho metabólico ela se degrada e, portanto, o corpo tem que renovar constantemente seu estoque de insulina. Foram os pesquisadores Frederick Banting, cirurgião, e Charles Best, fisiologista, que em 1921, em Toronto no Canadá, descobriram a insulina. Esse feito constituiu o marco culminante na história do diabetes e na maior conquista no que se refere ao tratamento da doença. Por essa descoberta Banting recebeu o Prêmio Nobel de Medicina de 1923. Após alguns anos, os cientistas concluíram que a insulina produzida pelo organismo humano era muito semelhante às insulinas do boi e às do porco, que passaram a ser empregadas largamente no mundo inteiro. Somente em 1982, a insulina humana começou a ser utilizada. O diabético hoje pode dispor de vários tipos de insulina que são receitadas de acordo com as características de cada caso. Existe no mercado a insulina humana de ação rápida, a insulina suína de ação rápida, as insulinas de ação intermediária (humana e suína) também chamada de lenta que são obtidas pela adição de uma substância que atrasa a absorção da insulina, as insulinas pré-misturadas que têm ação rápida e intermediária, as insulinas de ação prolongada (ultralentas), e, atualmente, as insulinas ultrarrápidas que metabolizam imediatamente a glicose no sangue. A grande perspectiva para o tratamento da doença é o transplante de células que produzem insulina e o transplante do pâncreas.

Grande número de diabéticos não necessita de insulina e para o controle do diabetes utiliza hipoglicemiantes orais, faz dieta e exercício regularmente. O exercício é fundamental para o diabético qualquer que seja o tipo de sua doença. A prática regular do exercício reduz a quantidade necessária de medicamentos para a manutenção do nível adequado de glicose no sangue. O exercício é tão importante que, quando realizado corretamente, pode ocasionar episódios de hipoglicemia se a dose dos remédios não for convenientemente reduzida.

Nos últimos anos, ocorreram diversos avanços no tratamento e no conceito de prevenção do diabetes. Eles são decorrentes de estudos multicêntricos (em diferentes locais e centros de pesquisas) que mostram a importância do controle eficaz, o que proporciona uma oportunidade cada vez menor de ocorrerem complicações futuras. A conscientização dos endocrinologistas quanto aos problemas rotineiros dos pacientes e o cuidado em orientá-los devidamente são atitudes decisivas para que seja conseguida a parceria tão desejada entre o médico, o paciente e a família. Esse conceito de corresponsabilidade e uma orientação correta do paciente são atitudes fundamentais para que se alcance sucesso no tratamento.

A cada instante estão surgindo medicamentos mais eficazes e mais bem estudados, o que permite controle mais seguro da glicemia e menores complicações do tratamento, como, por exemplo, a diminuição da probabilidade de os diabéticos ficarem sujeitos aos episódios de hipoglicemia. Além disso, estão sendo desvendados os mecanismos pelos quais surge o diabetes, especialmente quanto aos fatores genéticos envolvidos. Cada vez mais o diabetes vem se tornando uma doença de fácil controle, apesar de requerer atenção especial.

Edulcorantes

Os adoçantes dietéticos são, em sua maioria, compostos a partir de substâncias não calóricas conhecidas como edulcorantes. São centenas de vezes mais doces que a sacarose (açúcar branco) e podem ser naturais ou sintéticos. Há poucas décadas, recaíram sobre os edulcorantes suspeitas de serem cancerígenos, particularmente o ciclamato e a sacarina, suspeitas essas que não foram confirmadas. Os edulcorantes podem ser: não calóricos (sacarina, ciclamato, acesulfame-k, esteviosídeo, sucralose e aspartame) e calóricos como o sorbitol (presente na maçã, pêssego, ameixa e cereja), o manitol encontrado nos vegetais, o xilitol, a lactose (açúcar do leite), a frutose (açúcar das frutas) e a maltodextrina e a dextrose, que são extraídas do milho.

Essa classificação é importante e deve ser conhecida, porque na prática diária, a frutose e o sorbitol usados no preparo de sorvete, bolos, chocolates e doces dietéticos são muito consumidos pelos diabéticos, os quais precisam estar com o seu diabetes bem compensado e saber que eles vão somar calorias às refeições, e que é errado pensar que esses alimentos podem ser comidos à vontade só porque são dietéticos. Não existe um adoçante que seja considerado ideal, todos são eficazes ao que se propõem e a pessoa, apesar de sempre dar preferência a um determinado edulcorante, deve fazer uso de tipos variados para evitar acúmulo residual. Quanto ao hábito de tomar o tradicional cafezinho, recomenda-se que ele seja – se ingerido em grandes quantidades – descafeinado e, de preferência, tomado puro, sem adoçantes, para que o paladar aos poucos se acostume com o verdadeiro sabor dos alimentos, sem a necessidade de disfarçá-los. Essa recomendação é válida para todo o tipo de substâncias que se adicionam aos alimentos que visam camuflar seu verdadeiro gosto, não se referindo, evidentemente, aos temperos e aos condimentos.

A educação em saúde, com razão hoje muito enfatizada, se reveste de importância capital quando se fala em diabetes. A educação em diabetes capacita o diabético a assumir seu tratamento e, assim, evitar perigosas descompensações da doença, além de lhe proporcionar a confiança necessária para viver uma vida normal.

Capítulo 13

Câncer – a Prevenção Cura

"A força natural de cura existente em cada um de nós é a maior força de que dispomos para chegar à saúde."

(Hipócrates)

Atualmente, o câncer não carrega mais em si o estigma da fatalidade. Até bem pouco tempo, era considerado uma doença fatal. Mesmo em casos de bom prognóstico, ainda é forte a crença de que câncer e morte são sinônimos. Entretanto, o grande avanço nos últimos anos, na compreensão do comportamento dos tumores malignos e na eficiência dos tratamentos modernos e da prevenção, tornou o câncer uma patologia curável.

A palavra câncer vem do latim *cancer*, que significa caranguejo, e da palavra grega *karkinos* (crustáceo, caranguejo). Foi usada pela primeira vez por Galeno (130-210 d.C.) na Ásia Menor, para designar um tumor maligno de mama por ele estudado, em que as veias, inturgescidas e ramificadas, lembravam as patas de um caranguejo.

O que é o câncer

Câncer é o nome dado a uma centena de doenças que têm como denominador comum um crescimento desordenado (maligno) de células que podem surgir em diversos tecidos e nos mais diferentes órgãos, e que têm a propriedade de se disseminar (metástase) para outras regiões do corpo. Dividindo-se rapidamente, as células malignas tendem a ser muito agressivas e incontroláveis, determinando a formação de tumores em razão do acúmulo de células cancerosas, também chamadas de neoplasias malignas. Essas alterações celulares podem se dar pela ação de fatores físicos, químicos ou biológicos.

Existe hoje em dia uma teoria amplamente aceita da participação efetiva do sistema imunológico no surgimento e no desenvolvimento do câncer. Essa teoria afirma que as células cancerosas se desenvolvem continuamente no organismo, nos mais diferentes tecidos e órgãos do corpo humano, e que o sistema imunológico tem a capacidade de reconhecê-las como células anormais e destruí-las. Dessa forma, um sistema imunológico forte e ativo evita o aparecimento e o desenvolvimento de tumores, ao passo que um estado imunológico debilitado favorece a malignidade.

Diferente dessa característica agressiva é a apresentada pelo tumor benigno, que constitui uma massa bem localizada, formada por células que se multiplicam de maneira mais vagarosa do que as células malignas. As células benignas originadas por essa multiplicação se assemelham às células características do tecido original, não invadem os tecidos nem órgãos vizinhos e raramente constituem um risco de vida. Há diferentes tipos de câncer, que correspondem aos vários tipos de células de diferentes partes do corpo.

Por exemplo, existem diversos tipos de câncer de pele porque a pele é formada por mais de um tipo de célula. Se o câncer se origina nos tecidos epiteliais, como pele ou mucosas, ele é denominado carcinoma. Se começa em tecidos conjuntivos, como osso, músculo ou cartilagem, é chamado de sarcoma. Outras características que diferenciam os diversos tipos de câncer e determinam sua maior ou menor malignidade são a velocidade de multiplicação das células em cada surto de crescimento e a capacidade de invadir tecidos e órgãos vizinhos ou mesmo distantes do tumor primitivo, conhecida por metástase.

O que causa o câncer?

Os fatores ambientais são responsáveis por 80 a 90% dos casos de câncer. Alguns desses fatores são bem conhecidos: o cigarro pode causar câncer de pulmão, a exposição excessiva aos raios solares pode causar câncer de pele e alguns vírus podem causar leucemia. Outros fatores ainda estão sendo estudados, como a ação cancerígena de alguns componentes dos alimentos que ingerimos, e muitos são ainda completamente desconhecidos.

O processo normal de envelhecimento causa mudanças nas células que as tornam mais suscetíveis à transformação maligna. A isso, soma-se o fato de as células das pessoas idosas, com o passar dos anos, ficarem expostas por mais tempo aos diferentes fatores de risco para câncer. A capacidade do sistema imunológico decresce com a idade, o que explica em parte o porquê de o câncer ter maior incidência a partir da terceira idade.

Os fatores de risco ambientais de câncer, denominados cancerígenos ou fatores carcinógenos, alteram a estrutura genética (DNA) das células e modificam o seu desenvolvimento. Está provado que o surgimento do câncer depende da intensidade e da duração da exposição das células aos agentes causadores da doença. Por exemplo, o risco de uma pessoa desenvolver câncer de pulmão é diretamente proporcional ao número de cigarros fumados por dia e ao número de anos que ela vem fumando.

Fatores de risco de natureza ambiental

Segundo o Instituto Nacional de Câncer (INCA), muitas das causas de diversos tipos de câncer são conhecidas e podem ser evitadas.

Tabagismo – é um agente carcinogênico completo, por ser ao mesmo tempo indutor e promotor do câncer. O consumo de cigarros é a mais devastadora causa evitável de doenças e mortes prematuras em toda história da medicina. Pesquisas da OMS comprovam a relação entre o uso do cigarro e doenças graves, como câncer de pulmão, em 90% dos casos. Cânceres de língua, de lábio, da faringe e da parte alta da laringe também estão diretamente relacionados com o vício do fumo. A maior incidência do câncer de língua e de lábio é encontrada entre os fumantes de cachimbo, e é interessante ressaltar que o cachimbo e o charuto também são responsáveis por alguns casos de câncer de bexiga.

Hábitos alimentares – muitos alimentos têm sido relacionados com o processo de desenvolvimento do câncer, principalmente de mama, cólon (intestino grosso) e reto, próstata, esôfago e estômago. Isso porque alguns alimentos contêm níveis significativos de substâncias cancerígenas. Por exemplo, os nitritos usados para conservar picles, salsichas e também presentes em certos enlatados se transformam no estômago em nitrosaminas, que têm forte ação carcinogênica e são responsáveis pelo aparecimento de câncer de estômago observado em populações que consomem alimentos desse tipo de forma abundante e frequente. Os alimentos defumados e até os churrascos são impregnados pelo alcatrão proveniente da fumaça e do carvão – o mesmo encontrado na fumaça do cigarro – e que é uma substância sabidamente cancerígena.

Os alimentos preservados em sal, como a carne-de-sol, charque e peixes salgados, também estão relacionados ao desenvolvimento de câncer de estômago em regiões onde é alto o consumo desses produtos. A possibilidade da utilização da geladeira para uso doméstico foi uma significativa contribuição tecnológica para a modificação nos hábitos de conservação dos alimentos, colaborando para a redução da incidência de câncer do aparelho digestivo nos últimos anos.

Alimentos ricos em gorduras (carnes vermelhas, frituras, molhos com maionese, creme de leite, leite integral e derivados, bacon, toucinho, presunto, salaminho, salsichas, etc.), se consumidos regularmente durante longos períodos, também parecem criar no organismo um ambiente propício ao desenvolvimento da célula cancerosa.

Por outro lado, evidências epidemiológicas têm demonstrado que existe uma relação entre o aumento do consumo de frutas frescas e vegetais e a menor incidência de cânceres como os da boca, do esôfago, do estômago e do pulmão. A vitamina A parece proteger contra o câncer da boca, faringe, laringe e pulmão, e trabalhos de pesquisa apontam que a vitamina E também parece contribuir para a redução do risco de se desenvolver câncer.

Alcoolismo – já foi exaustivamente estabelecida a relação entre o álcool e o câncer. O consumo de álcool pode aumentar a incidência de cânceres da boca e do esôfago. O uso combinado de álcool e tabaco aumenta ainda mais o risco de câncer nessas e em outras localizações, como a faringe e a parte alta da laringe. O alcoolismo está relacionado a aproximadamente 4% das mortes por câncer. Não só o álcool está relacionado com os tipos de cânceres citados, mas também na formação dos cânceres de fígado, reto e, possivelmente, mama. Os estudos demonstram que o tipo de bebida ingerida não faz muita diferença quanto à sua ação cancerígena, pois parece ser o etanol, que está presente em todas bebidas alcoólicas, o agente responsável. A ingestão regular de álcool pelas mulheres, mesmo em quantidade moderada, gera um aumento relativo do risco de câncer de mama.

Hábitos sexuais – a promiscuidade sexual, a falta de higiene, a precocidade do início da vida sexual (antes dos 18 anos), bem como a variedade de parceiros, estão relacionados a um risco maior de câncer do colo uterino. Esses fatos sugerem que os hábitos sexuais contribuem para a propagação de agentes sexualmente transmissíveis que podem causar câncer, como o herpes vírus tipo II e o papiloma vírus humano (HPV) (relacionados ao câncer uterino), e o vírus da hepatite B (relacionado ao câncer de fígado).

Medicamentos – apesar de controlar e tratar muitas doenças, alguns medicamentos utilizados na prática médica produzem também efeitos indesejáveis, entre os quais a carcinogênese. É indubitável o efeito carcinogênico de certos remédios. Como exemplo pode ser citado o uso de hormônios estrogênios conjugados, para o tratamento dos sintomas da menopausa e prescritos para reposição hormonal, que podem ocasionar maior ocorrência do câncer de endométrio. O uso prolongado de contraceptivos antes da primeira gravidez foi relacionado, em alguns trabalhos de pesquisa, com maior incidência de câncer de mama.

Fatores ocupacionais – um grande número de substâncias químicas usadas na indústria constitui um fator de risco de câncer em trabalhadores de vários setores. Quando o trabalhador também é fumante, o risco torna-se ainda maior, pois o fumo interage com a atividade cancerígena de muitas das substâncias. A primeira observação da relação entre a ocupação das pessoas, a exposição a agentes ocupacionais e neoplasias foi relatada por Pott, em 1775, que demonstrou a alta frequência de câncer da bolsa escrotal em limpadores de chaminés, em Londres. Segundo Stellmann e Daum (1975), cerca de 3 mil substâncias novas são introduzidas a cada ano nas indústrias, sem que os trabalhadores a elas expostos tenham consciência dos seus efeitos tóxicos. A poluição do ar no ambiente de trabalho é um fator importante para o câncer ocupacional. O câncer provocado por exposições ocupacionais geralmente atinge regiões do corpo que estão em contato direto com as substâncias cancerígenas, seja durante a fase de absorção (pele, aparelho respiratório), seja na de excreção (aparelho urinário), o que explica a maior frequência de câncer de pulmão, de pele e de bexiga nesse tipo de exposição. Nos escritórios, a grande responsável pela poluição do ar ambiente é a fumaça do cigarro.

Radiações – as radiações ionizantes provocam câncer, e o risco se torna maior se a exposição a essas radiações ocorre durante a infância. Porém, em que pesem as explosões nucleares, a radioterapia e as fontes ambientais, o contato do homem com as radiações ionizantes faz-se, principalmente, por intermédio da realização de exames radiológicos abusivos. As partes do corpo mais atingidas pelas radiações são os glóbulos sanguíneos, particularmente o tecido que os forma (medula óssea), a pele, tireoide, mama e ossos.

Entre todas as radiações, a solar evidentemente é a que atinge o maior número de pessoas e constitui um grande perigo à saúde por causa das radiações ultravioletas. No Brasil, o câncer mais frequente é o de pele, correspondendo a cerca de 25% de todos os tumores diagnosticados em todas as regiões geográficas. De acordo com o comprimento da onda, os raios ultravioleta (raios UV) são classificados em raios UV-A, UV-B e UV-C. Os raios UV-B são carcinogênicos, e a sua incidência em nossa atmosfera tem aumentado a cada dia em virtude da progressiva destruição da camada de ozônio, o que também permite que os raios UV-C – que possuem maior potencial carcinogênico – alcançem mais a atmosfera terrestre. Por sua vez, os raios UV-A independem dessa camada e causam câncer de pele a quem se expõe a eles em horários de alta incidência, continuadamente e ao longo de muitos anos. As pessoas de pele clara que se expõem constantemente ao sol e vivem em locais de alta incidência de luz solar são as que apresentam maior risco.

Como mais de 50% da população brasileira tem pele clara e se expõe ao sol, muito e descuidadamente, seja por trabalho ou lazer, e sendo o Brasil um país tropical (zona de alta incidência de raios UV), nada mais previsível e explicável do que a alta ocorrência de câncer de pele entre nós. Em circunstâncias normais, as crianças se expõem ao sol três vezes mais que os adultos, e alguns estudos indicam que a exposição cumulativa e excessiva durante os primeiros dez a 20 anos de vida aumenta muito o risco de câncer de pele, mostrando ser a infância um período em que a pele é mais vulnerável aos efeitos nocivos dos raios solares. Deve-se evitar a exposição ao sol, sem proteção adequada, sendo imprescindível o uso de protetor solar com fator de proteção acima de 15, chapéu, barraca de praia e óculos escuros quando se for à praia, e filtro solar e viseira ou chapéu durante as atividades ao ar livre.

As pessoas de pele clara e sensível devem evitar a exposição ao sol no horário das 10 às 16 horas, período em que os raios UV são mais intensos. Vale a pena ter em mente que, nas cidades serranas, os cuidados durante a exposição ao sol devem ser maiores, não só porque o clima mais fresco tende a reduzir a sensação de calor produzida pela ação dos raios solares, como também porque, a cada 300 metros de altitude, aumenta a intensidade do efeito ultravioleta. A neve, a areia branca e as superfícies pintadas de branco em torno das piscinas refletem e difundem os raios solares. Portanto, nessas condições os cuidados devem ser redobrados.

Pelo menos 15% de todos os cânceres são consequência de alguma doença infecciosa crônica, sendo as mais importantes causadas pelos vírus das hepatites B e C (câncer de fígado), pelo papiloma vírus humano (câncer cervical) e pela bactéria *Helicobacter pylori* (câncer de estômago).

Fatores hereditários e predisposição familiar

O fator genético exerce um importante papel no aparecimento do câncer (oncogênese).

Alguns tipos de câncer de mama, estômago e intestino parecem ter um forte componente familiar. Mas não se pode afastar a possibilidade de vários membros de uma família apresentarem câncer em virtude de uma causa externa comum a todos, por exemplo no caso de residirem em locais próximos a usinas nucleares, ou sob o trajeto de rede de alta tensão, onde estão sendo "bombardeados" por raios ionizantes, ou por respirarem o ar poluído quando residem em áreas vizinhas a fábricas de tintas ou outras indústrias poluentes.

Particularmente no câncer de mama, o histórico familiar constitui um dos fatores de risco contribuindo com aproximadamente 10% nas taxas de incidência, especialmente se o câncer ocorreu na mãe ou na irmã, se acometeu as duas mamas e se surgiu antes da menopausa. Trabalhos recentes identificaram o gene responsável pelo aparecimento desse tipo de câncer.

Testes de diagnóstico

Pesquisadores da Johns Hopkins University desenvolveram um novo teste que permitirá aos médicos descobrir de maneira rápida o câncer em estágio inicial em pacientes expostos ao risco de ter a doença por conta de fatores genéticos ou ambientais. O teste desacelera temporariamente a produção de DNA nas células cancerosas, o que faz com que parte do DNA se concentre no sangue. Quando esses materiais são eliminados em grande quantidade na urina, indicam a presença de câncer. O novo exame detectou o tumor em oito de cada 11 pacientes que já tinham a doença diagnosticada anteriormente.

Para fazer o teste, os voluntários tomaram uma pílula de alopurinol, uma droga usada geralmente no tratamento de gota, que também interfere na produção de elementos do DNA conhecidos como pirimidinas. Altos níveis desse elemento na urina indicam a existência de um tumor maligno. O novo exame também é útil para identificar células residuais de câncer após cirurgia. Os cientistas afirmam que esses resultados são promissores, mas ainda há necessidade de mais pesquisas em grupos maiores de pessoas.

Pesquisadores do Centro de Saúde da Universidade do Texas desenvolveram um novo teste sanguíneo que diagnostica o câncer antes de o paciente apresentar os primeiros sintomas. O exame é tão sensível que pode detectar uma célula cancerosa em apenas um mililitro de sangue. Esse resultado é obtido porque o teste utiliza magnetos que isolam no sangue as células epiteliais, associadas a 80% dos casos de câncer. Os resultados do exame ficam prontos em duas horas e meia. A equipe texana testou o novo exame em 30 pacientes com câncer de mama, três com câncer de próstata e 13 pessoas saudáveis. As amostras de sangue dos pacientes com câncer mostraram um número bem maior de células epiteliais do que as dos voluntários saudáveis. Os resultados foram publicados na revista americana *Proceedings of the National Academy of Sciences*.

Um pouco mais sobre alimentação

Frutas, verduras, legumes e cereais integrais contêm nutrientes, como vitaminas, fibras e outros compostos, que ajudam as defesas naturais do corpo a destruir os carcinógenos antes que eles causem sérios danos às células. Esses tipos de alimentos também podem bloquear ou reverter os estágios iniciais do processo de carcinogênese e, portanto, devem ser consumidos com frequência e em grande quantidade.

A presença de fibras (parte não digerível de um vegetal) auxilia a reduzir a formação de substâncias cancerígenas no intestino grosso, além de reduzir a absorção de gorduras. Verduras, frutas, legumes e cereais são ricos em vitaminas A, C e E, e em fibras. Deve-se privilegiar o consumo de cebola, brócolis, repolho e couve-flor, legumes vermelhos ou amarelos (cenoura, abóbora, batata-baroa, batata-doce, etc.), folhas em geral, frutas como laranja, caju, acerola, mamão e outras. Essa dieta alimentar saudável só funciona como fator protetor se for adotada constantemente, no decorrer da vida.

Os progressos tecnológicos observados na medicina nas últimas décadas proporcionaram maior acuidade diagnóstica para o câncer. Essa condição explica parte do crescimento verificado no aumento de algumas estatísticas relacionadas à doença.

O sucesso do tratamento chama-se diagnóstico precoce

Detecção precoce é a maior arma contra o câncer. Portanto, nunca é demais lembrar a capital importância dos chamados exames preventivos. As formas mais eficazes para detecção precoce do câncer de mama são o autoexame das mamas, o exame clínico, a ultrassonografia e a mamografia de alta resolução. O autoexame das mamas deve ser realizado uma vez por mês e o melhor momento do ciclo mensal é uma semana após a menstruação, sendo que para as mulheres após a menopausa deve ser feito em qualquer dia a cada mês. Na prática, esse autoexame assume grande importância por ainda não existir um programa de rastreamento mamográfico. Interessantes estudos mostram que a incidência em mulheres que migraram de um país com baixo risco de câncer de mama para um de alto risco cresce lentamente, levando mais de duas ou três gerações para atingir os índices do país que as acolheu. Isso mostra a importância do estilo de vida, assim como dos fatores de risco hormonal para o desenvolvimento da doença.

Câncer do colo do útero é o segundo mais comum na população feminina brasileira, só sendo superado pelo de mama, e se não é diagnosticado em fase inicial, ele progredirá com rapidez, ocasionando sintomas. Os fatores sociais, ambientais e os hábitos de vida, tais como baixas condições socioeconômicas, atividade sexual antes dos 18 anos, pluralidade de parceiros sexuais, vício de fumar (diretamente relacionado à quantidade de cigarros fumados), hábitos higiênicos deficientes e o uso prolongado de contraceptivos orais têm decisiva participação nesse tipo de câncer. Estudos recentes mostram ainda que o papiloma vírus humano (HPV) e o herpes vírus tipo II (HSV) têm papel importante no desenvolvimento da displasia das células cervicais e na sua transformação em células cancerosas. O HPV está presente em 94% dos casos de câncer do colo do útero – tendo sido desenvolvida uma vacina contra o HPV. O controle desse tipo de câncer é fácil e se faz por meio do exame preventivo. Sua realização periódica permite reduzir em 70% a mortalidade por câncer do colo do útero na população de risco. O exame preventivo é conhecido popularmente como papanicolau – indolor, barato e eficaz. Consiste na coleta de material para exame das partes externa e interna do colo e do fundo do saco posterior da vagina. O material coletado é fixado em lâmina de vidro, corado pelo método de papanicolau e, então, examinado ao microscópio. Toda mulher com vida sexual ativa deve submeter-se a exames preventivos periódico, dos 20 aos 60 anos de idade. Inicialmente, o exame deve ser feito a cada ano.

Para outros tipos de cânceres pélvicos o exame não invasivo de ultrassonografia tem grande valor. Outro exame simples e importante é a radiografia do tórax, efetuada durante um *check-up* e que permite detectar o câncer de pulmão. O responsável por 90% dos casos de câncer de pulmão é o tabagismo. Outros fatores relacionados com esse tipo de câncer são os genéticos, alguns agentes químicos como o arsênico, asbestos, berílio, cromo, encontrados no ambiente de trabalho de certas fábricas, e os fatores alimentares, como baixo consumo de frutas e verduras.

O câncer da próstata incide principalmente em homens acima de 50 anos. O crescimento de sua incidência na população é também uma decorrência do crescimento da expectativa de vida do brasileiro verificada ao longo deste século, cuja tendência é ultrapassar os 70 anos a partir de 2020, e do preconceito contra o toque retal. Na maioria dos casos, o tumor apresenta um crescimento lento, levando cerca de 15 anos para atingir 1,3 centímetro e independe do crescimento normal da glândula. Por esse motivo, o exame periódico – toque retal, medição da fração prostática da fosfatase ácida (FAP) e do antígeno prostático específico (PSA), além da ultrassonografia – deve ser realizado mesmo que não existam sintomas, para que o câncer possa ser detectado precocemente, com maiores chances de tratamento e cura.

Homens acima de 40 anos devem submeter-se anualmente ao exame físico, incluindo o toque retal e a dosagem do PSA, principalmente se há história familiar de câncer de próstata.

O exame de retossigmoidoscopia é importante para a prevenção do câncer de cólon (intestino). Deve ser realizado anualmente em pessoas acima de 50 anos. A pesquisa de sangue oculto nas fezes é um exame simples e valioso na detecção de câncer intestinal.

De maneira geral, as pessoas devem ficar atentas a feridas que não cicatrizam, às mudanças de aspecto de uma mancha de pele ou verruga, ao aparecimento de manchas esbranquiçadas nos lábios e na boca, ao crescimento rápido de algum caroço em qualquer parte do corpo, a ferimentos na boca causados por próteses dentárias mal adaptadas, ao emagrecimento rápido e acentuado, ao aparecimento de ínguas e ao sangramento por qualquer orifício do corpo, ou mesmo se uma rouquidão persistir por mais de duas semanas.

Dicas importantes para se proteger do câncer

Parar de fumar! Essa é a regra mais importante para prevenir o câncer. Adotar uma dieta alimentar saudável pode reduzir as chances de se desenvolver um câncer em pelo menos 40%. Comer mais frutas, legumes, cereais e menos carnes e alimentos gordurosos. Sua dieta deve conter diariamente pelo menos 25 gramas de fibras, e a quantidade de gordura não deve ultrapassar 20% do total de calorias ingeridas. Limitar a ingestão de bebidas alcoólicas. Os homens não devem tomar mais do que dois drinques por dia, enquanto as mulheres devem beber apenas um drinque, em virtude da sua maior suscetibilidade ao álcool. Ter algum tipo de atividade física durante a rotina diária. Exercitar-se moderadamente, por pelo menos 30 minutos, quatro a cinco vezes por semana.

Formas de tratamento

Radioterapia – método capaz de destruir células tumorais, empregando feixes de radiações ionizantes. Braquiterapia.

Quimioterapia – utiliza compostos químicos, chamados quimioterápicos, no tratamento de doenças causadas por agentes biológicos. No caso do câncer, é chamada de quimioterapia antineoplásica, e foi desenvolvida a partir do gás mostarda, usado nas duas

Guerras Mundiais. Hoje, quimioterápicos mais ativos e menos tóxicos encontram-se disponíveis para uso na prática clínica.

Cirurgia – procedimento empregado para realização de biópsias e/ou remoção do tumor maligno, quando este é passível de ser totalmente removido.

Hormonioterapia – a manipulação do sistema endócrino é um procedimento bem estabelecido para o tratamento de algumas neoplasias malignas hormoniossensíveis.

Imunoterapia – promove a estimulação do sistema imunológico, por meio do uso de substâncias modificadoras da resposta biológica.

Terapêuticas combinadas – o tratamento do câncer geralmente inclui a aplicação de mais de um dos métodos terapêuticos, visando obter índices maiores de cura, com perdas anatômicas menores e maior preservação da estética e da função dos órgãos comprometidos, e menor toxicidade.

Reabilitação – o planejamento terapêutico também deve incluir um conjunto de cuidados que permitam ao paciente situar-se em sua nova condição e adaptar-se física, psicológica e socialmente a ela.

Esperança

É a palavra-chave no tratamento do câncer. Além das numerosas conquistas da medicina que permitem o diagnóstico cada vez mais precoce do câncer, da elucidação de diversos fatores causadores das alterações malignas, a criação de novos medicamentos e técnicas para o tratamento oncológico, e o apoio dado por grupos de voluntários, particularmente por pessoas já curadas da doença, têm um efeito altamente positivo na evolução da enfermidade. A relação mente-corpo tem uma ação decisiva na cura do câncer. Sabe-se que o estresse emocional enfraquece o sistema imunológico, e uma ligação entre as condições emocionais e o aparecimento e desenvolvimento do câncer é uma teoria bastante viável. Em um estudo, o Dr. Spiegel mostrou que mulheres com câncer de mama que se reuniram com outras, em um grupo de apoio, viveram o dobro em comparação com as que haviam recebido a mesma quimioterapia, mas não se juntaram para conversar.

Diversas substâncias, poderíamos dizer milhares delas, vêm sendo testadas nos mais diversos tipos de câncer. Até mesmo substâncias pesquisadas para tratamento de outras doenças são investigadas também para câncer, as quais vêm surpreendentemente mostrando resultados positivos, como é o caso do hidrocloreto de raloxifeno, um modulador do receptor de estrogênio que age como estrogênio em alguns tecidos do organismo mas não em outros, testado para tratamento da osteoporose, usado em mais de 10 mil mulheres na fase pós-menopausa durante 33 meses, que mostrou uma redução de 54% da incidência de câncer de mama nesse grupo de pacientes.

Segundo alguns cientistas, já existem provas de que a droga está salvando mais vidas do que qualquer outro medicamento contra o câncer, e ainda pode vir a salvar duas vezes mais pacientes do que atualmente.

Novas perspectivas

Em vez de atingir as células cancerosas diretamente, novos medicamentos concentram sua ação sobre os vasos sanguíneos que alimentam os tumores e permitem que eles cresçam. Pelo menos, até agora, foi a primeira vez que uma droga, mesmo em fase experimental, conseguiu fazer um tumor retroceder nos testes em cobaias, com 100% de êxito. As novas drogas chamadas de inibidores de angiogênese são capazes de bloquear o fluxo sanguíneo que alimenta o tumor com oxigênio e nutrientes necessários à sua sobrevivência. O estudo da angiogênese, ou neovascularização, que acontece durante o desenvolvimento de um tumor tem trazido excelentes perspectivas no tratamento das neoplasias malignas. A angiogênese é a formação de vasos arteriais que irão conduzir o sangue com os nutrientes exigidos pelas células cancerosas e, dessa forma, auxiliam o desenvolvimento do tumor.

Sem uma rede de vasos sanguíneos para abastecê-lo e ao mesmo tempo remover o material residual decorrente desse intenso metabolismo, o tumor simplesmente morreria por falta de nutrição. O crescimento do tumor depende do crescimento de novos vasos sanguíneos. Segundo o Dr. M. Judah Folkman, da Escola Médica de Harvard, no seu trabalho *Biological Therapy of Cancer,* a terapia antiangiogênica poderia impedir o crescimento de grande variedade de tumores, mesmo sendo necessária a sua administração por períodos prolongados.

Em laboratórios têm sido desenvolvidos trabalhos de medição da atividade inibidora da angiogênese, o que permite avaliar e comparar substâncias e medicamentos e padronizar a efetividade. Se tudo der certo, os medicamentos angiostatina e endostatina serão capazes de erradicar qualquer tipo de câncer, sem efeitos colaterais.

A angiostatina foi testada com sucesso por pesquisadores franceses. A grande novidade foi como ela foi administrada. Os cientistas do Instituto Gustave Roussy, em Villejuif, e do Hospital Saint Louis, em Paris, desenvolveram um inoculador genético que aumenta a eficácia do tratamento. Por meio de um gene modificado, os pesquisadores conseguiram fazer com que a angiostatina comece a destruir a rede de oxigenação e nutrição do tumor maligno com mais rapidez.

A substância Interferon-alfa, uma droga antiviral, pode tratar com sucesso alguns casos de hepatites B e C, que se tornarem crônicos podem causar cirrose e câncer do fígado. Estudos mostraram que pacientes que respondem ao tratamento com Interferon-alfa dificilmente desenvolvem cirrose ou câncer de fígado. Porém, segundo uma reportagem publicada na revista médica *The Lancet*, em maio de 1998, sobre um estudo internacional multicêntrico, o tratamento com Interferon pode prevenir o câncer em pessoas com cirrose que estão infectadas com o vírus da hepatite C, mas não as que sofrem de hepatite B.

A Soad (sigla em inglês para Fundação Central Sul-Americana para o Desenvolvimento de Drogas Anticâncer, que funciona no Hospital de Clínicas de Porto Alegre) está pesquisando o medicamento RC3095, sintetizado pela primeira vez no laboratório do professor Andrew Schalley, prêmio Nobel de Medicina em 1926, em Tulane, Nova Orleans. A substância, que inibe uma proteína chamada bombesina, fator de crescimento de vários tipos de câncer, vem sendo testada há 20 anos e está em fase de determinação de dosagem, em estudos clínicos, pela primeira vez no mundo. Com baixa toxicidade, o medicamento é usado por voluntários, em casos em que tratamentos tradicionais falharam. Até agora, os resultados têm se mostrado bastante animadores.

Vacinas

As vacinas também têm sido usadas. Elas combatem a disseminação da doença que progride por meio de micrometástases, que são sementes biológicas para o aparecimento do tumor em outras áreas do corpo.

Uma vacina experimental composta por células tumorais, desenvolvida por pesquisadores da Universidade Thomas Jefferson, na Filadélfia, obteve bons resultados contra o câncer no ovário. A nova vacina não evita a doença: pois ela pertence à classe das vacinas terapêuticas, que funcionam como medicamentos capazes de estimular o sistema imunológico a lutar contra o câncer. Esses tratamentos estão sendo testados e os resultados obtidos são promissores. Uma das vantagens do método é que ele, ao menos teoricamente, é menos tóxico do que as terapias convencionais contra o câncer, porque é mais específico. A vacina estimula as células de defesa a atacarem somente o tumor, poupando os tecidos saudáveis. Danos a células normais são o principal problema da quimioterapia e dos demais tratamentos hoje empregados contra o câncer.

À procura de novas opções

A busca é incessante, os mais variados tipos de plantas e animais são pesquisados em todo mundo. Duas espécies de esponjas comuns encontradas no litoral Sul do Brasil podem impedir a propagação do câncer pelo organismo.

O consumo regular de vitamina E pode ajudar a prevenir o câncer da próstata, segundo estudo publicado na revista oficial do Instituto Nacional do Câncer dos Estados Unidos. Duas hipóteses explicam a ação benéfica da vitamina E: ela pode ajudar a bloquear o processo de formação de tumores, ao destruir radicais livres associados ao câncer, e fortalecer o sistema imunológico.

Clonagem

Grace, a primeira cabra gene humana, nasceu em Massachusetts, ainda no final do século passado, em abril de 1996, nas instalações da empresa de biotecnologia Genzyme. Diversas cabras clonadas foram utilizadas na produção de leite com proteína humana, na busca do desenvolvimento de novas drogas para males hereditários e incuráveis, como a fibrose cística do pâncreas, a doença de Tay Sachs e a doença de Gaucher. Cientistas da Universidade de Massachussetts e da empresssa Ultimate Genetics clonaram bezerros de DNA de fetos, após quatro anos de pesquisa, e produziram vacas clonadas com genes humanos, cujos leites contém genes e substâncias para o combate de inúmeras doenças, como câncer, diabetes, males neurológicos, degenerativos e hemofilia.

A evolução da oncologia tem acumulado tal quantidade de conhecimentos e informações que certamente iremos, muito em breve, vencer definitivamente a luta contra o câncer.

Capítulo 14

Relação Médico-Paciente e Efeito Placebo

"Cura melhor quem tem a confiança do paciente."

(Galeno)

Nas aulas de Psicologia Médica para os alunos de 3º ano de Medicina, o curso começava valorizando a matéria a ser ensinada. Costumava-se afirmar que todos terminariam sua formação acadêmica com conhecimentos suficientes para abrir um consultório e serem bem-sucedidos. Embora alguns pudessem alcançar o sucesso, nem todos seriam capazes de viver da clínica particular. A diferença entre os graus de sucesso de uns e de outros não estava obrigatoriamente vinculada ao conhecimento armazenado na faculdade, mas à capacidade maior ou menor deles de manejar com eficácia o mais importante instrumento terapêutico de que poderiam dispor: a relação médico-paciente.

Durante as aulas, eram apenas examinados os diferentes aspectos dessa questão, de modo a oferecer aos alunos um ponto de partida para suas observações pessoais sobre a convivência com os pacientes. Essa era uma forma de pôr à disposição deles os conhecimentos da Psicologia de maneira prática e útil, em vez de se expor apenas teorias que pouco lhes interessariam nessa época. Uma das primeiras aulas abordava o efeito placebo, por ser a evidência mais flagrante da importância prática da relação do médico com o paciente, e da influência das questões emocionais nessa relação.

Efeito placebo

Chama-se efeito placebo – a palavra placebo foi tirada do vocábulo latino *placere*, que significa agradar – a melhora ou cura que ocorre quando um paciente utiliza alguma substância sem nenhuma ação medicamentosa, apenas por acreditar estar sendo efetivamente medicado. Tal efeito é tão constante e eficaz que nenhum medicamento novo pode ser testado seriamente e com segurança se não houver um estudo de controle que avalie o efeito placebo. Esse estudo é feito da seguinte forma: dividem-se aleatoriamente os pacientes que vão participar do teste em dois grupos; um toma a medicação, o outro toma um placebo, ou seja, um comprimido ou uma injeção que não contém nenhuma substância quimicamente ativa. Para que o teste seja considerado válido, os médicos que estão administrando o remédio não podem saber quais os pacientes que estão em um grupo ou no outro. Chama-se o teste feito nessas condições de teste "duplamente cego" (em inglês: *double blind*). Acredita-se que até o fato de o médico saber se o paciente está tomando a medicação ativa ou o placebo pode interferir nos resultados.

Entre os resultados de pesquisa sobre o efeito placebo, é clássico o trabalho da equipe do Dr. Edmunds G. Dimond, realizado no Centro Médico da Universidade de Kansas no final dos anos 1950. A equipe investigou a eficácia da operação, então rotineira, de ligação da artéria mamária (ligar em medicina significa fechar, não confundir com a cirurgia do implante da artéria no coração) para tratar de angina do peito, uma dor causada por insuficiência de suprimento de sangue para o coração. Os médicos procederam a cirurgia em um grupo de 13 pacientes e, em um segundo grupo de 5 pacientes, eles fizeram apenas uma incisão no peito, sem a consequente ligadura. Entre os pacientes efetivamente operados 76% apresentaram melhoras. Entre os não operados, houve um surpreendente percentual de 100% de melhora. Assinale-se que essa cirurgia deixou de ser praticada já há bastante tempo, para o que muito contribuiu o resultado dessa pesquisa.

Os resultados são sempre impressionantes, pois a quantidade de pessoas que melhoram sem estar tomando uma medicação efetiva – apenas por acreditar estarem sendo medicadas – é enorme. Isso ensina a importância da influência da mente sobre o corpo e como essa influência pode ser positiva para a saúde das pessoas, desde que a relação médico-paciente seja construída de forma favorável. Por outro lado, vale a pena lembrar que diversos fatores, por exemplo a diminuição da empatia, podem ter uma influência negativa sobre a saúde. Por isso, é dever do médico – mas responsabilidade também do paciente – criar e manter uma relação que otimize todas as práticas médicas que visam à saúde e ao bem-estar do indivíduo.

O estudo do efeito placebo traz informações sobre os cuidados que devem ser adotados nas pesquisas de novos medicamentos, para evitar que tal efeito não interfira na avaliação da substância pesquisada. O médico, em seu consultório, deve estar alerta para a existência desse efeito e utilizá-lo de forma favorável, ou seja: estar mais atento à relação mente-corpo. O desenvolvimento desta visão levou à criação da cadeira de Medicina Psicossomática no currículo médico.

A influência da mente

Um episódio que trata da questão da relação mente-corpo é o caso da Loló. Tratava-se de uma cadela collie, com câncer. Ela, que nunca havia tido filhotes, apresentou um sangramento que o veterinário diagnosticou como consequência de um tumor no útero, tendo decidido operá-la. No dia marcado para a cirurgia, seu dono – que era médico – ao chegar a sua casa encontrou Loló, e foi recebido por ela como de costume. Intrigado, perguntou por que ela não tinha sido operada. Soube então que já fora submetida a uma extensa cirurgia e estava de volta. Examinou-a e constatou que ela havia sofrido um corte brutal, que ia do externo ao púbis. Estava um pouco enfraquecida pela anestesia geral, mas consciente e bem-disposta. Apesar de lhe ter sido retirado o útero, trompas e ovários atingidos pelo tumor, andou e se alimentou poucas horas após a cirurgia.

Impressionado com a facilidade e a rapidez da recuperação da cadela após uma cirurgia tão extensa, comparadas com o que estava habituado a ver nos seres humanos submetidos a intervenções semelhantes, seu dono procurou o veterinário para se informar melhor. Ele o recebeu gentilmente e riu do seu espanto. Disse que com animais era assim mesmo e arrematou afirmando: "É porque eles não têm uma mente como a nossa". Por essa história se vê como é importante investigar a estranha relação mente-corpo que existe nos seres humanos. O exemplo da Loló mostra que a mente dos animais, de maneira geral, os atrapalha bem menos que a das pessoas.

Outro caso ilustrativo é o de S.B., um senhor de 70 anos, muito formal e rígido, que precisou se submeter a uma cirurgia para extirpar um tumor benigno de próstata. A operação foi muito bem-sucedida. Pouco tempo depois ele procurou o seu clínico e contou, muito aborrecido, que em razão de um pequeno sangramento procurou o urologista, que o havia operado e ficou indignado com o especialista, pois este, mesmo constatando que nada de anormal ocorrera, levantou a hipótese de que o paciente havia desobedecido à recomendação de abstinência sexual no pós-operatório. Possivelmente tinha sido uma forma descontraída de o urologista se relacionar com seu paciente, mas este não entendeu desse modo, se sentiu tremendamente ofendido e afirmou que jamais seria capaz de desobedecer a uma ordem médica, e que não poderia admitir que esse tipo de dúvida pairasse sobre seu comportamento. Reclamou com seu clínico que, depois dessa consulta, seu estado havia piorado tanto que teve de procurar outro urologista para continuar o tratamento, embora o primeiro médico já lhe tivesse dado alta.

Esse segundo urologista ficou impressionado com a piora que o paciente apresentava, sem motivo clínico, mas acabou melhorando em 24 horas, ao tomar o simples antisséptico urinário por ele receitado. Tal situação ensina como é importante o cuidado no trato com o paciente e a atenção que o médico deve dedicar às peculiaridades de cada um. O primeiro urologista, apesar de uma conduta tecnicamente perfeita, não foi capaz de prever que uma simples brincadeira mal recebida pudesse destruir sua imagem profissional junto ao paciente, que foi afetado a ponto de achar que a cirurgia tinha sido malconduzida e passou a sentir novamente dores e grande desconforto.

Ainda sobre a questão da relação mente-corpo, vale a pena mencionar o relato de um antigo professor sobre uma experiência do seu tempo de estudante de medicina. Residente em um hospital psiquiátrico, ele costumava hipnotizar pacientes internados. Certa vez, de forma inadvertida, entregou uma moeda a um dos enfermos previamente hipnotizado dizendo-lhe que a escondesse na mão, segurando-a com força. Em seguida disse, repentinamente, que a moeda estava em brasa.

O pobre paciente, gritando, atirou longe a moeda. Na palma de sua mão formou-se imediatamente uma bolha redonda de queimadura.

Os ambulatórios das mais diversas especialidades médicas são procurados por uma grande quantidade de pacientes que, apesar de exaustivamente investigados – inclusive por meio de baterias de exames complementares da mais avançada tecnologia –, nada revelam de enfermidades físicas, tendo apenas problemas emocionais ou, no máximo, doenças psicossomáticas. É exatamente nesses casos que a relação médico-paciente precisa ser priorizada.

Do ponto de vista da atividade do médico, interessa ao bom clínico – seja de forma intuitiva, seja em função de um aprendizado – despertar em seu paciente a atitude mais favorável para que o poder curativo da mente seja canalizado em favor da manutenção da saúde e da luta contra a doença. Isso envolve despertar a confiança do paciente e corresponder a ela, além de construir uma relação afetiva e empática que favoreça a parceria entre ambos. Do ponto de vista do paciente, também há muito que pode ser feito em benefício de uma relação favorável com o seu médico.

A complexa escolha de um médico

Na orientação e manutenção da saúde, assim como nas situações de doença, nada substitui a presença de um médico. Nenhum exame ou nenhum tratamento deve ser adotado sem a orientação do médico competente, cuja presença é fundamental na vida de qualquer pessoa. Por isso, não se devem poupar esforços na escolha daquele em cujas mãos se entrega a saúde.

A relação médico-paciente começa sem a presença, sequer a existência, do médico. Inicialmente ocorre um processo de escolha do profissional, que muitas vezes se desenvolve sem se ter consciência do que está acontecendo. Colocada frente à necessidade de procurar um médico, a pessoa enfrenta uma dificuldade básica: em quem confiar. Muitas vezes, por não ter nenhuma referência e, como quase sempre ocorre, necessitando sentir-se segura, ela assume uma postura de cega confiança na lista de médicos de seu seguro-saúde. Quando conhece algum profissional, recorre a ele levando seu livrinho de convênio para pedir uma recomendação.

Essa primeira etapa de relacionamento tem uma importância crucial, pois a confiança que o paciente credita ao médico constrói o alicerce da futura relação. Assinale-se, mais uma vez, que em qualquer tratamento bem-sucedido o médico é o remédio número um, portanto, a escolha deve ser muito exigente. Um médico, por sua importância na vida de seu paciente, deve ser eleito com o maior cuidado. É bom que o ele fique sabendo que não foi escolhido por acaso, mas por uma avaliação muito cuidadosa de seu valor.

A segunda etapa cabe quase exclusivamente ao médico: sua postura, sua maneira de acolher o novo paciente, de examiná-lo e tratá-lo podem solidificar ou destruir a relação, reforçando ou abalando a confiança do paciente.

A terceira etapa do relacionamento depende de ambos. Da parte do médico, é importante que mantenha um padrão de cuidado e atenção, além de – claro – um apuro de sua capacidade profissional. O paciente, por seu lado, deve consolidar sua confiança baseando-se em uma experiência positiva, isto é: o paciente deve ser absolutamente franco com seu médico e demonstrar que espera uma franqueza recíproca. É preciso que haja espaço no relacionamento para todas as queixas que couberem e explicação para os comportamentos de ambos. Até se o médico se atrasa para a consulta o paciente tem o direito de reclamar e, por outro lado, o dever de acolher explicações, pois ninguém se atrasa porque quer e manda a boa educação que se ofereçam explicações e se peçam desculpas. E em uma relação tão importante quanto essa, tais regras devem estar sempre presentes.

O paciente pode esperar que o médico seja capaz de explicar tudo sobre suas enfermidades, tratamentos e prognósticos em linguagem acessível. Os técnicos que utilizam um jargão especializado e afirmam que o leigo não pode compreender o que estão fazendo devem ser alvo de desconfiança, pois duas pessoas inteligentes podem perfeitamente se comunicar de uma forma plenamente satisfatória. Palavras difíceis e conceitos ininteligíveis costumam esconder a ignorância de quem fala. O médico não tem por que temer a curiosidade de seu paciente, a não ser que esteja escondendo algo muito grave, por exemplo, o fato de não saber o que está fazendo... A propósito, deve-se considerar uma questão importante na prática médica e que diariamente ocorre: como dar para o paciente a notícia de que ele é portador de uma enfermidade grave ou incurável. É preciso que o médico esteja preparado para avaliar o momento e a maneira adequados de abordar o problema.

É fundamental que o paciente goste, e mesmo se orgulhe, de seu médico. É também essencial que sinta – e até tenha provas – que o médico lhe tem apreço. Outra condição importante é a confiança na discrição do médico, que permite ao paciente fazer toda a espécie de queixas e confidências com a certeza de que nada do que for dito irá ser divulgado ou comentado fora da relação médico-paciente. Essa é uma base sólida para uma relação duradoura e profícua.

A figura do médico de família tem ressurgido com muita intensidade nos últimos anos. Na escolha do médico, as pessoas devem preferir os clínicos gerais, de conhecimentos mais abrangentes. Quem tem um bom clínico, não tem apenas um médico confiável, mas também alguém que poderá lhe indicar o especialista de que precisa, sempre que necessário. A escolha de um especialista é, frequentemente, uma tarefa complexa. Para o leigo representa uma situação semelhante a encontrar-se em um labirinto, sem saber que direção seguir. Uma dor no peito sugere que se procure um cardiologista, ou um ortopedista ou um pneumologista, um neurologista ou, quem sabe, um reumatologista. E por vezes o tratamento deveria estar aos cuidados de um gastroenterologista. O melhor mesmo é ter um clínico geral que possa iniciar a terapêutica e, quando necessário, indicar um colega especialista de sua confiança para prosseguir na tarefa.

Exames complementares

Os exames de laboratório e os mais variados testes são chamados de complementares exatamente por serem coadjuvantes da investigação médica. Seus resultados devem ser levados em consideração apenas quando compatíveis com os achados clínicos. Um exame em geral não estabelece um diagnóstico, apenas ajuda a confirmá-lo ou dirimir alguma dúvida. O diagnóstico final deve sempre pertencer ao médico após este fazer uma anamnese apurada (informações sobre a doença atual e o histórico de doenças do paciente, e até de seus familiares) e um exame físico minucioso.

Capítulo 15

O Aprimoramento Emocional

"O equilíbrio é a chave de um viver melhor."

(Os autores)

Dentre os procedimentos preventivos que constituem um processo de investimento na saúde do organismo, a psicoterapia é um instrumento importante para aprimorar a saúde física e mental. A experiência acumulada de milhares de terapeutas nos últimos cem anos – desde que Sigmund Freud, no fim do século XIX, criou a Psicanálise – oferece amplos subsídios para enunciar alguns preceitos fundamentais na conquista e na manutenção da saúde da mente mediante um constante aprimoramento emocional.

A expressão *aprimoramento emocional*, se refere a um processo permanente de auto-observação e disciplina, alicerçado na capacidade de autoestima, que permite às pessoas investirem esforços na tentativa de melhor reagirem às dificuldades emocionais da vida. O modo mais eficaz de superar qualquer dificuldade consiste em desenvolver e fortalecer as capacidades físicas e psíquicas. É frequente observar na prática médica que a cura, quando obtida, depende mais do fortalecimento do organismo no seu todo do que do estrito combate à doença em si.

A origem médica da Psicanálise (Freud, seu criador, era, como todos sabem, médico neurologista) contribuiu para que ela, consoante a ideologia dos médicos da época, enfatizasse e desse atenção prioritária aos processos patológicos em detrimento dos sadios. Em consequência dessa circunstância, a linguagem psicanalítica se encontra dominada por expressões tipicamente clínicas, tais como "cura", "alta", "tratamento", "paciente", etc., que refletem um conceito pouco adequado à visão atual aqui expressa.

Na nossa civilização, ao longo dos tempos, a medicina tem dado uma excessiva ênfase à doença, em comparação com a atenção à saúde. A formação médica é toda voltada para o estudo das enfermidades, de suas causas, de seus sintomas, de seus tratamentos, sobrando pouco espaço para o estudo do funcionamento normal do organismo e da saúde propriamente dita. Isso se perpetuou ao longo de tempo e traduz uma deformação ideológica do pensamento médico.

Assim, o médico se constituiu muito mais em um profissional da doença do que da saúde, o que se torna patente quando verificamos que praticamente todos os honorários profissionais são cobrados em decorrência da doença ou da investigação de alguma enfermidade. E não precisaria ser dessa forma. Podemos nos espelhar na antiga medicina chinesa, por exemplo, em que o médico cuidava do equilíbrio e da harmonia de seus clientes, deles recebendo periodicamente um pagamento.

Quando a pessoa ficava doente o médico a tratava sem nada receber até sua cura, e só então voltava a ser remunerado pelos seus serviços. Essa situação configura uma diferença radical no conceito da medicina, em que são valorizadas prioritariamente a saúde e a prevenção de doenças, o que só recentemente vem se tornando questão importante na medicina da nossa civilização.

A tradicional postura médica de valorizar apenas a doença influenciou a concepção ideológica da Psicanálise, elaborada pelos primeiros analistas. E também influenciou as pessoas que somente procuravam os analistas e os médicos quando doentes. A ideia básica era de que só se deveria procurar ajuda quando o sofrimento se tornava intenso. Recentemente essa atitude tem mudado, pelo fato de a atenção dos médicos ter se voltado cada vez mais para a medicina preventiva, estimulando a adoção de hábitos de vida e alimentação saudáveis. Em Psicologia também estão sendo oferecidos, crescentemente, processos de aprimoramento e harmonização do ser humano, em vez de apenas tratamentos de neuroses e doenças mentais. Isso tem uma marcada influência na qualidade de vida e no comportamento social, porque o que se procura é valorizar e manter um bem-estar psíquico, evitando que as neuroses evoluam e que as doenças mentais se instalem.

As pessoas começam a perceber que poderiam ter um melhor desempenho profissional, afetivo e social se se conhecessem bem ou soubessem como neutralizar suas inseguranças e se conseguissem auto-organizar seus pensamentos. Muitas vezes, a pessoa procura ajuda psicoterápica surpreendendo seus familiares e seu círculo de amizade que não percebem nela nada que justifique o "tratamento". Em outros casos, fica um pouco mais evidente a necessidade de um apoio, quando a pessoa apresenta dificuldades de adaptação ao emprego ou profissão, a namorados e a amigos. Apesar da vontade de realização, são frequentes as dificuldades e elas aparecem quando, por exemplo, existe a necessidade de se integrar a um grupo de trabalho ou desenvolver uma relação pessoal mais intensa.

L.Z., de nível superior, bonita e atraente, chegou aos 30 anos sem ter se casado, nem ter conseguido um emprego estável. Começou a desconfiar de que sua falta de realização pessoal e profissional era decorrente de alguma dificuldade emocional. Embora tivesse facilidade para conquistar namorados, não conseguia manter uma relação estável porque sempre encontrava defeitos nos parceiros. Nos empregos, apesar de ser reconhecida como capaz pelos superiores, nunca se sentia suficientemente valorizada, ficava insatisfeita e acabava por se demitir. Apesar de não apresentar nenhuma patologia séria, ela se beneficiou de uma psicoterapia que a ajudou a ser menos exigente com os outros e consigo mesma e, dessa forma, conseguiu se realizar profissional e afetivamente.

A.P., uma jovem dedicada às artes plásticas, depois do terceiro namoro consecutivo com um homem casado, foi alertada pelo irmão mais moço, estudante de Psicologia, para a probabilidade de que a coincidência de seus namoros corresse por conta de alguma característica emocional, passível de ser mais bem compreendida e administrada.

Era bonita, simpática, ativa socialmente e muito atraente; realmente querida por todos a sua volta e, portanto, lhe era fácil conseguir o namorado que desejasse. Entretanto, por conta dos insucessos dos casamentos de sua mãe, fugia desse tipo de compromisso pelo medo de se sentir responsável por um eventual fracasso. Nos casos do envolvimento com homens casados, em se tratando de um relacionamento mais difícil e complexo, várias outras causas que não dependeriam diretamente de A.P. poderiam ocasionar o rompimento da relação sem que dele ela precisasse se sentir culpada. Com a atenção voltada para seu comportamento amoroso, começou a questionar suas ideias e modificar suas atitudes e, aos poucos, percebeu que conseguiria ter uma vida afetiva mais tranquila e mais gratificante.

Essa história mostra como a atenção aos detalhes de nossa dinâmica emocional nos possibilita ter uma vida mais satisfatória e mais plena. Na maioria das vezes, as pessoas se acomodam com o pouco que conseguem, sem desenvolverem todo o seu potencial, se adaptam às suas limitações ditadas por pequenas fobias, ligeiras compulsões e tendências neuróticas, e desconhecem o quanto podem conseguir ao investir em aprimorar sua vida emocional.

Vida em preto e branco

Por que as pessoas precisam viver em preto e branco uma vida que pode ser colorida? Muitos vivem nessa "acromatopsia emocional" sem se darem conta. Um exemplo interessante consiste na observação psicanalítica sobre certas pessoas que têm dificuldade de obter sucesso, embora possuam capacidade para tal. Percebe-se nessas pessoas um potencial excessivo de inveja que as faz temer a inveja alheia a tal ponto que optam por evitar o êxito pessoal pelo receio de serem atacados pelos outros.

Também existem casos de pessoas que alcançam o sucesso e não sabem administrá-lo, o que as leva ao "fracasso do sucesso". Trata-se de uma dificuldade em desenvolver a capacidade para manejar essa nova situação. Em geral, são pessoas que nunca tiveram a oportunidade de sentir de perto como os outros convivem com o sucesso, porque o seu ambiente (pais, amigos, parentes e conhecidos) não lhes proporcionou essa experiência. Soma-se a isso uma falta de estrutura emocional, em que problemas pequenos não identificados oportunamente são suficientes para dificultar a superação da questão. Portanto, deve-se estar atento a todas as situações de dificuldades existenciais para se observar quais as influências de situações emocionais adversas e neutralizá-las da melhor forma possível. Assim, a cada situação de vida, todos nós devemos rever o acerto de nossas atitudes e verificar até que ponto estamos contribuindo para o que acontece conosco, em vez de nos apegarmos a desculpas e agir colocando a responsabilidade nos outros.

Voltando à questão do aprimoramento emocional, nada mais natural imaginar que as pessoas devem ter a capacidade de exercer o direito de cuidar de sua saúde mental por sua própria conta, sem necessidade de ficarem submissas a terapias autoritárias, o que não exclui a possibilidade de se socorrer do auxílio de profissionais competentes da área da saúde mental.

S.C., um rapaz de 20 anos, queixava-se do medo que sentia de manifestar suas opiniões e de conversar livremente. Ele associava sua dificuldade à forma como foi criado, dizendo que havia tido uma "educação rígida" e o chamavam de "burro" quando cometia erros. Ele teve uma educação excessivamente exigente, na qual seus pais cometeram o equívoco, lamentavelmente muito comum, de não tolerarem os erros dos filhos. Essa atitude impede as crianças de poderem usar o melhor método de aprendizado que existe: o método de tentativas, ensaios, erros e acertos. Quem está proibido de errar não pode experimentar, treinar ou tentar, o que aumenta a dificuldade para aprender. A tolerância para com o erro dos filhos é uma das chaves do sucesso da educação.

Felizmente, S.C. levou a sério a tarefa de superar a desvantagem de sua educação e lutou para se libertar da incorporação que havia feito da atitude dos pais para se permitir cometer erros e, assim, poder ter participação e relacionamento com seus colegas de colégio. Foi-lhe explicado que boa vontade é mais importante do que acertos, pois estes vêm com o tempo, quando a tolerância existe.

Existe um erro muito difundido entre as pessoas, inclusive por meio de provérbios, a respeito de como se devem comportar na relação umas com as outras. Todos nós já ouvimos dizer que "a palavra é de prata e o silêncio é de ouro". Essa frase defende a ideia de que calar é melhor do que falar, dentro da tese de que "em boca fechada não entra mosca". Isso significa uma proposta de que as pessoas fiquem restritas a seus próprios interesses, sem procurar ajudar os outros com suas ideias e opiniões. Essa é uma postura covarde e egoísta, em que a única preocupação passa a ser o próprio bem-estar, sem considerar a importância da generosidade e da solidariedade para com o próximo, que podem ser expressas por meio de colaborações e sugestões, mesmo que algumas vezes elas não sejam as melhores.

A situação de S.C. traz à baila a necessidade de rever, ao chegar à idade adulta, os códigos éticos e morais que as pessoas elaboram para sua vida ainda na infância. Em geral, muitos aspectos de tais códigos são inadequados para os adultos, e suas falhas decorrem da natural falta de perspectiva das crianças e do radicalismo do entendimento que elas elaboram sobre os ensinamentos que os adultos lhes transmitem. Não se deve deixar de lado o fato de que muitos desses ensinamentos estão completamente equivocados. Nos capítulos seguintes, encontram-se algumas informações e orientações sobre como se pode proceder para administrar por si mesmo seu aprimoramento emocional ou, em outras palavras, a saúde de sua alma.

Capítulo 16

Autoestima e Disciplina

*"É preciso saber investir em si mesmo para se conseguir
os objetivos desejados."*

(Os autores)

Dificuldades emocionais são próprias de todos os seres humanos. As pessoas possuem uma mente altamente desenvolvida em comparação com os outros animais e pagam o preço desse desenvolvimento: a fragilidade. Como todo equipamento de ponta, a mente humana alia alto desempenho com extrema vulnerabilidade. O problema reside em saber como administrar as dificuldades emocionais, tanto as que são desencadeadas pelas agruras da vida quanto as que são inerentes a todos.

"A vida é difícil." Com essa frase o psiquiatra americano M. Scott Peck inicia o livro *A Trilha Menos Percorrida*, um dos maiores *best-sellers* da história. Saber que a vida é difícil pode ajudar todos a enfrentar seus problemas sem ficarem com a dolorosa sensação de vítimas do destino. O Dr. Peck lembra que por meio da disciplina se consegue lidar com as dificuldades emocionais. Mais importante ainda: é preciso lançar mão da energia despertada pela autoestima para obter os recursos necessários para manter a disciplina que o enfrentamento das dificuldades exige. Isso se refere ao que é necessário fazer quando as pessoas se deparam com situações que desafiam sua capacidade de manter o equilíbrio emocional, tais como perdas de pessoas amadas ou de objetos valiosos; mas também tem a ver com a forma de se administrar as dificuldades emocionais estruturais. Como exemplo destas últimas podem ser citadas as principais, que serão objeto dos capítulos seguintes: compulsões, depressões e fobias. Em maior ou menor grau, todos os seres humanos carregam uma parcela dessas mazelas.

O fundamento da saúde mental reside na relação harmoniosa entre emoção e razão. Para que essa harmonia se estabeleça é necessário que se acople o raciocínio ao sentimento, com o cuidado de atribuir a cada setor da mente o papel adequado. A emoção é o motor que impulsiona as pessoas, sem ela todos se estagnam imóveis, inúteis. A razão é o leme que direciona e aponta o caminho, sem ela as pessoas se movem erraticamente sem destino, perdidas no turbilhão dos sentimentos desorganizados. Quando se consegue harmonizar o convívio da razão com o sentimento se está pronto para começar a conquista da felicidade.

Autoestima

O conceito de autoestima difere um pouco do de amor-próprio, pois este último inclui uma carga de orgulho, brio e preocupações externas ao indivíduo que estão ausentes do anterior, uma expressão oriunda do inglês *self-esteem*. Quando se fala em autoestima refere-se a uma relação que o indivíduo estabelece consigo mesmo, caraterizada por um amor profundo e natural. Esse sentimento faz com que a pessoa cuide bem e carinhosamente de si mesma e conviva de modo serena com suas qualidades e seus defeitos. Dessa forma, procura de maneira contínua aprimorar suas características positivas e neutralizar os pontos negativos de seu comportamento e de sua personalidade, em um permanente trabalho emocional.

Convém salientar que isso nada tem a ver com o narcisismo das pessoas inseguras, às quais em geral falta precisamente uma verdadeira autoestima. Ninguém pode dar o que não tem, por isso é difícil imaginar que uma pessoa que não tenha amor por si mesma seja capaz de ter amor pelos outros. Considera-se que a autoestima seja uma qualidade fundamental para o surgimento do amor ao próximo. No Novo Testamento, encontram-se as sábias palavras de Jesus Cristo: "Ama o próximo como a ti mesmo", nas quais está expressa a importância do cultivo da autoestima.

Disciplina

A autodisciplina é a manifestação mais fundamental da autoestima. Não se trata de um processo de a pessoa se obrigar a comportar-se de uma determinada maneira, como se fosse forçada a seguir algum regulamento. Trata-se de uma forma de relacionamento interior, da pessoa consigo mesma, em que a disciplina surge como uma manifestação do querer bem a si e procurar fazer o melhor por si, o que lhe proporciona força para enfrentar os inevitáveis sacrifícios que se encontram no caminho para atingir o fim almejado. Com essa postura, torna-se mais fácil adotarem-se as medidas e hábitos saudáveis necessários para uma saúde mais plena e uma melhor qualidade de vida.

Por meio das práticas religiosa, podem-se distinguir dois tipos de comportamento que ilustram a diferença entre a disciplina que é fruto de uma elevada autoestima e a disciplina que a pessoa se impõe como punição em nível consciente, ou por masoquismo, em nível subconsciente. No primeiro caso, encontram-se os religiosos capazes de grandes e espontâneos atos de amor ao próximo. No segundo estão as pessoas que se utilizam de sua posição hierárquica para descarregar sobre o próximo, geralmente de condição mais humilde, toda a violência de sua baixa autoestima, a pretexto de ensinar disciplina. Está claro que a disciplina de efeito positivo para a pessoa e para a sociedade é aquela que vem de dentro, fruto da autoestima, e não aquela que é imposta de fora.

As posturas básicas

A disciplina, que decorre da capacidade individual para fazer os necessários sacrifícios para o crescimento e o aprimoramento emocional, se manifesta por meio de quatro posturas básicas. A primeira delas é a capacidade de adiar o prazer. Daniel Goleman, ao estudar o fenômeno que chamou de "Inteligência Emocional", descreveu um experimento no qual se deu a um grupo de jovens estudantes a opção entre comer um doce imediatamente ou esperar e ser recompensado com dois doces por essa espera. Segundo Goleman, a investigação do destino dessas crianças mostrou que aquelas que foram capazes de esperar para ter uma recompensa maior posterior obtiveram melhor sucesso na vida adulta. Essa capacidade de adiar o prazer deve ser desenvolvida aos poucos, no processo de educação das crianças, antes da adolescência.

A segunda postura é a de aceitação de responsabilidades. Isso significa que a pessoa deve, a cada tarefa, atingir o limite de suas capacidades e não desistir nem renunciar antes de esgotar todos os seus esforços. Parece óbvio, mas a maioria das pessoas tende a se considerar incapaz de realizar uma tarefa sem realmente tentar usar todas a suas possibilidades. É muito comum ouvir pessoas alegarem que nada podem fazer dizendo: "está fora de meu alcance", quando se vê claramente que há muitas providências e atitudes que poderiam ser tomadas por iniciativa delas.

A condição seguinte é: amor à verdade e respeito à inteligência humana. Novamente, trata-se de um conceito óbvio, mas ocorre que, inúmeras vezes, em uma atitude de desrespeito a si mesmas, as pessoas desconsideram a verdade. Não se deve menosprezar o imenso talento de cada ser humano para enganar a si mesmo. Frequentemente, apesar de uma capacidade intelectual que as permite perceber determinada realidade, as pessoas optam por se enganar, abraçando uma ideia ilusória e fantasiosa, simplesmente por ser emocionalmente mais agradável. Aliás, esse é o principal motivo de as pessoas se valerem da mentira em vez da verdade: a mentira se revela muito mais sedutora do que a verdade. Por isso mesmo, tantas vezes ela é preferida.

Finalmente, a derradeira postura que engloba o processo de autodisciplina: a valorização do equilíbrio emocional. Equilíbrio se traduz na possibilidade de a pessoa amoldar suas atitudes a cada circunstância da vida. Dito de outra forma, o viver mostra a necessidade de se ter diferentes reações para as diversas situações vivenciais. Embora muitas se pareçam entre si, a tentação de reagir da mesma forma sem ter que avaliar as peculiaridades de cada momento é por vezes irresistível, por conta da tendência natural do ser humano a se condicionar a sempre apresentar o mesmo tipo de reação e atitude. Demanda esforço e disciplina a postura de procurar a reação mais adequada em vez de deixar-se levar pela espontaneidade, pelo fato de que, já que se agiu dessa forma em outra oportunidade, por que não fazer o mesmo agora? Popularmente se usa o ditado: "Não se mexe em time que está ganhando", o que revela a profundidade do conservadorismo de cada um e representa a estagnação emocional que faz com que a pessoa se contente com o que já conseguiu sem ambicionar melhorar.

É a autoestima que mobiliza a energia necessária para que a pessoa consiga superar o imobilismo e a inevitável tendência a se conformar com as situações, sem lutar por melhorá-las e transformá-las. Não há dúvida de que foi movida pela autoestima, a humanidade conseguiu construir, manter e aprimorar os costumes e desenvolver as sociedades. E será, certamente, o desenvolvimento dessa mesma autoestima que levará as civilizações a se tornarem mais generosas e mais dignas.

Capítulo 17

Fobias

"Quem diz que nunca teve medo, trata-se de um grande mentiroso."

(Os autores)

A palavra fobia designa todo tipo de medo mórbido. A inclusão desse assunto se justifica porque acreditamos que todo ser humano normal padece de alguma forma mais ou menos branda de fobia e esta, mesmo nas formas leves e controladas, afeta significativamente a qualidade de vida.

As fobias, para efeito didático, podem ser divididas em três grandes categorias: as fobias de espaços abertos ou agorafobias; as fobias específicas, medos irracionais voltados para uma situação ou objeto em particular, tais como: medo de alturas (acrofobia), de espaços fechados (claustrofobia), dos mais variados animais (zoofobias) ou mesmo de objetos e coisas como o fogo (pirofobia), a luz (heliofobia), o escuro (nictofobia) e assim por diante; e as fobias sociais, como o medo de falar (ou de realizar qualquer outro ato) em público, de assinar o nome, etc.

O que é medo

Sendo a fobia um medo mórbido, para melhor compreendê-la precisamos entender o que é o medo. Trata-se de uma reação instintiva do organismo frente a situações de perigo. Assim, o medo tem um objeto: aquilo ou aquele de que se tem medo. Quando surge o medo, uma série de alterações específicas se sucedem no organismo, tanto nos seres humanos quanto nos animais. Uma descarga de adrenalina invade a corrente sanguínea e provoca diversos fenômenos: a aceleração dos batimentos cardíacos, a vasoconstrição das arteríolas superficiais, o aprofundamento e a aceleração da respiração, a liberação de grandes quantidades de açúcar pelo fígado e o aumento da capacidade de coagulação do sangue.

Essas reações têm como finalidade melhor preparar o organismo para enfrentar as situações de perigo. Basicamente existem duas formas de se reagir ao perigo: a luta ou a fuga. Ambas requerem uma pronta resposta do organismo que é facilitada pelos fenômenos anteriormente descritos.

O sangue circula mais rápido e irriga principalmente os músculos, deixando-os prontos para entrar em ação; a vasoconstrição – estreitamento do calibre de artérias e arteríolas – reduz a circulação do sangue periférico, o que ajuda não somente a concentrar o sangue nos músculos, como também a diminuir eventuais sangramentos (isso faz com que a pele fique mais clara, provocando a palidez própria do medo); o aprofundamento da respiração favorece a oxigenação do sangue e provoca a sensação de "falta de ar", também bastante comum em situações de medo; e o açúcar liberado pelo fígado serve de combustível para os músculos.

Tudo isso prepara o organismo para o esforço extra destinado a lidar com a situação de perigo. Essa reação orgânica, denominada "reação de emergência", também ocorre em outras situações em que se exige do organismo um esforço extraordinário, por exemplo em competições esportivas.

Tudo isso que descrevemos ocorre muito rapidamente, em um processo instintivo que não é comandado por nossa razão, mas pela parte mais primitiva e autônoma do cérebro. Podemos dizer que o medo é a emoção que acompanha a reação animal de luta ou fuga desencadeada pela percepção de algum perigo real.

Entre nós, civilizados, a possibilidade de fugir das situações que sentimos como perigosas raramente ocorre, e o medo tende então a se transformar em agressividade e violência, à medida que o excesso de adrenalina fluindo no sangue gera uma tensão que não temos onde descarregar.

Entendendo as fobias

Para que um medo seja caracterizado como fobia é necessário que sua intensidade seja tão grande que provoque um comportamento anormal no indivíduo. É necessário ainda que o medo seja injustificável à luz da razão.

As fobias, por mais diversas que sejam, têm sempre uma explicação dentro da visão psicanalítica da dinâmica emocional. O primeiro médico a tentar uma explicação psicodinâmica das fobias foi o Dr. Le Camus, cirurgião francês que relatou o caso de Jaques I da Inglaterra, com fobia de espadas. Le Camus descobriu que na noite de 9 março de 1566, quatro meses antes do nascimento de Jaques, sua mãe, a rainha Marie Stuart, presenciou a morte de seu amante David Rizzio, por um golpe de espada. A dúvida do médico era se o feto teria sentido o choque emocional experimentado pela mãe de forma a ficar traumatizado ou se teria ela, mais tarde, narrado o fato tão dramaticamente ao filho a ponto de traumatizá-lo. De qualquer modo, a origem traumática da fobia foi a hipótese fundamental de Le Camus.

Sigmund Freud, fundador da Psicanálise, levou avante de modo minucioso o estudo da origem das fobias, abraçando a ideia de sua gênese traumática. Por exemplo, a claustrofobia, medo de lugares fechados (quartos pequenos, elevadores, etc.), teria sua origem nos traumas decorrentes de partos difíceis, em que o nascituro sofreria longamente a angústia da passagem pelo estreito canal de parto. De fato, há pesquisas que correlacionam a grande incidência de claustrofobia com pessoas que sofreram partos excessivamente demorados.

Freud mencionou entre os mecanismos de formação de fobias alguns dos mesmos que descreveu em relação à interpretação de sonhos, como as simbolizações e os deslocamentos. Assim, a agorafobia seria a simbolização de uma liberdade temida, como o medo de uma vida sexual livre; a fobia por cobras, por exemplo, seria um deslocamento da imagem do falo para a imagem do réptil.

Lidando com as fobias

Embora o estudo da dinâmica psicológica seja importante para a compreensão do fenômeno da fobia, para o tratamento pouco importa conhecer qual a sua origem. Uma pessoa pode vir a saber perfeitamente bem a história do trauma do qual resultou sua fobia sem que por isso se livre dela. A cura da fobia depende de um processo de dessensibilização no qual dois fatores desempenham um papel crucial: a capacidade de ter uma visão crítica racional da irracionalidade da fobia e a disposição emocional de superar o medo fóbico.

A capacidade de criticar a fobia por vezes não é tão simples quanto possa parecer, pois há pessoas que argumentam calorosamente em defesa da racionalidade de seu temor, como alguns claustrofóbicos ou a maioria dos aerodromofóbicos (que têm medo de viajar de avião), que fazem questão de ignorar as estatísticas que demonstram ser o avião o mais seguro meio de locomoção. Além disso, é necessário que o fóbico não tenha uma fobia que pouco se percebe, mas que é muito frequente: a fobia de perder sua fobia. Como exemplo, temos o caso de R.M., dona de casa com 50 anos, que apresentava uma intensa fobia a morcegos, o que a impossibilitava de sair da casa de sua fazenda à noite. Apesar de insistentemente convidada a fazer um tratamento experimental e gratuito para a superação da fobia, e por mais que lhe fosse garantido que seria rápido e indolor, inventou as mais inacreditáveis desculpas para evitar a possibilidade de uma cura libertadora de sua fobia. Diante dessa reação, deduz-se que sua fobia a protegia de alguma convivência pior do que a dos morcegos, ou que ela tinha medo da transformação que ocorreria em sua personalidade caso ficasse livre da fobia. Muitas vezes, a fobia funciona como um repressor de sentimentos ou emoções encarados pelo fóbico como pecaminosos.

Uma vez que o fóbico esteja interessado em se livrar de seu padecimento, ele pode aderir a um tratamento. Uma psicoterapia bem orientada, visando robustecer a visão crítica da fobia e a ajudar o indivíduo a conviver com seu medo sem se deixar paralisar por ele, pode ser suficiente para em pouco tempo transformar a fobia em coisa do passado. Um recurso por vezes bastante eficaz reside na dessensibilização da fobia, ou seja, viver a situação fóbica na imaginação, tentando se acostumar com ela, e observando como um espectador a evolução do sentimento de medo. Desse modo, espera-se que o fóbico, aos poucos, acostume-se com a fobia e ela vá progressivamente diminuindo de intensidade.

Um exemplo ilustrativo de dessensibilização refere-se ao caso de uma jovem, A.S., de 20 anos, universitária, com fobia por aranhas: "não posso nem ver pintada", ela dizia. Em uma ocasião em que lhe foi mostrada uma fotografia de uma aranha, de imediato ela afastou a foto tremendo e começou a suar frio. Durante o tratamento lhe foi proposto desenhar uma aranha. A princípio não conseguiu, mas foi orientada para ir caracterizando o desenho aos poucos. Seguindo essa orientação ela desenhou apenas uma cabeça, depois duas patas e assim, gradativamente, conseguiu desenhar um garrancho que parecia uma aranha. A seguir começou a se permitir olhar desenhos mais realistas e, depois, as fotografias que inicialmente não conseguia suportar ver. Chegou a ocasião em que foi capaz de brincar com uma aranha de borracha e olhar a distância aranhas de verdade.

Nesse período, podia-se considerar curada de sua fobia. Animada com os resultados obtidos, ela chegou a se permitir tocar em teias de aranhas e, suprema conquista, usando dois chinelos esmagou uma aranha pendurada na teia. Durante todo o período de terapia, paralelamente ao processo de dessensibilização, ela relatava os significados que acreditava ter a figura do artrópode para ela. Embora estivesse informada da interpretação freudiana de que a aranha é símbolo da genitália feminina, ela nunca conseguiu relacionar sua fobia com algum medo de figuras femininas ou, como seria viável interpretar seguindo os preceitos freudianos, com algum desejo homossexual reprimido.

As fobias do cotidiano

Todos nós, em maior ou menor grau, apresentamos algum comportamento fóbico, muitas vezes sem sequer o perceber. Pode assumir a forma de uma mania, um medo aparentemente justificável ou medo irracional de intensidade aceitável.

É o caso de R.F. de 52 anos, empresário bem-sucedido que toda vez que liga sua televisão vira o rosto porque tem medo de que ela exploda. Não se pode classificar esse medo de fobia porque ele não é tão intenso a ponto de impedir R.F. de ligar o aparelho; não há, portanto, o comportamento irracional a que nos referimos inicialmente.

Outro caso ilustrativo é o de S.M.P., 59 anos, médico, que relata uma fobia *sui generis*. Toda vez que está parado com o carro em um sinal luminoso, principalmente no cruzamento de uma via de alta velocidade, e seu carro é o primeiro da fila surge o mesmo pensamento: o medo de levar uma batida por trás e ser atirado à frente de um veículo em movimento. Isso o faz ficar com o pé firmemente apoiado no pedal de freio, ao mesmo tempo que mantém o freio de mão puxado. Essa situação exemplifica como é por vezes tênue a fronteira entre o medo fóbico e o medo normal, porque existe uma possibilidade real, embora remota, de que o acidente temido ocorra. Entretanto, esse medo deve ser caracterizado como fóbico por estar vinculado a uma possibilidade e não a uma probabilidade, e também por ter uma dinâmica emocional própria. Especificamente nesse caso, S.M.P. passou a apresentar essa fobia depois de ter visto uma cena de um filme na qual um gângster assassinava um desafeto empurrando o carro do inimigo para uma via expressa com seu próprio carro. Por alguma razão, ele ficou cronicamente identificado com a vítima do filme. Outro detalhe interessante nesse caso é que a fobia por vezes desaparece, reaparecendo em períodos de maior tensão emocional; possivelmente em períodos em que se sente mais ameaçado e, consequentemente, sente-se mais perseguido e emocionalmente mais fragilizado.

Um jogo de salão que permite que se tenha conhecimento dessas fobias é perguntar aos presentes qual seu medo secreto ou, de forma mais direta, qual sua fobia. As respostas são na maioria das vezes interessantes; como de um jovem solteiro, muito namorador, que confessou ter um medo enorme de que a Virgem Maria lhe fizesse uma aparição e o convidasse a se tornar padre. "Se ela me aparecer e me chamar, como vou poder recusar?", ele comentou, pesaroso pela ameaça de ter que dar adeus à sua maneira de viver. Como se vê, existem fobias bastante imaginativas.

Problemas fóbicos

Um estudo realizado na Universidade de Colúmbia, em Nova York, mostrou que os fóbicos são particularmente propensos a cometer suicídio, em uma incidência 18 vezes maior do que os que não apresentam o problema. A coordenadora da pesquisa, Dra. Myrna Weissman, psiquiatra, declarou que esse dado oferece mais um motivo para abandonar o conceito de que a fobia seria uma afecção benigna.

Desde 1960, os remédios antidepressivos vêm sendo aplicados com razoável sucesso na tentativa de diminuir a intensidade das reações fóbicas, o que demonstra a validade de se incluírem as fobias entre as doenças psiquiátricas.

Entre as fobias que mais afetam a qualidade de vida se inclui a chamada "síndrome do pânico". Esta geralmente se manifesta por intermédio de uma crise de agorafobia ou de uma fobia social.

Fobias históricas

Frequentemente as fobias são relatadas em filmes, como em *Um Corpo que Cai* (*Vertigo*) de Alfred Hitchcock, em que o personagem caracterizado por James Stewart sofria de medo de altura; e em livros como *1984*, de George Orwell, que mostra a polícia torturando cidadãos colocando-os em contato físico com o objeto de suas fobias – no caso do personagem principal, que sofria de fobia a ratos (mugofobia), colocou-se uma gaiola cheia de ratos amarrada ao seu rosto.

Uma pessoa que adquiriu notoriedade por causa de sua fobia foi a norte-americana Marjorie Goff, que durante 30 anos viveu confinada em seu apartamento em Washington. De 1949 a 1979 só saiu três vezes de casa, sendo que a última vez para se internar na clínica de fobias do Dr. Robert Dupont, de onde saiu totalmente curada dois anos depois.

Na vida real, personagens históricos são descritos como possuidores de fobias, como Napoleão que tinha fobia a gatos (ailurofobia) e o empresário norte-americano Howard Hughes e o cantor Michael Jackson, ambos portadores de fobia a micróbios (bacteriofobia) e conhecidos por viverem isolados e usarem máscaras para se protegerem de contágio. Nessa mesma direção existe uma manifestação de bacteriofobia bastante comum, que é a necessidade de lavar as mãos repetidamente para evitar contaminação. Essa fobia se associa a um outro fenômeno que trataremos a seguir: a compulsão.

Capítulo 18

Compulsões

"Quanto menores são nossas necessidades, mais ficamos parecidos com deuses."

(Sócrates)

Define-se compulsão como uma tendência à repetição. Os psiquiatras usam a palavra para designar os estados patológicos nos quais o ser humano não consegue controlar o impulso para exercer alguma atividade irracional. O interesse maior da Psiquiatria centra-se nas situações mais graves, que se caracterizam pelo grande sofrimento da pessoa com sua própria compulsão. Entre as centenas de diferentes compulsões, as mais comuns como fonte de sofrimento são: a compulsão a fumar, a beber e a abusar de alguma droga, lícita ou ilícita. Todos as pessoas têm compulsões, porém usualmente em pequena escala, uma dimensão que não chega a prejudicar o bem-estar, embora exista um desafio a se tornarem livres delas. A compulsão é também o fundamento de todos os vícios. A reflexão sobre a compulsão em escala neurótica ajuda a compreender as pequenas compulsões do cotidiano.

Neurose obsessiva

A forma mais grave de compulsão é chamada de neurose obsessivo-compulsiva, ou transtorno obsessivo-compulsivo (TOC), e se caracteriza por pensamentos compulsivamente repetitivos, que induzem o enfermo a uma atividade específica, incessantemente repetida, cuja finalidade consiste em afastar os pensamentos. Geralmente o conteúdo desses pensamentos é de violência e ameaça à pessoa tanto de fazer mal a outros como de fazer mal a si mesma, o que costuma levar os portadores desse mal a uma situação de esgotamento mental chamada de psicastenia. Essa forma de compulsão deve ser cuidadosamente tratada por especialistas (psiquiatras); mas as pequenas manifestações compulsivas do dia a dia, com as quais as pessoas lidam e procuram neutralizar, podem ser mais bem compreendidas a partir da investigação do TOC de maneira a melhorar a qualidade de vida.

É comum que, vez por outra, as pessoas mantenham o pensamento fixo em alguma coisa ou que, ao sair de casa, resolvam voltar algumas vezes para checar se apagaram o forno ou se trancaram a porta. Porém, quem sofre de transtorno obsessivo-compulsivo (TOC) torna-se tão preocupado com uma determinada ideia ou tão compelido a verificar e reverificar, que acaba comprometendo todo o andamento da rotina normal do dia.

Difícil, contudo, é estabelecer o limite entre o comportamento lógico (por exemplo, a verificação sistemática das portas, o cuidado repetido com a higiene, etc.) e o levemente patológico ou anormal aceitável, que merece atenção e pode comprometer a vivência do dia a dia sem por vezes ser percebido pela pessoa. É o caso de J.D., uma mulher que levava sua preocupação com a higiene pessoal a ponto de prejudicar as relações sexuais com o marido, ou da dona de casa R.S., que se ocupava compulsivamente com a limpeza e a arrumação da casa, a ponto de levar ao desespero o marido e os filhos adolescentes.

J.L., de 42 anos, dona de casa, enquadrava-se em ambos os comportamentos e nunca conseguia manter uma empregada, eram todas incompetentes ao seu modo de ver. Policiava a atitude dos filhos e do marido, proibindo-os de sujarem ou sequer desarrumarem a casa. Apesar de existir uma relação de carinho e amor entre todos eles, o clima se tornou tão insuportável que o marido pensou em se separar. Só então ela procurou uma terapia de apoio para ajudá-la a lidar com o sofrimento causado pela iminente ruína de seu casamento. Para sua surpresa, o terapeuta valorizou mais seu comportamento obsessivo do que a anunciada separação. Alertada para o fato de que deveria mudar sua maneira de conduzir os cuidados com o lar, J.L. conseguiu uma surpreendente mudança em seu modo de agir, o que – para sua felicidade – fez com que o marido recuasse da intenção de separação.

Outro caso representativo de uma dificuldade bastante frequente foi de N.A., advogado recém-formado de 25 anos, que conseguiu a partir dos contatos do pai uma contratação por um importante escritório de advocacia. Empolgadíssimo com seu novo emprego, ele acordava às 5 horas da manhã para ter tempo de se preparar, mas só conseguia sair de casa depois das 8 horas. Isso se devia ao fato de que N.A. verificava repetida e incansavelmente se estava levando para o escritório todo o material de trabalho, além do longo tempo que levava na sua higiene pessoal e na escolha da roupa que deveria vestir a cada dia. Provava três, quatro ou mais vezes cada roupa e chegava a sair com duas ou três gravatas sobressalentes no bolso do paletó. Uma coisa que seria aceitável em um dia especial era inadequada na rotina cotidiana. Apesar de se mostrar competente como advogado e de manter excelente relação pessoal com os colegas e superiores, não conseguia ser eficiente no cumprimento de suas tarefas, porque para cada relatório e parecer ele gastava um tempo extraordinário relendo o que escrevia à procura de possíveis falhas. Seu desejo de apresentar um texto perfeito acabava por impedi-lo de concluir o trabalho no prazo necessário. Isso acabou por fazer com que perdesse o emprego tão desejado.

Existem situações mais graves e mais evidentes, como as obsessões, que são pensamentos, medos ou impulsos indesejáveis, desagradáveis e repetitivos que causam ansiedade. Ou as compulsões, que se traduzem em comportamentos repetitivos e ritualísticos, os quais as pessoas se sentem compelidas a praticar para diminuir a sua ansiedade. Mesmo sabendo que seus pensamentos e comportamentos não fazem sentido, os portadores de TOC não conseguem deixá-los de lado.

Muitos escondem os sintomas do problema da família e dos amigos, pois sentem-se com medo e envergonhados demais para procurar ajuda – temem serem considerados loucos. Também pode acontecer que o portador de TOC venha a ter depressão ou ansiedade, mas é muito difícil determinar qual condição estabelece-se primeiro. Como consequência, os especialistas costumam tratar a depressão e a ansiedade nitidamente detectáveis, deixando de lado o TOC, porque o paciente mostra-se muito relutante em falar ao médico sobre seus comportamentos obsessivos e/ou compulsivos. Esse distúrbio começa a se manifestar entre os 20 e 25 anos de idade, acometendo igualmente homens e mulheres.

Causas

Teorias recentes indicam que o TOC é um distúrbio biológico, envolvendo um desequilíbrio no cérebro do neurotransmissor serotonina, substância química responsável pelo envio de impulsos de uma célula nervosa para outra. O uso de certos medicamentos pode ajudar a corrigir esse desequilíbrio.

Outra origem provável é comportamental: os portadores de TOC aprenderam de algum modo a ficar como que magnetizados por pensamentos e imagens horríveis. E embora o estresse não seja uma causa direta do problema, uma situação estressante – como a morte de alguma pessoa querida, o nascimento de uma criança ou um divórcio – pode desencadear uma crise do transtorno. Como a pessoa se sente mal e não consegue evitar os pensamentos obsessivos, passa a criar um ritual, uma compulsão, na tentativa de afastá-los. Por exemplo, ela pode ser acometida de ideias horríveis sobre germes e contaminação, passando então a lavar as mãos diversas vezes ao dia, chegando a ferir a pele.

O prazer na repetição

Freud observou em crianças pequenas a importância da repetição dos mesmos movimentos e jogos. Quem já cuidou de um bebê sabe o quanto eles apreciam brincadeiras em que a graça toda está na repetição de um gesto, um som, um movimento. Ao redor dos seis meses a criança demonstra sua alegria rindo às gargalhadas apenas porque uma pessoa repete incessantemente com ela o mesmo gesto. Há uma consciência de cumplicidade e a segurança de saber o que vai acontecer, fatores emocionais que fazem com que o bebê tenha um enorme prazer em ver repetida a mesma cena.

Mais tarde, as crianças se comprazem em ouvir incansavelmente a mesma história e chegam a cobrar dos pais quando estes modificam algum detalhe, por vezes até apenas uma palavra. Leem diversas vezes o mesmo livro, assistem incessantemente ao mesmo vídeo e parece que o grande prazer decorre do sentimento de onisciência por se sentirem capazes de saber de antemão o que vai acontecer. Nada de novo acontece e nenhum perigo emocional se corre.

Lidando com a compulsão

A tradicional proposta psicanalítica para resolver problemas emocionais consiste em vasculhar o passado do paciente à procura da situação traumática que teria desencadeado a neurose. Tal investigação é considerada uma forma de tratamento, mas para desenvolvê-lo é necessária a participação de um psicanalista. Se a pessoa enfrenta sozinha a situação, precisa de um método que garanta resultados sem a colaboração de um profissional qualificado. Esse método é possível, porém extremamente desgastante. Consiste na utilização pela pessoa de seus esforços e de sua energia, contrapondo-se à quase irresistível vontade de praticar a compulsão. Por vezes isso é possível, mas representa uma tarefa hercúlea, na qual os resultados são dignos dos maiores aplausos, pois é preciso muito esforço e aplicação para conseguir vencer uma compulsão intensa e muito arraigada.

A espiritualidade

Atualmente, há uma compreensão dos aspectos físicos e emocionais dessa questão, mas muito pouco sobre uma visão espiritual. Em seu livro *Blessed are the Addicts* (Benditos Sejam os Viciados), o padre John Martin (católico americano) desenvolve uma abordagem espiritualizada do problema da compulsão e dos vícios que ela acarreta. Esse ponto de vista esclarece por que o trabalho dos Alcoólicos Anônimos, basicamente fundamentado no fortalecimento da espiritualidade, tem sido tão eficaz no tratamento dos viciados a ponto de se ter ramificado no tratamento de outras formas de compulsão por meio dos Narcóticos Anônimos, dos Comedores Compulsivos Anônimos e tantos outros mais, além de se ter espalhado por mais de uma centena de países.

Se a pessoa se dá conta de que determinada substância prejudica a sua saúde deveria tranquilamente se afastar dela, mesmo se se tratasse, por exemplo, de uma comida muita apreciada. Em tese, poderia apenas haver uma certa tristeza por não se poder fazer uso daquele alimento. Contudo, o viciado se caracteriza por ter uma relação com seu vício que transcende o mero gostar. O vício significa mais do que qualquer outra coisa em sua vida, esta é a característica fundamental do vício: trata-se de uma relação transcendental, quase tão transcendental como a busca espiritual de cada ser humano. Não se deve esquecer de que o uso de drogas é frequentemente parte essencial da estrutura ritual de diversas religiões. O próprio Cristianismo tem na eucaristia, em que uma pequena porção de vinho é consumida, um dos pontos culminantes da missa, o ritual mais importante da religião.

Mesmo nas pequenas compulsões, tais como – modernamente – o uso incessante do computador e as horas diárias dedicadas à Internet, temos o elemento de religiosidade presente, juntamente com a, por vezes insuperável, compulsão a continuar mais um pouco, à custa das necessárias horas de sono e que até geram riscos para a saúde. Uma das doenças hoje mais frequentes em medicina ocupacional é a lesão por esforço repetitivo (LER), ocasionada por atos de repetição muito comuns nos usuários constantes de computador.

Sintomas de compulsão

Encontram-se listados a seguir os principais sinais que indicam que a pessoa pode sofrer de TOC:

* Ausência frequente no trabalho ou na escola.
* Comportamentos repetitivos.
* Indagações constantes e necessidade de se certificar de seus próprios atos.
* Execução de tarefas simples em um período mais longo do que o habitual.
* Atrasos constantes.
* Aumento do interesse por pequenas coisas e detalhes, extrema minuciosidade.
* Reações emocionais extremas a acontecimentos de pouca importância.
* Incapacidade para dormir adequadamente.
* Impossibilidade para adormecer antes de colocar a casa em ordem.
* Mudanças inexplicáveis nos hábitos alimentares.
* Fuga injustificada de determinadas situações.
* Transformação da rotina cotidiana em uma luta.

Segue-se uma lista dos principais pensamentos obsessivos (intrusos), pois em geral o TOC faz com que a pessoa tenha pensamentos ruminativos, difíceis de serem afastados com a vontade. Os temas mais comuns desses pensamentos são:

* Medo de contaminação: aversão a germes, sujeira, suor, medo infundado de se contaminar pela Aids; medo de câncer, de produtos químicos, de radiação, etc.

* Medo infundado de fazer mal a alguém: seja transmitindo doenças, atropelando um pedestre, etc.

* Temas violentos: ter pensamentos horríveis sobre matar o filho, matar alguém, etc.

* Temas profissionais: terror infundado de perder tudo, ser demitido e humilhado, etc.

Medo de cometer um erro: por exemplo, incendiar ou inundar a casa, perder algo valioso ou levar a empresa à falência.

Medo de se comportar de maneira errada diante da sociedade: suando em excesso, falando coisas erradas, sendo vulgar...

Esses pensamentos são mal recebidos, se introduzem à força, surgem do interior da pessoa sem qualquer estímulo externo desencadeante. Normalmente, ela encontra muita dificuldade para repelir esses pensamentos. Um dos recursos de que a pessoa se utiliza para diminuir a ansiedade provocada pelos pensamentos obsessivos é o uso de rituais que, com o tempo, acabam se tornando obrigatórios, compulsivos.

Comportamentos compulsivos

Segue uma lista dos principais comportamentos compulsivos (ritualísticos):

* Verificação: checar, repetidas vezes, se as luzes foram apagadas, se torneiras e saídas de gás estão fechadas, se as portas estão trancadas, etc.

* Contar e repetir: contar até certo número ou contar objetos diversas vezes.

* Colecionar: juntar coisas sem uma finalidade, como quinquilharias, jornais velhos, caixas vazias, tampas de refrigerantes, etc.

* Limpar e lavar: lavar as mãos, tomar banho ou limpar alguma coisa repetidamente, às vezes por horas a fio.

* Arrumar e organizar: arrumar os objetos em perfeita simetria ou em determinada ordem. Exemplo: camisas e meias guardadas sempre de uma mesma forma.

* Rituais de destino: como ter que levantar sempre com o pé direito, entrar em um elevador de determinada forma, etc.

* Tricotilomania: compulsão a arrancar os próprios pelos do corpo.

* Cleptomania: compulsão a roubar.

Distúrbios alimentares

Outros aspectos do TOC se situam na área da alimentação:

* Compulsão alimentar: trata-se de um distúrbio que se assemelha à bulimia e se caracteriza por episódios repetidos em que a pessoa come uma quantidade muito grande de alimentos de maneira descontrolada, compulsiva. Só que, ao contrário da bulimia, não se utiliza de meios para se livrar do excesso de alimento ingerido, como o ato de provocar o vômito.

As pessoas com compulsão alimentar costumam perder o controle delas mesmas quando comem. E quando estão estressadas, comem uma enorme quantidade de comida e só param quando se sentem completamente empanzinadas e com grande desconforto, muitas vezes ao ponto de sentir náuseas. A maioria das pessoas que sofre desse problema é obesa ou tem um histórico de flutuação de peso.

Por conta disso, elas estão também sujeitas a sérios problemas de saúde associados à obesidade, como colesterol alto, hipertensão e diabetes. Pessoas que sofrem de compulsão alimentar têm também uma forte tendência a desenvolver outros problemas psiquiátricos, como depressão.

* Anorexia nervosa (compulsão a não comer): trata-se de pessoas que se privam da alimentação intencionalmente e podem, com o tempo, vir a sofrer desse distúrbio. Essa desordem alimentar, que costuma ter início na adolescência, se caracteriza por uma perda de peso extrema (no mínimo 15% do peso normal, sem qualquer razão médica conhecida). Suas vítimas normalmente são magras, mas mesmo assim insistem em acreditar que têm excesso de peso. Por alguma razão, manifestam enorme temor de engordar. Assim, alimentos e peso tornam-se suas obsessões. Em alguns casos, aparecem

certos comportamentos compulsivos, tais como estranhos rituais alimentares e recusa para comer na frente dos outros. Costumam, também, se engajar em uma séria rotina de exercícios, sempre motivadas pelo receio de chegar a acumular quilos extras.

Em alguns casos de anorexia, a privação da alimentação pode provocar a deterioração de órgãos vitais, como coração e cérebro. Para se proteger, o organismo diminui a velocidade de seu metabolismo. Nas mulheres, costuma surgir amenorreia (a interrupção da menstruação). Funções vitais, como respiração e pressão sanguínea diminuem, e o funcionamento da glândula tireoide torna-se mais lento. Muitas pessoas com o distúrbio sofrem também de outros problemas psiquiátricos, como depressão, ansiedade, dependência de drogas ou de álcool, problemas de obsessão e compulsão, e algumas chegam a apresentar têm tendência suicida.

* Bulimia: pessoas que sofrem de bulimia consomem uma grande quantidade de alimento durante episódios de compulsão alimentar e utilizam, em seguida, métodos para livrar o corpo do excesso de calorias ingeridas, por meio de práticas como provocar o vômito, tomar laxantes ou diuréticos, ingerir inibidores de apetite ou praticar exercícios obsessivamente. Algumas pessoas se utilizam de vários desses recursos para evitar o aumento de peso.

Normalmente essas pessoas mantêm em segredo suas atitudes, já que costumam sempre apresentar o peso normal ou um pouco abaixo do normal. Graças a isso, podem esconder o problema durante anos. A bulimia costuma ter início na puberdade e se desenvolve principalmente entre as mulheres, embora também atinja alguns homens. Muitas pessoas que sofrem da doença só vão procurar ajuda para tratá-la por volta de 30 ou 40 anos de idade, porque se sentem bastante envergonhadas em revelar seu comportamento. Algumas lutam também contra a dependência de drogas e álcool, e podem sofrer de depressão, ansiedade e TOC.

A compulsão a comprar

O consumidor compulsivo compra impulsiva e excessivamente para compensar alguma insatisfação emocional (costuma sentir falta de carinho, afeto ou importância social). Muitas vezes, gasta mais do que poderia. Esse vício do consumo incessante ataca principalmente as pessoas que têm problemas em aceitar limites e regras.

É também frequente em quem sofre de depressão. Na maioria dos casos, tal comportamento é associado a algum outro TOC e a um alto nível de impulsividade.

O sexo compulsivo

A sexualidade, assim como qualquer outra forma de desejo (como o de comer e o de beber), pode ser mal utilizada. De acordo com as estatísticas atuais, a compulsão sexual vem se tornando o principal alvo da atenção dos sexólogos, superando os grandes dramas anteriores, como ejaculação precoce no homem e a ausência de orgasmo na mulher. O problema – que atinge principalmente os homens – pode se caracterizar por exageros na masturbação, voyeurismo, abuso sexual de crianças, telefonemas obscenos, sexo com prostitutas, etc.

A compulsão sexual costuma ter raízes na infância, em geral naqueles períodos em que os impulsos são difíceis de serem contidos e chegam mesmo a ficar incontroláveis. Enquanto busca reprimi-los internamente, o jovem, ao sair da adolescência e entrar na idade adulta, é atingido por uma sociedade eminentemente repressora e procura extravasar sua ansiedade com algum tipo de compulsão. Surgem então os vícios, como drogas, álcool e o sexo, porque a principal função de qualquer vício é justamente a redução da ansiedade. Nessa questão, a palavra vício está entendida lato senso, pois se trata de comportamento prejudicial à pessoa e compulsivo, embora não envolva dependência a uma substância química.

O sexo, por si só, é visto como uma forma de liberação. Após o orgasmo, a pessoa se sente plenamente satisfeita. Porém, 20 minutos mais tarde a sensação passa. E como hoje a sociedade está dominada pelo estresse, o sexo compulsivo torna-se cada vez mais frequente como uma válvula de escape. Quem é compulsivo por sexo nunca se sente satisfeito o bastante: precisa de relações complementares sempre mais intensas. Como resultado, passa a desprezar o emprego, o(a) companheiro(a), a própria saúde. A compulsão o induz a tudo: mentir, manipular, explorar, levando ao desmoronamento de sua vida pessoal e profissional. O sexo compulsivo tem como único objetivo a gratificação sexual, não havendo lugar para carinho e intimidade.

Além das formas de tratamento convencionais abordadas a seguir, a pessoa que sofre do problema pode encontrar ajuda junto a um sexólogo e, também, em grupos de mútua ajuda, como o Dependentes de Amor e Sexo Anônimos (DASA).

Tratamentos

Pesquisas demonstraram que o tratamento eficaz para as compulsões se baseia na conjugação de medicamentos apropriados e psicoterapias. Os medicamentos usados são potentes inibidores da recaptação de serotonina, capazes de normalizar o equilíbrio desse neurotransmissor no cérebro. Entre as terapias destacam-se a comportamental, que ensina a pessoa a resistir a compulsões e obsessões, ajudando-a a confrontar os seus medos, reduzindo, assim, a ansiedade gradualmente, afastando-a da prática dos rituais. É possível também obter sucesso com a psicanálise, com psicoterapias de base analítica e terapias corporais.

Algumas estatísticas

* Segundo um estudo epidemiológico realizado nos Estados Unidos, em 1987, o TOC acomete cerca de 3% da população mundial.

* Estima-se que 5 milhões de pessoas nos Estados Unidos sofram de TOC, afetando igualmente homens, mulheres, crianças, de todas as raças, religiões e situações socioeconômicas. No Brasil, estima-se que o problema atinja aproximadamente 3 milhões de pessoas.

* Oitenta por cento dos portadores de TOC sofrem ao mesmo tempo de obsessão e compulsão. Apenas 20% apresentam apenas uma dessas condições.

Conclusões

Se uma pessoa percebe que um ritual, com o objetivo de diminuir sua ansiedade, está piorando sua qualidade de vida, ela deve se tratar. Ao tomar conhecimento dos casos graves de compulsão, muitas vezes a pessoa pode se sentir estimulada a enfrentar e resolver seus pequenos problemas compulsivos. Quando percebe em si mesma aspectos compulsivos, a pessoa passa a apresentar uma atitude mais amistosa e tolerante para com as compulsões alheias.

Capítulo 19

Depressão

*"Experiência não é o que nos acontece,
mas o que fazemos com que nos acontece."*

(Aldous Huxley)

Alguns autores defendem a ideia de que a depressão seria a doença da vaidade. Argumentam eles que o deprimido sente tristeza e raiva (principalmente de si mesmo) por não estar sendo capaz de atender às expectativas, em geral grandiosas, que criou para sua própria vida. Trata-se de um ponto de vista que não pode ser aceito radicalmente – pois os estados depressivos contêm muito mais do que simplesmente o ódio a si mesmo por um desempenho aquém da expectativa criada –, mas ajuda a focalizar a atenção de quem observa a depressão em um aspecto quase sempre presente: a imensa autoexigência que está subjacente à maioria das depressões.

A Psiquiatria estuda a depressão como uma doença que exige um tratamento meticuloso e complexo, incluindo vários tipos de remédios e diferentes formas de psicoterapia, além de, eventualmente, outras intervenções médicas como eletrochoques e estimulações corticais. Além de ser uma importante condição mórbida estudada pela Psiquiatria, como será detalhado adiante, a depressão é também uma situação emocional comum a todas as pessoas. O principal objeto de interesse neste capítulo é exatamente a depressão como ocorrência frequente na vida de todos, e quais as possíveis intervenções que podem ser feitas para melhorar as condições emocionais das pessoas, quando elas estão abaladas por uma situação depressiva.

Tristeza e depressão moderadas

É necessário distinguir a depressão da tristeza, que aparece quando sofremos alguma perda, ou do desapontamento que se segue à frustração de uma expectativa. O que caracteriza a depressão é a ausência de uma circunstância que justifique seu aparecimento ou sua continuação. Muitas vezes uma tristeza ou um desapontamento desencadeiam uma depressão, isso acontece quando, depois de um tempo razoável, a pessoa continua apresentando um comportamento depressivo, em vez de voltar ao normal.

Existem sintomas de depressão que se confundem com outras condições, por exemplo: a insônia, a falta de apetite (inclusive sexual), diminuição da energia, fadiga e cansaço fácil, e alguns sintomas físicos que não respondem a tratamento médico, tais como dores crônicas e distúrbios digestivos. Outros sintomas podem ser a diminuição da capacidade de concentração e a dificuldade para a tomada de decisões.

Podem surgir ainda sintomas paradoxais como excesso de apetite, irritabilidade e agressividade, inquietação e um despertar matinal precoce. O que caracteriza o estado depressivo nesses casos é o baixo rendimento das atividades da pessoa. É comum que médicos clínicos encontrem diversos sintomas desconexos de doenças físicas que, quando pesquisados, não revelam nenhuma enfermidade em seu paciente. Com o tempo, acabam percebendo estar frente a um quadro de depressão que poderia ser chamado de depressão mascarada. A dificuldade de diagnóstico se deve ao fato de que os pacientes costumeiramente não relatam seus sintomas depressivos por considerá-los ocorrências normais.

A dinâmica da depressão

No mundo em que vivemos, a depressão muitas vezes aparece como uma manifestação de uma insatisfação crônica com a vida. Nesse caso a depressão não é a doença a ser tratada, mas o sintoma a ser considerado, ou seja, a depressão indica que a vida do deprimido está sendo frustrante, insatisfatória e aquém do potencial e das expectativas dele mesmo. Nessas circunstâncias não devemos pensar em tratar a depressão, mas em trabalhar no sentido de uma modificação da maneira de viver. Todavia, é importante ressaltar que por vezes não é a vida da pessoa que é frustrante, mas o exacerbamento do senso crítico e um excesso de exigência fazem com que o deprimido fique permanentemente insatisfeito consigo mesmo.

Uma situação que frequentemente leva à depressão é ocorrência da aposentadoria, pela sensação de falta de sentido para a vida que costuma acometer aqueles que trabalharam durante muitos anos e não sabem como aproveitar o tempo livre. Um importante fator para essa forma de depressão consiste na perda do prestígio e do reconhecimento desfrutados durante uma vida profissional plena. Outra situação que agrava a depressão no idoso é a falta de objetivos a cumprir, que costuma se acompanhar de um sentimento de inutilidade e desesperança.

Um pouco de teoria

Melanie Klein, uma importante psicanalista radicada na Inglaterra, onde criou uma escola de psicanálise fundamentada em suas observações de análises de crianças pequenas, construiu uma tese sobre o desenvolvimento emocional do ser humano, desde sua mais remota infância, na qual ela descreveu uma posição depressiva que ocorreria normalmente em todos os bebês. Esse fenômeno aconteceria por volta do segundo semestre de vida, e seria fruto da conscientização, desenvolvida pela criança, de suas limitações e fragilidades e, principalmente, de sua falta de capacidade para lidar com as emoções, sobretudo os sentimentos agressivos. Essa posição depressiva já seria um progresso em relação a uma situação anterior que se caracterizaria por uma total ausência de consciência da realidade, a posição esquizoide-paranoide, característica dos primeiros meses de vida. Isso significa dizer que todos os seres humanos teriam, em sua origem, a experiência da depressão.

Modernamente, os psicoterapeutas enfocam a importância do desenvolvimento da capacidade de renúncia como a qualidade capaz de prevenir e resolver situações de depressão. Existem condições, desejos e atitudes que precisam serem renunciados para o pleno desenvolvimento de um estado adulto maduro e sadio. Entre estes é possível listar o estado infantil, no qual nenhuma demanda pode deixar de ser atendida. Muitas pessoas conservam no fundo de sua alma (nos piores casos na superfície dela...) a atitude facilmente reconhecível nas crianças de não suportar que seus desejos não sejam prontamente atendidos. Com o crescimento, instala-se o predomínio do que Freud chamou de "o princípio da realidade" sobre o princípio do prazer. Assim, as demandas pessoais são adiadas ou canceladas frente a uma realidade adversa ao seu atendimento.

A prática

É necessário que cada pessoa observe se está habitualmente sendo capaz de administrar suas emoções e se pode reagir de forma adequada aos acontecimentos. Há pessoas que têm maior tendência a reagir ficando deprimidas quando em situações desfavoráveis. Como pai ou professor, cada um pode ajudar os jovens a lidar com suas tendências depressivas. Por vezes um jovem entra em "fossa" (uma aparentemente intensa depressão) e passa dias sem querer comer ou sair de casa por um acontecimento fortuito, como a interrupção de um namoro. Em outros casos, com receio de ambicionar demais e em uma tentativa de evitar autocobranças, algumas pessoas se acomodam com uma vida em preto e branco quando poderiam buscar o colorido da existência.

L.L., herdeiro de uma grande fortuna, sempre se amargurava com as pequenas perdas que eventualmente ocorriam em seus múltiplos negócios. Por mais estranho que possa parecer, tinha a maior dificuldade em saborear os ganhos auferidos, bem como usufruir plenamente de seu vultoso patrimônio. Com relutância, acabou por perceber que seu sofrido comportamento estava relacionado a um estado depressivo crônico. A conselho de seu clínico procurou um psiquiatra que facilmente corrigiu a situação com auxílio de medicação antidepressiva.

Estatísticas

As informações seguintes foram colhidas do National Institute of Mental Health (Estados Unidos), da Sociedade Brasileira de Psiquiatria Clínica e do site "Mental Help" na Internet.

* A depressão se enquadra dentro dos distúrbios afetivos, que atingem cerca de 340 milhões de pessoas no mundo todo em algum momento de suas vidas (dados da OMS).

* Apenas nos Estados Unidos, a depressão custa US$ 44 bilhões anuais, quantia semelhante aos gastos resultantes de doenças cardíacas. Isso representa 30% do custo anual total estimado de US$ 148 bilhões para todas as doenças mentais (dados da OMS).

* A pior consequência da depressão é o suicídio. Junto ao abuso de álcool e drogas e psicose, a depressão está relacionada a pelo menos 60% dos suicídios, que em 1990 totalizaram 1,6% de todas as mortes ocorridas no mundo (dado da OMS).

* Estima-se que, nos países desenvolvidos, a depressão seja a quinta principal causa de doenças entre mulheres e a sétima entre os homens (dados da OMS).

* Mais de 15 milhões de americanos sofrem de depressão (dados do NIMH).

* Aproximadamente 80% das pessoas com depressão podem ser tratadas com sucesso por meio de medicação, psicoterapia ou a combinação desses dois recursos terapêuticos (dados do NIMH).

* Estima-se que 8% das pessoas adultas sofrem de uma doença depressiva em algum período da vida (dados da Sociedade Brasileira de Psiquiatria Clínica).

A abrangência da depressão

Por incrível que pareça, a depressão é uma doença que atinge todo o organismo, pois compromete o corpo, o humor e os pensamentos. Afeta a forma como a pessoa se alimenta e dorme, como se sente em relação a ela mesma e o que pensa sobre as coisas. Um distúrbio depressivo não é o mesmo que uma simples melancolia, estar "na fossa" ou "de baixo astral". Também não é sinal de fraqueza ou uma condição que possa ser superada apenas pela vontade ou com esforço individual. As pessoas com doença depressiva não podem simplesmente se recompor e melhorar por conta própria: sem tratamento, os sintomas podem durar semanas, meses ou anos. O tratamento adequado, por outro lado, é capaz de ajudar a maioria das pessoas que sofrem do problema.

Tipos mais frequentes de depressão

A depressão maior caracteriza-se por uma combinação de sintomas (descritos a seguir) que interferem na capacidade de trabalhar, dormir, comer e desfrutar de atividades anteriormente consideradas agradáveis pela pessoa. O prazer torna-se coisa do passado. Esses episódios depressivos incapacitantes podem ocorrer uma, duas ou várias vezes durante a vida.

A distimia é um tipo menos grave de depressão que envolve sintomas crônicos e prolongados, não tão incapacitantes, mas que impedem a plena possibilidade de ação da pessoa e que ela se sinta bem. Pessoas com distimia podem, às vezes, apresentar episódios de depressão maior.

O distúrbio bipolar (doença maníaco-depressiva) não é tão frequente quanto as outras formas de doenças depressivas e caracteriza-se por ciclos de depressão e euforia, ou mania. Essas oscilações de humor, em geral, ocorrem gradualmente, mas às vezes são repentinas e acentuadas. Tanto no ciclo depressivo quanto no ciclo maníaco podem se apresentar alguns ou todos os sintomas correspondentes a cada um desses ciclos. A mania, em geral, afeta o pensamento, o julgamento (senso crítico) e o comportamento social, causando graves problemas e constrangimentos. Por exemplo, uma pessoa em fase maníaca pode tomar decisões profissionais ou financeiras insensatas. O distúrbio bipolar frequentemente é uma condição crônica recorrente.

Sintomas

Nem todas as pessoas com depressão ou mania apresentam todos os sintomas relacionados a seguir. Algumas apresentam poucos, outras, muitos. A gravidade dos sintomas também varia de pessoa para pessoa. Esta é uma lista bastante completa de toda a sintomatologia possível das depressões e dos estados depressivos: tristeza persistente, ansiedade ou sensação de vazio, sentimentos de desesperança, pessimismo, de culpa, inutilidade, desamparo, perda do interesse ou prazer em hobbies e atividades que anteriormente causavam prazer, incluindo a atividade sexual, insônia, despertar matinal precoce ou sonolência excessiva, perda de apetite e/ou de peso, ou excesso de apetite e ganho de peso, diminuição da energia, fadiga, sensação de desânimo, ideias de morte ou suicídio, tentativas de suicídio, inquietação, irritabilidade, dificuldade para se concentrar, recordar e tomar decisões. E sintomas físicos e persistentes, que não respondem a tratamento, como dor de cabeça, distúrbios digestivos e dor crônica.

Nos estados maníacos, da psicose bipolar, encontram-se os seguintes sintomas: euforia inadequada, irritabilidade inadequada, insônia grave, ideias de grandeza, aumento do discurso (tagarelice), pensamentos desconexos ou muito rápidos, aumento do interesse sexual, aumento acentuado da energia, redução do senso crítico, comportamento social inadequado. No ambiente de trabalho, costuma-se reconhecer a depressão na pessoa que apresenta os seguintes sintomas: produtividade diminuída, problemas morais, ausência de cooperatividade, problemas de segurança com acidentes, absenteísmo, reclamações frequentes de cansaço e também de dores inexplicadas, abuso de álcool e de drogas.

Principais causas da depressão

Alguns tipos de depressão acontecem em uma mesma família. Estudos mostram que filhos de pais deprimidos apresentam mais chances de sofrer de depressão, indicando que uma vulnerabilidade biológica pode ser herdada. Esse parece ser o caso do distúrbio bipolar. Estudos feitos com famílias nas quais os membros de cada geração desenvolveram distúrbio bipolar mostraram que as pessoas com a doença tinham, de alguma maneira, uma ordem genética diferente daquelas que não apresentavam a doença. Porém, nem todos que tinham essa vulnerabilidade desenvolveram o distúrbio. Aparentemente, fatores adicionais, como uma situação estressante, estariam envolvidos no seu desencadeamento. A doença bipolar, de todas as enfermidades psiquiátricas, é a que tem a maior evidência de herança genética. Para poder comparar, assinale-se que na população média a incidência dessa doença é de 0,4%. Para filhos de pais com a enfermidade, a probabilidade de ter a doença chega a 23%. Existem condições orgânicas adversas, até genéticas, que têm a ver com reações químicas cerebrais, excesso ou falta de determinadas substâncias neurotransmissoras, como as serotoninas e dopaminas.

A depressão maior também parece ocorrer em algumas famílias, de geração em geração. No entanto, também pode acontecer em pessoas que não têm histórico familiar da doença. Herdada ou não, a depressão maior é frequentemente associada com o fato de se ter muita ou pouca quantidade de certos neurotransmissores.

Fatores psicológicos também deixam a pessoa mais vulnerável à depressão. Quem sofre de baixa autoestima, pessimismo e estresse está mais vulnerável ao distúrbio. Uma perda difícil, doença crônica, dificuldade no relacionamento, problema financeiro ou mudança inesperada também podem levar à doença.

Os idosos, vítimas em potencial da depressão, podem ter o distúrbio desencadeado decorrente de fatores como doença súbita e de longa duração, AVCs, certos tipos de câncer, diabetes, mal de Parkinson e problemas hormonais; e como efeito colateral de certos medicamentos, por exemplo, os usados para tratar hipertensão e artrite. Isso sem falar na mudança do estilo de vida do idoso após a aposentadoria, que também pode deixá-lo deprimido.

Diagnóstico

O primeiro passo para se iniciar o tratamento apropriado é ter em mãos uma boa avaliação diagnóstica, por meio de exames físicos e psicológicos que realmente determinarão se a pessoa sofre de depressão e o seu tipo. Até porque, certos medicamentos e algumas doenças podem causar sintomas de depressão, e o exame médico pode verificar essa possibilidade com auxílio da entrevista e dos exames físicos e laboratoriais.

Uma boa avaliação diagnóstica deve incluir a história completa dos sintomas do paciente: quando começaram, há quanto tempo duram, qual a intensidade deles e se já ocorreram antes (nesse caso, se já foi feito tratamento e de que tipo). O médico deve perguntar sobre o uso de álcool e drogas, e se a pessoa pensa em morte ou suicídio. Além disso, deve procurar saber sobre a ocorrência da doença depressiva nos familiares da pessoa e, em caso afirmativo, os tratamentos que possam ter recebido para a depressão e sua eficácia. Deve, também, fazer um exame mental para verificar se a memória e os padrões de fala e pensamento foram afetados, como costuma acontecer nos casos de distúrbio bipolar.

Tratamento

Um dos maiores obstáculos para o tratamento da depressão é a própria pessoa. Muitas vítimas da doença acham que o problema irá se resolver sozinho ou que procurar ajuda é um sinal de fraqueza ou falha moral. Porém, deveriam saber que a depressão tem tratamento. Até o mais grave caso pode ser tratado com sucesso, geralmente em questão de semanas. Há três tipos de tratamentos principais:

Medicação – os quatro principais tipos de drogas utilizadas são os antidepressivos tricíclicos, os inibidores da monoamina oxidase (conhecidos como IMAOs), os inibidores específicos da recaptação da serotonina e outros, e o lítio. Todos eles alteram a ação dos neurotransmissores cerebrais, a fim de melhorar o humor, o sono, o apetite, os níveis de energia e a concentração.

Psicoterapia – outra forma eficaz, pelo menos como coadjuvante para tratar certos tipos de depressão, principalmente as menos graves, é a psicoterapia. Terapias de curta duração (cerca de 12 a 20 sessões) desenvolvidas para tratar a depressão focalizam-se nos sintomas específicos da doença. A terapia cognitiva ajuda o paciente a reconhecer e a mudar seus padrões negativos de pensamento. A terapia interpessoal trabalha mais efetivamente o relacionamento do paciente com outras pessoas, já que melhorar essa questão ajuda a reduzir os sintomas depressivos. A psicanálise pode, em longo prazo, reformular estruturas básicas da personalidade da pessoa e, assim, reforçar sua capacidade de superar seus aspectos depressivos.

Tratamentos biológicos – algumas depressões respondem melhor à terapia eletroconvulsiva: o eletrochoque. Este é indicado para quando os medicamentos não podem ser usados ou não surtiram efeito. A maior dificuldade no uso do eletrochoque está na dramaticidade de sua aplicação e em uma resistência, principalmente por parte dos familiares do paciente em virtude de um preconceito indevido, porém muito difundido no Brasil.

Muitas vezes, esses recursos terapêuticos podem ser usados em combinação. Se após várias semanas de tratamento os sintomas não melhorarem, o tratamento deve ser reavaliado. As pessoas com depressão também podem encontrar apoio em grupos de ajuda, paralelamente a seus tratamentos.

Autoajuda

Os distúrbios depressivos deixam a pessoa exausta, desvalorizada, desamparada e sem esperança. Esses pensamentos negativos fazem com que algumas de suas vítimas queiram desistir de tudo. Porém, é importante que compreendam que a visão negativa faz parte da depressão e não reflete, de forma exata, sua condição existencial. O pensamento negativo desaparece quando o tratamento começa a surtir efeito. Nesse meio-tempo, é preciso que o doente procure seguir algumas atitudes:

* Não se impor metas difíceis, nem assumir muitas responsabilidades e dividir as grandes tarefas em tarefas menores. Estabelecer algumas prioridades e fazer apenas o que puder e do modo que puder.

* Não esperar demais de si mesmo. Isso só aumenta a sensação de fracasso. Procurar ficar com outras pessoas, geralmente, é melhor do que ficar sozinho. Participar de atividades que possam fazer se sentir melhor. Tentar praticar exercícios leves, ir ao cinema, a jogos ou participar de atividades sociais ou religiosas. Não exagerar nem se preocupar se o humor não melhorar logo. Isso às vezes pode demorar um pouco.

* Não tomar grandes decisões, como mudar de emprego, casar-se ou divorciar-se sem consultar pessoas que conheçam bem o deprimido e que possam ter uma visão mais objetiva de sua situação. É aconselhável adiar decisões importantes até que a depressão tenha desaparecido. Não esperar que a depressão passe de um momento para o outro, pois isso raramente ocorre. Ajudar-se o quanto puder e não se culpar por não estar totalmente bem. Lembre-se de não aceitar seus pensamentos negativos. Eles são parte da depressão e desaparecerão à medida que a doença responder ao tratamento.

Como ajudar um deprimido

A coisa mais importante que alguém pode fazer por uma pessoa que sofre de depressão é ajudá-la a obter diagnóstico e tratamento apropriados. Isso inclui encorajá-la durante o processo de cura, até que os sintomas melhorem (o que pode levar muitas semanas). A segunda coisa mais importante é oferecer apoio emocional, o que envolve compreensão, paciência, carinho e encorajamento. Deve-se conversar com o deprimido e ouvi-lo atenciosamente, transmitir-lhe segurança e esperança e não ignorar comentários sobre suicídio. É fundamental, também, convidá-lo para atividades de lazer e incentivá-lo a engajar-se nos programas que antes lhe davam prazer.

Capítulo 20

Sexualidade

"A felicidade consiste em conhecer os seus limites e amá-los."

(Romain Rolland)

Sexo é uma atividade altamente salutar, em princípio. A atividade sexual é um exercício físico de excelente qualidade, aeróbico, que culmina em uma descarga de prazer: o orgasmo, uma canalização benéfica da energia do organismo. Trata-se de uma atividade que pode estar associada ao amor e é a mais natural forma de manifestação entre duas pessoas que se atraem.

A resposta sexual do ser humano é uma sequência coordenada de eventos fisiológicos que modifica as reações do corpo no desejo, na excitação e no orgasmo. O desejo é um apetite que tem como sede centros e circuitos muito específicos no cérebro. A excitação é uma reação de dilatação dos vasos sanguíneos que ocasiona uma congestão genital que é controlada pelo sistema nervoso autônomo, que no homem produz a ereção do pênis e na mulher a lubrificação e a tumefação vaginal. E o orgasmo envolve contrações clônicas reflexas de certos músculos da região genital. Essa neurofisiologia, por ser muito complexa, fica bastante vulnerável à ação dos inibidores emocionais que comprometem a atividade sexual.

Vale a pena salientar que muitas vezes a busca do sexo espetacular pode se transformar em um sexo de qualidade inferior e não gratificante. Apesar de quase tudo ser válido para o estímulo da libido e da busca do prazer, os limites individuais devem ser respeitados para que um dos parceiros não se sinta agredido emocionalmente, o que irá impedi-lo de alcançar o desejado prazer.

Todavia, é surpreendente a frequência de casos, tanto de homens quanto de mulheres, de dificuldade para ter um desempenho sexual satisfatório. Esses problemas são englobados sob o rótulo de inadequações sexuais.

Inadequação sexual

Entre todos os funcionamentos fisiológicos e instintivos do ser humano, o mais sujeito a interferências emocionais é o instinto sexual. Alguns estudiosos apontam, como razão para tal fenômeno, o longo período que decorre entre o nascimento da pessoa e o começo da puberdade e da vida sexual ativa. Nesse espaço de tempo, existe uma ampla oportunidade para a interveniência de fatores emocionais e incidentes traumáticos que podem prejudicar a fluência de uma sexualidade plena.

De todas as situações que geram condicionamentos nas maneiras de agir e reagir do ser humano, é exatamente na esfera sexual que os comportamentos são mais condicionáveis, o que favorece as reações repetitivas como resposta a situações que se assemelham emocionalmente. Nos casos de inadequações sexuais, as reações e as atitudes negativas, ao se repetirem, estruturam comportamentos desfavoráveis.

Sabe-se que em nossa cultura existe uma forte repressão a qualquer atividade sexual, o que cria diversas dificuldades emocionais a uma grande parcela das pessoas. Tais dificuldades ocasionam as tão frequentes inadequações sexuais, que incluem, principalmente, a impotência e a ejaculação precoce, no homem; e, na mulher, a frigidez e a dificuldade em atingir o orgasmo.

Causas orgânicas da impotência

A competitividade na sociedade de hoje leva as pessoas a exigências excessivas de desempenho, o que torna a atividade sexual também supervalorizada e conduz a diversas dificuldades para se conseguir sua plena realização. A depressão, o estresse e a fadiga podem afetar profundamente a sexualidade das pessoas.

O fantasma da impotência ronda o pensamento da maioria dos homens. A cultura de grande parte das sociedades, através dos tempos, tem incutido nos homens o dever de ter um bom desempenho sexual. Muitos homens acreditam que esse desempenho está diretamente relacionado com a sua masculinidade. É pouco comum que a impotência seja causada por um fator orgânico isolado.

A ereção é uma das atividades físicas mais complexas e nela estão envolvidos fatores emocionais, psíquicos, físicos e também ambientais. Portanto, em caso de impotência, todos esses fatores devem ser avaliados. Muitas vezes é exatamente a busca da excitação que resulta em impotência. É o caso da ingestão de bebidas alcoólicas que, no início, libera as repressões e ativa a libido, mas que logo em seguida amolece todo o corpo. O estímulo sexual pode permanecer no cérebro; é a chamada "ereção mental", muito comum entre os homens que cheiram cocaína.

Doenças como o diabetes e a hipertensão arterial podem causar impotência. O diabetes por ocasionar uma alteração dos nervos (neurite), que impede a progressão do estímulo da ereção em chegar ao pênis. Já nos homens que sofrem de pressão alta, na maioria dos casos os responsáveis pela impotência são os medicamentos anti-hipertensivos. A sensibilidade é muito individual e depende da dose de cada medicamento; hoje em dia existem várias opções de tratamento para a hipertensão.

Não se deve esquecer do mecanismo físico da ereção. Ela resulta de um processo hidrodinâmico que regula a entrada e a saída do fluxo sanguíneo no pênis. Para que a ereção seja sustentada, é preciso que o volume de sangue que entra no pênis seja maior do que o que sai, e que a determinada quantidade de sangue permaneça retida. Quando ocorre um processo degenerativo das artérias que irrigam o pênis ou um enfraquecimento das válvulas das veias que conduzem o sangue para fora do órgão, o volume de sangue que deveria ficar retido diminui e a ereção não é sustentada satisfatoriamente ou nem acontece.

Causas psicológicas da impotência

Apesar de a imensa maioria dos casos de impotência, principalmente em jovens, ser de origem emocional, convém esgotar-se a investigação das possíveis causas orgânicas da impotência antes de afirmar que ela é de origem puramente emocional. É bastante possível encontrar, em um grande número de homens, a associação de causas emocionais com causas psíquicas para a impotência. Alguns estudiosos consideram a impotência mais uma falha do homem do que uma falha do pênis.

As causas emocionais da impotência usualmente estão relacionadas com uma atitude repressiva em relação às manifestações da sexualidade. O homem costuma receber, por meio da educação, alguns ensinamentos preconceituosos que podem vir a prejudicar seu desempenho. Um exemplo clássico foi mostrado no filme italiano *O Belo Antônio*, que conta a história de um jovem criado dentro de todos os conhecidos preconceitos machistas que imperavam até bem pouco tempo no sul da Itália. Ao se casar, o jovem, atormentado pela ideia do sexo como alguma coisa impura e pecaminosa, sente-se subconscientemente proibido de realizar um ato tão horrendo com sua amada. Desesperado com sua incapacidade de concretizar a relação sexual na noite de núpcias, ele foge do leito conjugal e corre a um prostíbulo onde, com a maior facilidade, realiza o ato. O filme procura investigar a dificuldade emocional subjacente ao drama vivido pelo jovem casal, além de retratar primorosamente a cultura de uma região e uma época.

A ejaculação precoce

A ejaculação é definida como precoce, ou prematura, quando ocorre menos de cinco minutos após a introdução do pênis na vagina e quando acontece contra a vontade do homem. A causa da ejaculação precoce – da mesma forma que a da impotência – geralmente resulta de um somatório de fatores como erros educacionais, tabus religiosos, posturas competitivas e excesso de ansiedade. A ejaculação prematura apresenta um interessante desafio para a compreensão de sua dinâmica emocional. Alguns psicanalistas consideram que a ocorrência da ejaculação precoce significa uma manifestação de ansiedade da parte do homem, que expressaria sua vontade de se afastar rapidamente da mulher ou da situação de proximidade, pondo um fim imediato à relação.

Outros apontam para a expressão de um desejo inconsciente da parte do homem de privar a mulher do prazer do orgasmo, encerrando a relação sem dar tempo para que a parceira possa se satisfazer. Tais desejos inconscientes se opõem ao posicionamento consciente do homem que deseja prolongar a relação, o contato com a parceira e proporcionar prazer a ela, o que gera um conflito emocional no homem com um cortejo de insatisfação e sofrimento.

Uma situação nada rara se verifica quando a parceira costumeiramente leva um longo tempo para atingir o orgasmo. Muitas vezes, premido pela necessidade de prolongar a ereção pelo tempo necessário para satisfazê-la, o homem acaba por apresentar uma reação paradoxal, perdendo o controle de seu orgasmo e ejaculando rapidamente. Uma possível interpretação psicanalítica dessa situação seria supor que o homem estaria inconscientemente punindo a parceira por lhe exigir um esforço excessivo ou por se sentir sexualmente pouco atraente para ela. Em pessoas já com dificuldade de ereção plena ou pouco sustentada, a ejaculação prematura pode acontecer como uma forma de prevenir o sentimento de fracasso por não poder manter por período mais longo a ereção.

Na bioquímica do sexo, os neurotransmissores desempenham um papel significativo na ejaculação prematura. A dopamina ativa a libido e faz a pessoa desejar o prazer do sexo; entretanto, em altos níveis, pode causar o efeito indesejado da ejaculação precoce.

A frigidez

No homem as inadequações sexuais são mais evidentes e exteriorizadas, facilmente dificultando e mesmo impedindo o ato sexual. Na mulher, à exceção do vaginismo (contração acentuada da musculatura vaginal) e da dispareunia (dor à penetração), os problemas sexuais não impedem a realização do coito. Apesar disso, a insatisfação da mulher pode repercutir em todos os aspectos de sua vida e prejudicar o próprio relacionamento afetivo do casal.

É universalmente aceito que a frigidez feminina (falta ou diminuição do desejo sexual) decorre basicamente da dificuldade em harmonizar os impulsos sexuais naturais com as demandas culturais de abstinência usualmente impostas às mulheres. É comum encontrar mulheres que canalizam toda sua atenção e toda sua energia para atividades paralelas à sexualidade: o cuidado dos filhos, a arrumação da casa e, modernamente, o trabalho, e assim se desligam de seu próprio desejo sexual.

As exigências instintivas, ou socialmente condicionadas, referentes à escolha e à aceitação do parceiro sexual fazem com que muitas vezes a mulher tenha dificuldade em encontrar alguém que seja suficientemente valorizado para poder compartilhar de seu leito.

Muitas mulheres perdem a juventude aguardando o príncipe encantado e, enquanto esperam, desenvolvem uma relativa frigidez para não terem de conviver com um desejo que não pode ser atendido.

Da mesma forma que a ereção envolve um complexo mecanismo do organismo masculino, também na mulher a disposição orgânica para o sexo necessita da interação de diversos hormônios com a necessária atitude psicológica favorável. Dentre o conjunto de hormônios que participam do processo sexual feminino, os estudiosos apontam a PEA (feniletilamina), também chamada de "molécula do amor", como um importante fator de desenvolvimento da libido. A PEA é uma anfetamina natural produzida pelo organismo e também encontrada, em concentração bastante elevada, no chocolate. O DHEA é um esteroide produzido pelas glândulas suprarrenais e em menor quantidade pelos ovários, testículos e cérebro. É considerado como um afrodisíaco natural, por aumentar o desejo sexual em ambos os sexos. No intrincado processo sexual, os feromônios, que se derivam do DHEA, modificam o odor das pessoas; e alguns deles estimulam a libido, ou seja, o desejo sexual, e criam uma disposição favorável, tanto em homens quanto em mulheres, desde que as pessoas não estejam psicologicamente inibidas para tal.

É interessante notar que a influência do DHEA no desejo sexual é tão intensa que foi observado que mulheres que passaram por um processo cirúrgico de retirada dos ovários não perderam a libido graças à produção desse hormônio pelas suprarrenais. Aliás, foi investigando esse fenômeno que os pesquisadores do Sloan-Kettering Cancer Research Institute, no final da década de 1950, identificaram o DHEA como hormônio sexual em mulheres. O mesmo ocorre em homens que sofrem a perda dos testículos: sua libido continua estimulada pelo DHEA.

Um fator emocional grandemente relevante na atividade sexual feminina consiste na importância dada ao amor romântico associado ao casamento, ou – dependendo da cultura – a alguma forma de acasalamento. A disposição da mulher para a vida amorosa é fortemente regulada pelos níveis hormonais femininos, que determinam inclusive a importância que é atribuída às atitudes românticas do parceiro como processo de início da excitação sexual. Como muitas vezes a disponibilidade de tempo e as tensões sofridas no dia a dia não permitem por parte do homem esse tipo de atitude, a mulher tende a renunciar à libido. A própria diferença de comportamento gerada pelos hormônios e pelos costumes entre o homem e a mulher pode desencadear uma diminuição da libido da mulher, e a torna hipoativa quando a atenção do homem é voltada exclusivamente para o sexo, dispensando o romance tão valorizado por ela.

Tratamentos

Pela sua dramaticidade, a impotência sempre concentrou a atenção dos estudiosos da sexualidade e da indústria farmacêutica. Até bem pouco tempo, quando a tecnologia dos procedimentos diagnósticos não era tão apurada, as causas orgânicas da impotência eram parcamente conhecidas e valorizadas. Praticamente todos os casos de impotência eram considerados de origem emocional, fazendo-se uma pequena ressalva para os óbvios casos de lesões físicas, diabetes e idade avançada.

Com o progresso tecnológico dos exames, surgiram diagnósticos mais precisos e o enfoque terapêutico foi modificado, passando-se a dar mais relevância às causas orgânicas da impotência. No início dessa revolução diagnóstica, a maioria absoluta dos tratamentos se dava por intervenções cirúrgicas para correção das alterações vasculares, uma pequena parte consistia em reposições hormonais e havia ainda uma exagerada indicação de próteses penianas. O insucesso de grande parte das cirurgias e de alguns dos tratamentos hormonais, além do desconforto de muitos com as próteses penianas, levou à busca de novos métodos para a solução do problema.

Até bem pouco tempo, a solução mais eficaz era a injeção, realizada pelo próprio paciente, de substâncias vasodilatadoras no pênis. As drogas mais empregadas eram a papaverina e a prostaglandina. Depois surgiu a possibilidade de se aplicar essas substâncias dentro da uretra, sob a forma de um minissupositório. Um grande progresso nessa terapêutica foi alcançado com o surgimento do Sildenafila, potente vasodilatador de maior ação para a região genital, que apresenta a vantagem de ser usado via oral. A divulgação do sucesso dessa droga criou, nos homens, um clima de menos receio quanto ao insucesso em conseguir a ereção.

Contudo, a melhor maneira de tratar de situações crônicas de inadequação sexual é encarar a dificuldade como um problema do casal e não como um problema de uma única pessoa. É importante envolver o(a) parceiro(a) no trabalho de lidar com a questão, não apenas pela ajuda que ele(a) pode proporcionar com sua atitude compreensiva, mas também porque na medida em que ele(a) assume uma parcela da responsabilidade pelo desejo sexual de seu companheiro(a), este(a) não carrega sozinho sobre seus ombros a culpa pelo fracasso. Além disso, no caso do homem, este deixa de se sentir cobrado pela parceira por um desempenho e consegue diminuir a preocupação com a ereção. Essa preocupação pode ser sozinha a responsável pela impossibilidade de sucesso. Não é difícil de entender que um homem tendo sua atenção voltada para a observação da própria ereção, apresente uma enorme dificuldade para consegui-la, pelo mero fato de não concentrar-se no que deveria: na companheira.

Quanto à mulher, sentir-se amada e compreendida por seu parceiro pode facilitar sua disposição para o ato sexual e, com tempo e paciência, ajudá-la a superar suas dificuldades.

Práticas sexuais não usuais e perversões

A expressão não usual tem uma conotação cultural, visto que o que é usual em uma cultura não o é em outra. A cultura também varia ao longo do tempo. É clássico o diálogo ocorrido entre um pai que tentava explicar sua necessidade de periodicamente frequentar um bordel a seu filho, já casado: "Meu filho, você teria coragem de fazer com sua mulher as coisas que você faz com uma prostituta?" Ao que o filho respondeu: "Papai, eu não teria coragem de fazer com uma prostituta as coisas que faço com minha mulher".

O modo mais simples de avaliar o grau de perversão existente em qualquer forma de atividade sexual consiste em observar a relação da pessoa com tal atividade. Se existe dependência, ou seja, quando a pessoa não consegue ou não aceita abrir mão de determinada prática, pode-se afirmar que há uma perversão: o sexo deixa de ser saudável.

No começo do século XX, dada a atitude vitoriana vigente na cultura europeia, qualquer variação da relação sexual tradicional (penetração vaginal) era considerada perversa, ou seja, doentia.

Freud cunhou a expressão "perverso polimorfo" para se referir ao fato de que as crianças apresentam uma evolução do direcionamento de sua libido, que passa pela importância do prazer oral ao anal, para posteriormente se localizar no genital. Ele detectou o fato de que as mais diversas partes do corpo estão envolvidas com a sexualidade. Nesse sentido, diz-se que tudo pode ser chamado de perversão, mas nada deve ser considerado perversão. O ato em si não é perverso, mas a dependência dele sim. Todavia, existem ilhas de permanência de velhos preconceitos, por exemplo, o fato de que no código penal do estado do Alabama, nos Estados Unidos, o coito anal é considerado um crime.

Aids

O surgimento da epidemia de Aids, no início da década de 1980, freou a marcha da revolução sexual. Até que se conhecessem com segurança os mecanismos de transmissão da infecção, as pessoas passaram a ter uma atitude de cautela no que diz respeito à busca de novos parceiros. Atualmente, apesar de haver uma informação científica bem detalhada e concreta sobre a forma de transmissão do vírus HIV, a ausência de uma correta divulgação contribui ainda para uma atitude quase paranoica em relação ao temor da transmissão sexual da infecção por causa da veiculação de informações deturpadas.

Está bastante claro que, além da via de transmissão sanguínea (por meio de transfusões ou do uso de agulhas contaminadas utilizadas principalmente em grupos de viciados em drogas injetáveis de uso intravenoso), a outra via importante de transmissão é o esperma masculino, no qual existe uma grande quantidade de vírus nas pessoas contaminadas. Isso significa que o esperma é, além do sangue, o grande transmissor do vírus. Porém, convém não esquecer que em uma relação vaginal não existe via normal de entrada do esperma na corrente sanguínea, visto que o sêmen fica restrito ao aparelho genital feminino.

A única possibilidade de contaminação da mulher durante uma relação sexual vaginal seria no caso de ela apresentar algum ferimento – como lesões no colo do útero em caso de cervicite – que sirva de porta de entrada do vírus para a corrente sanguínea, de onde ele pode se disseminar no organismo. Quando a imprensa alardeia o aumento da transmissão heterossexual do vírus está deixando de informar que essa transmissão corre exclusivamente por conta das relações sexuais anais ou é causada pela entrada do vírus no organismo por intermédio de lesões ou ferimentos.

A contaminação do homem pela mulher, por meio da relação sexual, é ainda mais difícil de ocorrer. Novamente, apenas alguma lesão de pele ou de mucosa pode servir como porta de entrada para o vírus e se deve levar em consideração que nos fluidos orgânicos femininos, à exceção do sangue, a quantidade de vírus é virtualmente insuficiente para a contaminação. Para que esta ocorra deve acontecer a infrequente conjugação dos seguintes fatores: a mulher contaminada ter um sangramento de razoável intensidade, ou estar menstruada, e o homem precisa oferecer uma porta de entrada para o vírus por meio de algum ferimento que entre em contato com o sangue contaminado e permita, dessa forma, que o vírus penetre em seu organismo. Esses ferimentos, pouco comuns, podem passar despercebidos. Eles podem ocorrer sob a forma de uma lesão no canal uretral ou até serem decorrentes do próprio ato sexual. A necessidade da coincidência dessas situações explica a raridade estatística dessa forma de contaminação.

Deve-se insistir em um aspecto da questão. A relação sexual que permite a contaminação pelo vírus da Aids é, quase exclusivamente, o coito anal, quando o parceiro(a) passivo(a) pode ser contaminado pelo vírus existente no esperma do parceiro ativo. E isso se deve ao fato de que a mucosa do reto (a parte do intestino junto ao ânus, onde o pênis se introduz e ocorre a ejaculação durante o orgasmo) é extremamente permeável a líquidos, visto que é o local do intestino onde as fezes se solidificam depois de percorrer toda a via intestinal em estado líquido. É no reto que ocorre a reabsorção para o organismo dos líquidos fecais, mecanismo que se destina a limitar a perda de água do organismo. Nesse ponto, o esperma é absorvido facilmente e em grande quantidade pela mucosa por conta de sua rica vascularização, o que favorece a entrada de grande quantidade de vírus HIV para a circulação sanguínea e, consequentemente, a contaminação da pessoa.

Outra forma também pouco frequente, mas possível de contaminação, consiste nas relações orais, quando o sêmen ejaculado entra em contato com eventuais ferimentos e lesões da boca e da garganta. O contato desses ferimentos e lesões com secreções vaginais contendo sangue, ou com o próprio sangue proveniente da menstruação, também pode provocar contaminação.

O sexo sadio

A pergunta mais comum que se levanta sobre sexualidade é: "qual é a frequência normal de relações sexuais entre um casal?". Não existe uma resposta satisfatória porque a frequência depende de tantas variáveis que se torna impossível estabelecer uma média. Entre as variáveis mais óbvias estão a idade das pessoas e sua disponibilidade de tempo e de energia. Existe uma redução natural da quantidade de hormônios sexuais com o passar dos anos, o que diminui a libido – a disposição para a atividade sexual –, mas essa redução varia consideravelmente de pessoa para pessoa. Pessoas atarefadas, sobrecarregadas de preocupações, também diminuem grandemente sua disponibilidade para o sexo.

Uma frequente causa de desentendimento entre casais é a demanda sexual não atendida de um dos parceiros em relação ao outro. Quase sempre existe um desnível de intensidade de desejo sexual entre duas pessoas e, na maioria dos casos, o que tem mais desejo fica se sentindo mal atendido e desenvolve um questionamento sobre o que passa a chamar de falta de amor do outro. Muitas vezes, ao longo do tempo, a situação de demanda se inverte e aquele que era considerado desinteressado passa a se queixar do desinteresse do parceiro. Para solucionar tais dificuldades precisa-se de – como em quase todos os problemas que afligem um casal – uma boa dose de tolerância e muito diálogo. Como sempre, alguém tem que ceder, e o mais justo é que ambos cedam e, alternadamente, aceitem a vontade (ou falta de vontade) do outro.

Capítulo 21

Saúde e Religião

"Saúde pode ser vista como o conjunto de bem-estar físico, biológico, psíquico, social, mental e espiritual."

(Os autores)

Existe uma forte ligação entre saúde e religião, qualquer que seja a religião. Muitas, inclusive, têm, em seus mandamentos, leis que procuram proteger a saúde. Interessados em enfatizar este tema e examinar a importante ligação entre as diversas práticas religiosas e a saúde, entrevistamos dirigentes de diferentes religiões, fazendo a cada um deles as mesmas perguntas. É curioso observar as coincidências existentes na maioria das opiniões quando é abordada a questão da saúde espiritual. As nuances de divergência em alguns pontos de vista enriquecem a compreensão da importante ligação entre a saúde e a religião. Pode-se observar um consenso entre os entrevistados a respeito do poder curativo da fé.

Frei Clemente, durante sua entrevista, fez um depoimento que ratifica a vivência dos autores na prática médica quanto à necessidade de harmonizar o exercício da medicina com a complexidade do ser humano e quanto à importância da abrangência dessa prática para conseguir a cura. Em suas palavras, ele assim se manifesta:

"Hoje, estamos voltando ao grande médico Hipócrates, que já falava sobre a existência de uma relação entre psique (alma, interioridade, espiritualidade, intelectualidade) e soma (corpo). Mais tarde, esse princípio foi totalmente esquecido na Medicina clássica. Existe uma relação infalível entre mente, alma e corpo. Pessoalmente, não gosto da visão apenas em três dimensões, prefiro ser mais específico. Eu vejo o ser humano como uma construção em cinco andares. Ele vive as dimensões biológica, afetiva (psíquica, emocional, sentimental), mental, espiritual e divina (religiosa).

A dimensão biológica é a que cultuamos e cuidamos demais. Hoje em dia, existe uma idolatria do corpo. Esquecemos que o essencial é invisível para os olhos. Só se vê bem com o coração.

Quanto à dimensão afetiva, estamos totalmente afundados, reprimidos, manipulados, condicionados porque temos medo de falar com os sentimentos, de cultivar os sentimentos. Todos nós aprendemos: 'não chore', 'não olhe para isso', 'não toque nisso'. Não sabemos ouvir a linguagem dos sentimentos, não sabemos lidar com raiva, rancor, ódio, indignação, saudade, desprezo, amargura, sentimento de abandono... Você reprime e a doença aparece. Somos analfabetos na linguagem dos sentimentos.

Em relação à dimensão mental, deveríamos alimentar a nossa mente pelo menos o tanto quanto alimentamos nosso estômago. Isso quer dizer ler, estudar, pesquisar, olhar bem, ouvir bem, sentir bem, apalpar. Para cuidar da dimensão mental, é preciso alimentar pensamentos positivos. Quem alimenta pensamentos de incerteza e de insegurança atrai o negativo. O negativo atrai o negativo como o positivo atrai o positivo. O medo faz acontecer o que o medo teme, e a fé e a confiança fazem acontecer o que a fé e a confiança esperam.

A quarta dimensão é a espiritual. Nesse caso, é preciso fazer uma distinção: existe realmente uma força do pensamento positivo, muito badalado por aí, e existe também o poder da fé. Confunde-se o poder da mente com o poder da fé, que faz parte da dimensão espiritual. E essa dimensão espiritual se encontra no Budismo, no Xintoísmo, no Hare Krishna, nos adeptos das religiões orientais e africanas... Todas têm, certamente, grandes dimensões espirituais.

A quinta dimensão, a religiosa e divina, explica-se pelo fato de que o homem é um ser transcendental. Em cada um de nós existe um abismo que só Deus pode plenificar. Então, o que seria saúde? Seria respeitar, com grande equilíbrio, as necessidades biológicas, as necessidades psíquicas e afetivas, as dimensões mentais, as necessidades espirituais e transcendentais. Quem respeita isso vive, seguramente, 90, 100, 125 anos".

Além de Frei Clemente, 55 anos como padre e 40 como franciscano religioso, e que diz pertencer a uma linha não ortodoxa da Igreja Católica, os outros entrevistados foram:

Nilton Bonder, 61 anos, rabino da Congregação Judaica do Brasil, com dez livros publicados, entre eles *A Dieta do Rabino: A Cabala e a Comida* e *A Alma Imoral*; o pastor Salovi Bernardo, 92 anos, da seita Batista Evangélica, pastor da Igreja Local (Sede da Convenção Batista Brasileira) que foi durante muitos anos Secretário Geral da Convenção Batista; Dr. Luiz Olympio Guillon Ribeiro Neto, 72 anos, espírita e médico homeopata, que foi durante 30 anos um dos dirigentes da cura espiritual do centro espírita Casa de Francisco de Assis (CFA), em Laranjeiras, e atualmente frequenta o Centro Espírita Aliança do Divino Pastor, no Jardim Botânico, Rio de Janeiro; e Dr. Sohako Bastos, 74 anos, monge zen budista desde 1973, tendo feito seu seminário no mosteiro Yochi-in, em Koyasan, Japão, onde se formou em Medicina e fez mestrado e doutorado em Medicinas Complementares, tendo, no início dos anos 1980, fundado o Instituto Sohaku-In, um centro de saúde que integra homeopatia, acupuntura, fitoterapia, fisioterapia, pediatria, etc., e, em 1995, sido nomeado chanceler para a América do Sul e reitor para o Brasil de The Open International University for Complementary Medicines, sendo também fundador da Academia Brasileira de Arte e Ciência Oriental, onde se ensinam as práticas médicas japonesas.

Seguem-se os trechos mais significativos, selecionados das respostas às mesmas perguntas feitas a cada um. A primeira pergunta foi:

"Como a sua religião pode ajudar as pessoas a ter mais saúde e a viver mais e melhor?"

Frei Clemente:

"A Igreja Católica se afastou de sua missão terapêutica. Ficamos mais no 'Ide e ensinai', no 'Ide e evangelizai', e esquecemos o mandato expresso de Cristo: 'Ide e curai os doentes'. É claro que é importante ensinar, mas não é tudo. Nós ficamos presos, muitas vezes, no discurso abstrato, litúrgico, moralista, dogmático, e esquecemos a experiência da energia do Cristo ressuscitado. Não basta apenas doutrinar. Nós, padres, temos um discurso intelectualizado, cerebral, transcendental e não atingimos o coração.

Acho que nós nos descuidamos durante os últimos séculos da missão terapêutica, da missão curadora. O padre tem o poder de impor as mãos, de curar, de comunicar esperança, comunicar vida, saúde, despertando uma imensa confiança, uma nova esperança naquela que suplica, naquele que precisa. Cristo tinha o poder da cura, tanto no sentido literal, quanto no sentido psicossomático e espiritual. Nós, padres, ficamos com a palavra, com a missa. Tirando a missa, o que sobra? A vida cristã é muito mais do que uma missa dominical. Por isso digo que os padres se descuidaram totalmente da missão de curar, de impor as mãos, de tocar.

Quando prego as trezenas em Niterói, em Santos, em São Paulo, aqui no Convento de Santo Antônio, muita gente, ao final, vem me pedir não apenas a bênção, mas me dizer também: 'Padre, me abrace'. O abraço – esta força, esta energia – é capaz de recuperar. Temos que voltar a Cristo. Ele não podia fazer milagre algum onde não havia fé. Mas Cristo despertava uma confiança tão ilimitada, uma fé tão forte, uma energia tão inacreditável que fazia jorrar nos corações mais endurecidos forças novas, forças de ressurreição. É preciso despertar nas pessoas as energias latentes que existem em todo ser humano."

Rabino Bonder:

"Quando você faz uma bênção ou um cântico, abre um espaço por onde entram todas as coisas positivas da vida. Ocorre a consciência das pessoas de sua própria plenitude e, portanto, elas veem que têm um tempo e, por terem um tempo, elas têm uma missão. Por terem uma missão, elas se sentem responsáveis ou corresponsáveis pelo mundo. É todo um pacote que, na verdade, acaba tendo uma influência benéfica nas pessoas e, no fim, elas acabam conseguindo canalizar isso para a sua saúde. Em algumas situações, a parte espiritual das pessoas faz com que elas se sintam realmente fortalecidas e, por isso, tenham resultados impressionantes, como passar por crises e sair vivas, fortificadas. Elas acreditam que exercitar a fé e a sua espiritualidade é uma maneira de manter a saúde. Eu não acredito em quem fala: 'Vem aqui que eu te curo, porque eu tenho poder'. Mas acredito que o exercício da fé seja uma forma de colocar em dia algo que, de alguma maneira, estava muito malcuidado na vida da pessoa."

Pastor Bernardo:

"Cremos no poder de Deus de maneira definitiva. O poder não pertence ao homem, nós somos apenas instrumentos. Por isso, não temos o ministério da cura. Nenhuma pessoa tem o poder da cura. Está nas mãos de Deus. Com isso, fazemos um trabalho de pregação do Evangelho, de oração e, nesse exercício da fé, chamamos a pessoa para ter uma comunhão maior com Deus. Se ela tiver algum problema, seja na área de saúde, afetiva, profissional ou familiar, nós elevamos tudo isso a Deus. Mas isso não impede que essa pessoa faça o exercício da oração em casa. Pois um dos nossos fundamentos é que o homem é seu próprio sacerdote. Ele não precisa de que alguém o leve à presença de Deus. Pode ir sozinho por meio da oração e leitura da Bíblia."

Dr. Ribeiro Neto:

"Conscientes de que o mundo físico é plasmado pelo espiritual, os espíritas verdadeiros têm como objetivo o aperfeiçoamento espiritual. O acúmulo de bens materiais, tão ao gosto da civilização ocidental e fonte dos nossos maiores males, passa a não ter qualquer importância. O Espiritismo promove a integração racional entre o corpo físico e a alma, e a harmonia entre eles leva-nos a uma vida muito mais plena e saudável."

Dr. Bastos:

"Todo o caminho de autoconhecimento leva à saúde. Todo o caminho que leva à alienação leva à destruição. O Budismo não prega o conhecimento que vem de fora, o acúmulo de informações, o desenvolvimento do intelecto. Ele parte do princípio de que se você se conhece bem e se viver bem com suas emoções – meditar, fazer práticas de fortalecimento emocional –, você mantém a sua saúde."

Em seguida, perguntamos a cada um deles:

"O que entende por saúde espiritual?"

Dr. Ribeiro Neto:

"É cuidar do nosso lado espiritual da mesma forma que cuidamos do físico. O corpo não pode estar são se nosso espírito está doente. Assim como fazemos atividades físicas para manter nosso corpo e mente sãos, devemos ter atividades espirituais para manter nosso espírito saudável. Por meio da oração, da meditação, do estudo, da boa música, da boa leitura, entre outros, podemos nos manter saudáveis do ponto de vista espiritual."

Pastor Bernardo:

"O homem tem que aprender a ser disciplinado. A forma mística de se tratar com Deus é um processo educativo. É preciso aprender a trabalhar a realidade da fé de maneira tranquila. Isso trará como consequência a saúde do corpo, que complementa a saúde espiritual."

Rabino Bonder:

"Existem coisas que nós fazemos que prejudicam a saúde física em um dado instante, mas que são mais saudáveis do que se você não as realizar. Por exemplo: para se divertir, você pode ir a uma boate e alguém pode lhe dizer que os decibéis acabarão deixando-o surdo mais cedo. Por outro lado, ir à boate é importante, porque se você ficar paranoico com os decibéis ou com o colesterol de uma comida, acaba vivendo mais anos, mas passou por anos horríveis. Então, a saúde não é determinada somente pela longevidade, mas a melhor performance é quantidade com qualidade. Isso é saúde, por definição. A vida espiritual é parte da saúde. Se não houver vida espiritual, não há saúde plena. Temos visto, de acordo com algumas estatísticas, que as pessoas que têm uma prática religiosa conseguem um resultado melhor ao nível de sobrevida ou de cura. Eu acho que esse é um processo também natural."

Dr. Bastos:

"Eu poderia responder a esta pergunta com o sutra prajna paramita, que significa perfeição da sabedoria. Ele fala exatamente da capacidade do ser humano de ter uma força interior, que se dá por meio da purificação interna. A saúde espiritual passa efetivamente pela capacidade de amar. Os dois ideogramas japoneses Mu (significa vazio) e Chi (coração e sentimento), quando juntos, querem dizer sentimento puro, amor na sua plenitude e originalidade. É um sentimento incontaminado, é a capacidade de doar sentimentos. É a manifestação do bem, para o bem e pelo bem. E isso é importante porque a relação afetiva é uma relação de troca: 'Eu gosto de quem gosta de mim'. Mas a saúde espiritual passa pela doação afetiva, porque o mérito em uma relação afetiva é de quem sente o amor, e não de quem é amado. Ele é que o privilegiado. No Ocidente, porém, a visão é totalmente contrária: quem ama corre o risco de perder. Mas aquele que vive o sentimento é que tem a possibilidade de crescer."

Frei Clemente:

"Saúde espiritual significa a saúde da mente e da espiritualidade. Saúde significa equilíbrio. É o respeito profundo às necessidades espirituais: fé, esperança, amor, ternura, confiança, alegria, entusiasmo. Se você de manhã levanta dizendo: 'Este é o dia que o Senhor fez, alegremo-nos e exultemo-nos nele, eu confio no Senhor com fé, esperança e amor, eu confio na Medicina, eu confio no tratamento, eu confio no médico, eu confio em Deus e confio também em mim', com estas dimensões, você tem a força curativa. Eu chego a dizer: quem ama plenamente não ficará doente. Nós sabemos hoje que o câncer é a tristeza, o desânimo, o desespero, a angústia, a solidão das células. Por isso, pessoas mal-amadas facilmente contraem doenças."

Nossa pergunta seguinte foi:

"Qual a relação entre saúde e espiritualidade?"

Rabino Bonder:

"Eu acredito que exercitar a fé traz saúde da mesma maneira que se exercitar física e emocionalmente. O sedentário vai ter prejuízos com relação à saúde. Em longo prazo podem ocorrer problemas circulatórios, cardíacos, físicos... Qualquer área da nossa vida que não exercitarmos vai criar problemas. Na área emocional é a mesma coisa. Se a pessoa é tímida, não namora, não fica alegre ou triste quando deveria ficar, tudo isso significa que não está usando de maneira saudável o que deveria estar. Como resultado, pode ter depressão, certas formas de tristeza crônica, doenças emocionais... No mundo espiritual acontece a mesma coisa."

Dr. Ribeiro Neto:

"O Espiritismo ensina que o homem é composto de três partes: corpo físico, alma e perispírito. Esse é o elo entre o espírito encarnado (alma) e o corpo físico. O espírito contém em si o princípio inteligente, estando nele a origem dos nossos pensamentos, vontade e ação. A perfeita integração entre mente-corpo e espírito-matéria constitui a base holística para a saúde. A separação cartesiana desses elementos levou a medicina ocidental a tratar das doenças isoladamente como causas, ignorando quase totalmente a influência da mente e do espírito na gênese das enfermidades. Apesar de todo o nosso avanço tecnológico, doenças do passado continuam presentes e cada vez mais resistentes aos tratamentos convencionais. O conhecimento e o esclarecimento das leis cósmicas universais por intermédio do Espiritismo levam ao homem a consciência do poder da Vontade na manutenção ou na resolução de quase todos os nossos males, deixando ao nosso livre-arbítrio qual o caminho que desejamos seguir."

Dr. Bastos:

"O conceito de saúde, como está na Medicina, que é o bem-estar biopsicossocial, é um conceito muito limitado. O conceito efetivamente de saúde, de acordo com o paradigma oriental, é o bem-estar físico, biológico, psíquico, social, mental e espiritual; porque a saúde passa por esses parâmetros. Só que nós, ocidentais, somos muito materialistas. Eu diria que o Budismo não é uma religião, mas um *way of life*, um caminho de vida para o autoconhecimento. Por meio desse caminho a pessoa se conhece melhor, e se conhecendo melhor vai dar o justo valor às coisas materiais. Ou seja, elas existem, precisamos delas, mas são passageiras, assim como é o nosso corpo. Lidar com essa impermanência das coisas é muito difícil para nós. A grande ameaça para o ser humano é a morte. No entanto, a morte é tão fisiológica quanto nascer."

Frei Clemente:

"Tenho certeza absoluta de que existe uma relação direta entre espiritualidade e saúde corporal, física, mental, portanto, uma saúde holística. Tem saúde quem vive saudavelmente a espiritualidade, a fé, a esperança, o amor. Quem levanta de manhã cedo e diz: 'Eu confio em nosso Senhor com fé, esperança e amor, e quero viver este dia com toda a gratidão e alegria no coração'. Quem vive as dimensões da oração, da meditação, da contemplação. Quem se liga a Deus, quem se liga ao próximo, quem ama profundamente a si mesmo. Só aquele que se ama profundamente é capaz de amar ao próximo e a Deus. E aí está algo que esquecemos. Falamos muito em amar a Deus sobre todas a coisas e a amar ao próximo, mas esquecemos o que Jesus dizia: 'como a si mesmo'. E não em vez de si mesmo. O inferno, o caos, a desordem, o purgatório, a desgraça, a doença, o que são? A incapacidade de amar, de confiar e de acreditar.

O inferno é a solidão de não amar. E o céu é a vivência plena do amor. O inferno é a vivência plena da solidão. É a morte."

Pastor Bernardo:

"No sentido geral, a fé é colocada em Deus. E nessa fé a pessoa vai aprender que Deus é onisciente, onipresente e onipotente: Ele atua onde o homem não pode atuar. É o caso da medicina de cura. Nesse mundo espiritual, há um poder reconhecido pelas pessoas, que é o poder da fé, que torna o homem capaz de fazer o ilimitado. A fé tem condições de levar a pessoa a resolver problemas de qualquer natureza, inclusive de enfermidade. A oração é o instrumento de serviço dessa fé, porque suas necessidades se expressam pela sua palavra, pela sua confissão a Deus. Ele confessa: 'Senhor, estou doente e preciso ser curado'. Ele vai colocar isso diante de Deus, e outras pessoas também podem ajudá-lo por meio da oração. Quando ele ora, ele crê. E isso é fundamental."

A quarta pergunta foi:

"Fale sobre o poder da fé e da oração".

Dr. Bastos:

"A fé não é em deuses ou em Deus. É o amadurecimento de uma identidade do homem com o Absoluto, seja o nome que se queira dar. É uma identidade tão forte que não seria uma fé intelectual. Muitos dizem: 'Eu acredito em Deus'. Mas isso passa apenas pelo intelectual. Quando não passa pelo emocional, não tem valor. A fé tem que ser profundamente emocional e não racional. Essa é a grande diferença da fé no Ocidente e no Oriente.

Quanto à oração, o verbo, a palavra, tem uma força energética muito grande. Lá no Japão, uma das escolas que estudei, a Shingon, significa 'escola da palavra verdadeira, a palavra com o coração'. Essa escola diz o seguinte: a palavra, o pensamento e a ação formam um triângulo energético no qual a pessoa pode se relacionar consigo mesma e com todas as pessoas. Então, com a palavra, seja ela a oração ou simplesmente uma palavra qualquer, pode-se ter uma repercussão tão grande, dependendo da forma como vou me manifestar.

Quando tem uma correspondência com a ação, com o pensamento, essas três forças juntas vão se constituir em um poder muito grande, capaz até de trazer a cura. No Budismo, há os mantras e os sutras, e não uma oração como a dos ocidentais."

Dr. Ribeiro Neto:

"Em todos os tempos, na história da Humanidade, vemos citados fatos mostrando o valor da fé e da prece. A prece, para o Espiritismo, independe de lugar, hora ou palavras predeterminadas, sendo a sua força conferida pela pureza de nossas intenções e pela mudança de nossa atitude. Podemos e devemos orar em qualquer lugar e a qualquer hora. A interiorização por meio da prece nos dá maior autoconhecimento e fortalece nossa vontade. O conhecimento da realidade espiritual nos dá a fé necessária para suportarmos as vicissitudes da vida terrena, sabendo da nossa responsabilidade nos fatos que nos acontecem."

Frei Clemente:

"Jesus disse claramente: 'Se vós permanecerdes em mim, e se minhas palavras permanecerem em vós, pedireis o que quiseres'. Ele disse: 'Se vocês acreditarem em mim, farão as coisas que eu faço e farão coisas ainda maiores'. Quanto ao poder da fé, tudo é possível para aquele que crê. Essa fé é ativada por intermédio da palavra, da oração, da meditação e da contemplação. De que adianta o mais lindo e maravilhoso carro na garagem se você não colocar gasolina? E a gasolina da vida espiritual chama-se oração. As pessoas não se comunicam com Deus nem se comunicam entre si. A comunicação é a gasolina do amor, é a gasolina dos casais e das famílias, e também da vida espiritual. Nós nos comunicamos com Deus pela palavra, e também pela música do silêncio. Se eu tiver a consciência da presença de Deus em mim, aí serei realmente um homem muito abençoado, divinamente protegido e devidamente saudável."

Pastor Bernardo:

"O apóstolo Paulo orou três vezes a Deus pedindo que fosse curado de uma doença, mas Deus disse: 'A minha graça te basta'. A nossa fé não obriga Deus a nada. Não há cobrança, porque Ele sabe o que é melhor. Posso crescer muito mais com o meu problema. A cura não é uma consequência direta: eu orei, estou curado. A chamada oração da fé não significa que você obtenha o resultado que está pedindo. Mas você aprende a se relacionar com Deus de maneira muito mais profunda. A fé não significa uma ação lógica. Deus pode fazer de uma forma diferente do que você está querendo. Temos que aprender a conhecer a providência de Deus.

Cremos que a fé, de acordo com o apóstolo Paulo, vem pelo ouvir a palavra de Deus. De uma forma geral, os homens têm esperança e confiança. A fé, no sentido espiritual, é colocada numa divindade. Essa é a marca da fé espiritual e, naturalmente, a divindade da pessoa, na sua visão, é aquela que ela conhece."

Rabino Bonder:

"Essas novas descobertas de que as pessoas têm maior longevidade ou ultrapassam doenças graves com maior facilidade quando exercem algum tipo de fé ou de crença, para mim, são dados concretos. Temos uma dimensão humana que precisa de fé. O indivíduo precisa exercitar a fé o tempo todo. Por exemplo, se não tivermos certa fé no ser humano, vamos ter uma compreensão de vida horrorosa, em que não se confia ou acredita em mais ninguém. Isso vai causar doenças. O não exercitar da vida plena significa: não saúde."

Perguntamos finalmente:

"Qual o valor dos rituais em sua religião?"

Pastor Bernardo:

"Não fazemos muito alarde sobre curas. Nós deixamos que elas aconteçam normalmente. Os rituais vêm por meio da oração e da prática da leitura da Bíblia. O homem é um ser de corpo e alma. Mas, inegavelmente, o que dá vida ao homem é a alma, a parte espiritual. Tanto que quando ele morre, o corpo continua ali, mas a alma sai. A força da alma é tremenda sobre as pessoas, tanto que, quando nós pregamos o Evangelho, pregamos a crença de que o homem vai ser transformado, ele será regenerado por causa da crença no Criador. Aí você imagina que a pessoa ouvindo o Evangelho e tendo Jesus Cristo como seu salvador vai acreditar que sua vida vai mudar, ou seja, ela vai abandonar hábitos que são geradores de enfermidade. Por exemplo, vai ter uma vida muito mais regrada, organizada no caso das drogas, do alcoolismo, do tabagismo... Tudo através do Evangelho. Nós pregamos isso e é espontâneo, não há necessidade de qualquer cerimonial, nem de montar um cenário para que isso aconteça. Prega-se o Evangelho, a pessoa crê e independe do pregador, porque às vezes a mudança ocorre por intermédio de sua dedicação individual, pela leitura. É isso que nós acreditamos."

Dr. Bastos:

"Os rituais budistas variam conforme a escola. Há a ritualística zen, para meditação, etc. Mas os símbolos são muito importantes para os homens. Nós vivemos sob a égide dos símbolos. Jung escreveu muito sobre eles. A própria ritualística budista é muito ligada a símbolos. No Japão, há as mandalas yang e yin – masculino e feminino. Todo mundo tem *animus* e *anima*. Em uma pessoa do sexo feminino, a *anima* é mais forte; numa do masculino, o *animus* é mais forte. Mas se, por exemplo, um homem não souber trabalhar o seu lado *anima*, não conseguirá viver uma relação homem-mulher saudável. No caso da saúde, existem símbolos mais ligados à destruição do que ao desenvolvimento. Por outro lado, tudo isso vai depender da capacidade da pessoa em se identificar com a simbologia, pois isso está ligado mais à cultura, às tradições".

Frei Clemente:

"O rito é importante. Eu posso lhe dizer: 'Bom, nós amamos'. Mas o amor explícito precisa concretizar-se e expressar-se por meio de sinais. É o olhar, o beijo, o carinho, a ternura, a intimidade, a comunhão pela mediação dos corpos. Por isso os ritos são fundamentais na Igreja. A eucaristia, o pão e o vinho simbolizam todo o cosmos, o trabalho de cada dia; a uva, a alegria e a comunhão. O canto, a liturgia, a oração, ajoelhar-se, sentar-se, fechar os olhos, sentir, abraçar-se... Tudo tem um significado. O Evangelho é o Cristo vivo, que atua pela palavra. Naturalmente, tudo depende da fé e da confiança.

Existem alguns padres que têm o dom de impor as mãos. O tato é muito importante. Jesus tocava as pessoas. Existe uma tese, desenvolvida no livro *Touch*, que diz que podemos ficar doentes pela ausência do tato, do toque. Acho que na imposição das mãos não é preciso nem falar, só tocar. Isso faz a pessoa voltar à consciência de ser um filho amado por Deus, de ser a morada de Deus. Uma lei maldita diz: 'Quanto mais civilizado, tanto mais distanciado'. Nossas igrejas ainda são totalmente inconvenientes para uma comunicação profunda, porque o altar ainda é muito distanciado. O padre vive muito longe do povo. Devia se aproximar muito mais e olhar fundo nos olhos das pessoas."

Rabino Bonder:

"Não temos rituais específicos de cura, ou melhor, de *healing*, que neste caso se adapta melhor por significar harmonização. Uma pessoa pode ter *healing* e morrer no dia seguinte, mas ela morreu harmonizada. A medida de sucesso no mundo espiritual não é se o indivíduo teve uma sobrevida ou venceu uma enfermidade. A medida é saber se a pessoa estava bem, harmonizada. Estando em harmonia, eu acho que ela teve chances, inclusive, de ultrapassar suas crises da melhor maneira. Por incrível que pareça, a própria morte faz parte da cura. Uma pessoa pode acreditar que a vida é eterna, que Deus nunca a abandonará e que ela nunca vai morrer. Porém, ter fé e continuar acreditando na vida incluem a morte. Faz parte do processo. Todo ritual é uma forma de tentar fazer com que as pessoas obtenham uma ligação com a sua crença em Deus. Mas não existe qualquer ritual onde não se faça também uma alusão à morte. Na sinagoga, as pessoas podem encontrar um espaço com cânticos, onde podem fechar os olhos e imaginar a vida de uma forma diferente do que elas veem do lado de fora. No caso da cabala, no sentido mágico, no sentido de intervenção, eu digo não quando me pedem ajuda por meio dela. Este não é um aspecto normativo da tradição judaica, não é um remédio. É a prática da fé que auxilia a colocar a nossa saúde em dia. O que não tem diretamente a ver com longevidade.

Os judeus têm uma postura em relação à preservação da saúde e ao tratamento preventivo desde os tempos bíblicos até os dias atuais. Lavar as mãos antes das refeições, descanso semanal obrigatório e quarentena para doenças infecciosas são hábitos criados pelos judeus e que são seguidos até hoje. E as comidas consideradas impuras (carne de porco, camarão, lagosta, filé mignon, etc.) têm alta taxa de colesterol. O que gostaria de falar sobre isso?

Muitas vezes, no passado, o impacto da religião era o impacto cultural. Quando se mandava uma mensagem pela tradição religiosa como sendo um ritual, obtinha-se um resultado muito melhor. Se eu disser que a tradição judaica obriga você a lavar as mãos antes das refeições, isso tem um impacto muito mais eficiente do que se for por meio de algum departamento de saúde pública. O que está muito forte na tradição judaica é a manutenção da vida. É levar muita fé nesta vida. A questão dietética é muito elementar. Dentro da tradição judaica, a relação com a comida e a saúde é uma obsessão há mais de 3 mil anos. A relação entre comida e saúde é direta. Ao respeitar muito a vida, o Judaísmo tentou incorporar saúde, hábitos."

Dr. Ribeiro Neto:

"No Espiritismo não existem rituais."

Comentário final

Existe um movimento crescente de investigação dos fundamentos científicos da crença de que a fé cura, independentemente da religião professada. Os resultados de um estudo americano que analisou a relação entre espiritualidade e saúde mostram que pessoas com algum tipo de religiosidade tendem a viver mais, quando acometidas por doenças crônicas.

Dale Matthews revisou 16 estudos médicos, nos quais era avaliada a relação entre religião e saúde, e verificou que 80% dos relatos mostravam os efeitos benéficos da fé. Os achados não se referem a nenhuma religião específica, mas à espiritualidade de maneira geral. Segundo Matthews, 13 dos 16 estudos revistos mostraram que a incidência de suicídios é menor entre pessoas com convicção religiosa.

Um estudo feito durante cinco anos mostrou que homens que frequentavam a igreja, pelo menos uma vez por semana, tinham uma probabilidade 40% menor de morrer de ataque cardíaco do que aqueles que frequentavam menos a igreja.

Outro estudo, da Universidade de Stanford, confirma a relação positiva entre espiritualidade e saúde. Segundo o médico Carl Thoresen, as pessoas com câncer, doenças cardiovasculares e diabetes, que têm fé religiosa, vivem mais do que as desprovidas de qualquer crença espiritual.

Capítulo 22

A Busca da Transcendência: Oração, Meditação e Relaxamento

"Deus nos dá as nozes, mas não as quebra para nós."

(Provérbio alemão)

Praticamente todas as 1.154 sociedades, tanto as atuais quanto as que existiram no passado, sobre as quais os antropólogos têm informações, apresentam um elemento em comum: as manifestações de religiosidade. Tais manifestações evidenciam um sentimento de transcendência, que caracteriza o espírito religioso do ser humano. Pode-se considerar essa atitude de busca de algo para além do imediatamente perceptível como um sinal da presença da religiosidade em cada alma humana. As mais antigas manifestações de fé expressam o sentimento de mistério e de encantamento, que parece ser a essência da experiência humana no mundo em que vivemos.

Elas podem ocorrer como religiões formalmente constituídas ou como manifestações individuais – reveladoras de um núcleo de espiritualidade – que tendem a se transformar em práticas e crenças que se tornam parte integrante da cultura dos povos. Tudo indica que a espiritualidade faça parte da natureza humana e expresse a inquietação da busca de uma transcendência. Isso significa que o ser humano carrega consigo, como um patrimônio genético da espécie, o sentimento de que existe algo que transcende sua percepção do dia a dia: a consciência de uma vida espiritual.

Religiões

A partir do momento em que as pessoas começam a se reunir em torno de alguma divindade, vista como um ser superior, tem início a formação das religiões. As religiões são estruturas dentro das quais a espiritualidade de cada um encontra abrigo e espaço para florescer e expressam as tentativas de encontrar valor e sentido para a vida.

Porém, muitas religiões ou organizações religiosas parecem estar mais propensas a ensejar cerimoniais sociais do que propriamente religiosos ou espirituais. Frequentemente é encontrado nas religiões mais apoio às lutas pelo poder político do que ajuda para o desenvolvimento da religiosidade individual. Além disso, pode-se constatar uma experiência ainda mais negativa, quando algumas organizações religiosas se preocupam principalmente com o bem-estar de seus dirigentes, que poderiam ser considerados proprietários de suas seitas. Estas apenas se interessam pela gananciosa tarefa de explorar ao máximo, com o melhor proveito financeiro possível, a credulidade e a espiritualidade mal direcionada e mal compreendida de seus seguidores, em verdade, suas vítimas.

Estados alterados de consciência

A grande maioria das atividades religiosas praticadas pelas pessoas tende a buscar o que se convencionou chamar de "estados alterados de consciência" ou "transe". Entre as atividades religiosas não se incluem apenas a oração, a meditação, mas também os rituais de uso de substâncias propiciadoras de estados de transe, como o álcool, a maconha, o peiote, a ayahuasca e o ópio, que assim buscam uma forma de contato da pessoa com a transcendência.

As drogas utilizadas para causar estados alterados de consciência são consideradas ilícitas, e seu consumo costuma ser proibido, pelo fato de que seu abuso causa grandes malefícios para a saúde física e psíquica. Tais drogas, pelo seu potencial psicodélico, estimulam um uso abusivo por parte de muitas pessoas, com grandes efeitos adversos. Na civilização Judaico-Cristã Ocidental o álcool é aceito, apesar de seu consumo excessivo ser uma das maiores causas de doenças, acidentes e internações hospitalares. Entre os muçulmanos e evangélicos, condena-se a ingestão de bebidas alcoólicas.

Além do uso de drogas, em outros rituais religiosos, busca-se a alteração da consciência por meio de posturas, de exercícios físicos ou de práticas respiratórias, estas últimas geralmente envolvendo a hiperoxigenação do sangue. Ainda, como elementos ligados à religião, na busca pelo ser humano de estados alterados de consciência, assinalam-se o uso de incenso e a própria arquitetura dos templos religiosos com seus vitrais psicodélicos, jogos de luzes e sombras e cânticos ressoantes. Algumas práticas não religiosas que levam as pessoas a estados alterados de consciência como a hipnose, o relaxamento e a auto-hipnose, e atividades como a ioga e o tai chi chuan, têm também influência positiva sobre a saúde.

É fácil aceitar que práticas de exercícios como ioga e tai chi chuan tenham méritos como agentes mantenedores da saúde, mas devemos sublinhar que, paralelamente ao efeito benéfico do exercício, existe o efeito benéfico do transe. Este foi estudado pioneiramente, de forma científica, no ocidente, pelo Dr. Herbert Benson, conforme narrado em seu livro *The Relaxation Response* (New York: Avon Books, 1976).

Meditação e relaxamento

Dr. Benson, cardiologista, desenvolveu na Universidade de Harvard um extenso estudo visando monitorar alguns parâmetros fisiológicos (como a frequência cardíaca, o consumo de oxigênio, as ondas elétricas cerebrais, etc.) durante o estado alterado de consciência provocado por um processo de meditação em um grupo de adultos sadios. Os resultados obtidos na pesquisa mostraram um estado de profundo repouso do organismo, maior do que o do sono.

A importância dos achados de Benson se deve ao fato de que apesar de o sono ser sabidamente um dos mais importantes processos orgânicos de recuperação de energias e contribuir para a manutenção e recuperação da saúde, hoje em dia, passou-se a considerar a meditação ou relaxamento como o estado que melhores benefícios traz para as pessoas, em termos de preservação da saúde.

A raiz da palavra meditação é a mesma das palavras medicina e medir, e significa estar ciente, prestar atenção ou avaliar alguma coisa. Na meditação, em seu sentido oriental, a pessoa presta atenção nas dimensões de si mesma, que raramente são observadas ou conhecidas: seus níveis internos mais profundos. A meditação envolve uma atenção para dentro de si, que ocorre de maneira calma, concentrada e relaxada. Não há nada de cansativo ou difícil para se conseguir estabelecer essa atenção interior. Há apenas dois pré-requisitos: determinação e sinceridade.

Existem inúmeras técnicas de meditação ou, melhor dizendo, de se atingir estados alterados de consciência, todas apoiadas em quatro elementos básicos descritos por Benson: ambiente tranquilo, fixação da atenção, atitude passiva e posição confortável.

Quanto ao ambiente tranquilo é recomendável que a pessoa procure um lugar calmo, sossegado, isento de ruídos súbitos. Com a prática, alguns conseguem meditar em meio ao barulho da cidade, em praças ou viajando em condução. Mas o mais indicado, em vez de uma praça, seria um templo religioso.

Por fixação da atenção entende-se um ponto de referência que pode ser a repetição mental de um som (mantra), a observação de um objeto (mandala), a conscientização do movimento respiratório ou a imaginação de um sentimento prazeroso, como um calor invadindo o organismo. Isso serve para afastar a atividade de pensar, objetivo maior da meditação.

A atitude passiva visa proteger a pessoa que medita de cobranças quanto ao resultado imediato de sua atividade. A ideia é limpar a mente de todo e qualquer pensamento, e toda vez que um pensamento surge e desvia a atenção da pessoa, simplesmente o meditante deve voltar calma e tranquilamente à atitude de fixar novamente a atenção, sem se cobrar o fato de se ter distraído.

Em relação à posição, o meditante deve procurar que seja confortável para que ocorra um completo relaxamento muscular; evita-se a posição deitada pela grande possibilidade de que a pessoa adormeça. A posição recomendada é sentada, ereta, procurando manter a musculatura relaxada e fazendo todos os movimentos necessários para manter o conforto, por exemplo tossir, espirrar, coçar-se, se necessário, etc. Alguns autores sugerem que a pessoa segure na mão um objeto (pode ser mesmo um molho de chaves) para que em caso de adormecer, seja acordada pelo barulho da queda dele. Essa pode ser uma função suplementar dos rosários e terços usados durante orações.

Meditação transcendental

Trata-se da técnica de meditação mais popularizada no ocidente. Foi trazida por Maharishi Mahesh Yogi, da Índia, na década de 1960, e os Beatles, entre outros, ajudaram a divulgá-la.

É uma técnica simples e natural, praticada sem esforço por 20 minutos pela manhã e à noite, enquanto a pessoa se mantém sentada confortavelmente com os olhos fechados. Quando o corpo se torna profundamente relaxado, a mente transcende toda a atividade mental para experimentar a forma mais primitiva de consciência, a consciência transcendental, que está voltada para si mesma. Essa experiência desenvolve o potencial criativo latente na pessoa, ao mesmo tempo que, por meio do descanso profundo que a meditação proporciona, são eliminados o estresse e a fadiga acumulados.

Além disso, aumenta o dinamismo e o poder de organização das ideias, o que resulta no aumento da eficiência e do sucesso na vida cotidiana. Pode ser aprendida e praticada fácil e confortavelmente por qualquer pessoa. Não há necessidade de concentração, contemplação ou qualquer controle ou atitude difícil de ser conseguida e, portanto, não requer capacidades especiais; pode ser praticada até por crianças. A meditação transcendental é uma técnica, não filosofia ou religião.

Por que meditar

A meditação ajuda a mostrar a pessoa a si mesma. Se ela não se conhece terá dificuldades em conhecer o que quer que seja. Na realidade, a meditação é uma poderosa técnica que visa obter bem-estar mental, emocional e físico. Dentre os benefícios dessa técnica, podem-se citar: a redução da ansiedade, da insônia e da fadiga; a prevenção do estresse, a melhora da concentração e da memória; o aumento da energia laborativa e da produtividade intelectual, além de prevenir e reduzir as doenças psicossomáticas.

Cerca de 800 pesquisas realizadas em 40 países mostraram, segundo publicações do fundo de pesquisa da TM (Transcendental Meditation), os seguintes benefícios:

- Aumento da inteligência, intuição, criatividade, clareza mental e inteligência emocional.

- Redução de visitas a médicos e hospitalizações em até 75%.
- Redução das doenças cardíacas, de doenças como o câncer.

O que acontece durante a meditação

Quando uma pessoa medita, ela está acordada, mas sua mente não está focalizando o mundo exterior ou os acontecimentos à sua volta. No processo de meditação, a mente deve deixar de lado a tendência a pensar, analisar, resolver problemas, lembrar acontecimentos passados ou fazer planos. A meditação ajuda a mente a desacelerar pensamentos e sentimentos, e a voltar a atenção para o interior de si mesma.

Meditar, nesse sentido, se restringe a um significado da palavra, que é o exame interior, não tem nada a ver com o sentido tradicional de pensar em problemas ou analisar situações. Meditação é simplesmente um estado de consciência e atenção vivido de maneira calma e sem esforço. Quando se medita, se tenta deixar a mente livre das preocupações que normalmente ocorrem no estado normal de consciência. E isso não acontece por meio da tentativa de deixar a mente vazia, o que é impossível, mas a pessoa pode tentar não pensar com a ajuda da focalização em um único elemento ou objeto.

Benefícios da meditação

Ganha-se maior capacidade para administrar as emoções e os pensamentos e, com isso, consegue-se uma relação interpessoal melhor em todas as áreas. Em vez de sempre reagir impulsivamente ao medo, à raiva e aos desejos, a meditação ensina como observá-los e canalizar tais energias de forma produtiva.

As pessoas que estão se recuperando de qualquer tipo de procedimento cirúrgico ou trauma emocional podem encontrar um reforço terapêutico na meditação. Ela ajuda a relaxar a tensão dos músculos e do sistema nervoso, diminui o estresse e fortalece o sistema imunológico. E também facilita a tomada de decisões quanto a uma alimentação mais saudável, à prática de exercícios e a outras mudanças de estilo de vida.

Outras técnicas de meditação

Meditação para pessoas que não dispõem de tempo (método Osho). Sempre que tiver alguns minutos livres, pode-se relaxar a respiração e nada mais, sem necessidade de relaxar o corpo todo. Pode-se fazer em qualquer lugar sem que ninguém perceba. Basta relaxar os movimentos respiratórios. Deixa-se o ar fluir naturalmente, com os olhos fechados, e observando a entrada e a saída do ar. Deve-se evitar se concentrar, uma ver que meditação não é concentração, é simplesmente estar consciente.

O simples ato de observar a respiração faz com que se diminua a intensidade da ansiedade. A respiração é um indicador do estado mental. Quando a mente está agitada, a respiração também estará; quando ela volta ao normal, a respiração também voltará.

Meditação Nadabrahma (método Osho)

Trata-se de uma antiga técnica tibetana que cria uma vibração de cura no corpo todo por meio de uma movimentação das mãos que canaliza toda a energia do corpo no umbigo. Dura uma hora e tem três estágios. Pode ser feita a qualquer hora do dia, de preferência com o estômago vazio e procurando ficar inativo por pelo menos 15 minutos após o exercício.

Primeiro estágio (30 minutos): a pessoa deve se sentar em uma posição relaxada, com olhos fechados e lábios juntos, fazendo o som do mantra "Om" alto o suficiente para ser ouvido por outros e criar uma vibração pelo corpo todo. Pode-se visualizar um tubo oco ou um vaso vazio, preenchido apenas com as vibrações do "Om". Chegará um ponto em que o som continua por si mesmo e a pessoa se torna o ouvinte. Não existe nenhuma respiração especial e pode-se alterar o tom ou mover o corpo um pouquinho, de maneira suave, se tiver vontade.

Segundo estágio (15 minutos): é dividido em duas partes de sete minutos e meio cada. Na primeira metade, movem-se as mãos, com as palmas para cima, em um movimento circular para fora. Começando no umbigo, ambas as mãos se movem para a frente e então se afastam em dois grandes círculos, para a esquerda e para a direita. Os movimentos devem ser feitos o mais lento possível, a ponto de parecer que não existem movimentos. A pessoa deve sentir como se estivesse enviando energia na direção externa, para o universo. Depois de sete minutos e meio, viram-se as mãos, palmas para baixo, e comece a movê-las na direção contrária. Agora as mãos irão em direção ao umbigo e se afastam externamente para os lados do corpo. Deve-se sentir que se está recebendo energia de fora para dentro. Assim como no primeiro estágio, não deve haver preocupação com o surgimento de qualquer movimento lento e suave do restante do corpo.

Terceiro estágio (15 minutos): a pessoa deve ficar sentada absolutamente imóvel e em silêncio.

Trataka (técnica de fixação do olhar, da Hatha yoga)

É um dos seis métodos de purificação recomendados pelo Hatha-yoga. Estimula-se o nervo ótico por meio da concentração do olhar para obter domínio sobre o sistema nervoso e os sentidos. A pessoa deve se sentar em um lugar sem vento e colocar uma vela a dois palmos de distância, mantendo a ponta da chama na altura dos olhos. Fixa-se o olhar nela, sem piscar, com a coluna ereta. O esforço para se manter os olhos abertos deve cessar gradualmente com o treinamento. Os olhos devem permanecer abertos e relaxados para prolongar-se a duração da prática.

No início haverá uma tendência para desviar o olhar e mudar o foco, o que deve ser evitado. Ao se fixar os olhos em apenas um ponto, como a ponta da chama, todo o resto se transformará em fundo branco. O objetivo é eliminar os estímulos visuais que possam causar distração para que a pessoa se aproxime de um estado de abstração.

Meditação Chi Kung

Esta é uma das técnicas de meditar da arte chinesa do chi kung. A pessoa coloca-se em posição confortável e inicia um processo de mentalização, com a atenção voltada para a respiração. Durante a inspiração, imagina-se a energia entrando pelo nariz, ocupando os pulmões e se concentrando no abdome, na região abaixo do umbigo. Concomitantemente, imagina-se a tensão do organismo sendo carreada para o mesmo ponto. Prende-se a respiração durante alguns segundos enquanto se imagina a energia circulando pelo abdome, levando junto a tensão. Ao começar a expiração, imagina-se que se está eliminando para fora do corpo, juntamente com o ar expelido, toda a tensão que se concentrara no abdome, ao mesmo tempo que se imagina que a energia também ali concentrada está sendo enviada para todo o organismo.

Esse método associa respiração, meditação e mentalização com excelentes resultados. O tempo de duração é variável de acordo com as possibilidades de cada um, podendo ir de três minutos a meia hora. Deve-se praticar esta meditação pelo menos duas vezes ao dia.

Algumas considerações sobre a prática da meditação

É preferível fazer a meditação com o estômago vazio, usando roupas soltas e confortáveis, procurando evitar perturbações e interrupções e ignorando o que estiver ocorrendo ao seu redor. Convém evitar meditar antes de dormir, pois pode-se perder o sono.

A meditação é uma atividade que pode conduzir a um relaxamento profundo. E esse estado de relaxamento tem características específicas. Quando uma pessoa está relaxada, ocorrem diversas mudanças fisiológicas, tais como a diminuição dos ritmos cardíaco, respiratório, metabólico, do consumo de oxigênio, da tensão muscular e do pensamento analítico; ao passo que aumentam a resistência elétrica da pele e a atividade cerebral das ondas alfa. (Do artigo de Marianne Ross, que indicou ter tirado esses dados do livro *The Anxiety & Phobia Workbook*, de E. J. Bourne, Oakland, CA: New Harbinger, 1995.)

De 1987 a 1990, foi implantado o Programa Antiestresse com a Meditação Transcendental na Polícia Militar em oito estados do Brasil. Ao todo, foram mais de 26 mil participantes. Só na Bahia, onde 6.300 oficiais da polícia e cem cadetes em treinamento participaram do programa, houve uma melhoria significativa na saúde e na disciplina deles. Essas melhorias refletiram-se nas relações com a cidadania: o departamento da polícia recebeu a mais 1.206% de depoimentos positivos sobre os comportamentos dos policiais. Um aumento considerado extraordinário.

Um estudo realizado em mais de 2 mil pessoas que praticavam meditação transcendental por um período maior que cinco anos verificou que elas tiveram, consistentemente, menos que a metade de visitas médicas e hospitalização que outros grupos com idade, sexo, profissão e condições de seguro semelhantes. A diferença entre os grupos de meditantes e não meditantes foi muito maior para pessoas acima dos 40 anos. Além disso, os praticantes de meditação transcendental tiveram notadamente menores incidências de doenças em 17 categorias de tratamento médico, incluindo 87% menos hospitalizações por ataque cardíaco e 55% menos de câncer. (Dados apresentados na conferência da Society for Behavioral Medicine, Washington, 1987. Publicados em periódicos como o *Psychosomatic Medicine*.)

Viver em oração

Não há necessidade de buscar momentos especiais para conseguir o efeito da meditação. Podem-se obter, no dia a dia, efeitos similares desde que se mantenha a atenção voltada para esse objetivo. O viver em oração, ou manter um estado alterado de consciência, pode ser simples: um mero banho de chuveiro saboreado com atenção enquanto a pessoa se maravilha com o milagre de estar vivo. Cada refeição também pode e deve ser apreciada como uma oportunidade de se regozijar pela surpreendente mágica da vida. E, assim, qualquer momento de vida pode ser mais bem aproveitado se a ele, a cada instante, for dedicada uma atenção total e exclusiva. Atribui-se grande importância a se praticar cada ato da rotina diária com a máxima atenção ao que se está fazendo, aos movimentos e às percepções, de forma que cada momento do aqui e agora seja vivido com a maior intensidade possível. Tal atitude pode ser considerada *lato sensu* como uma forma de orar.

Dentro de cada pessoa existe um potencial auto-organizador de cura e de interação com o meio. Cabe lembrar que tudo pode ser olhado pelo lado positivo ou pelo lado negativo. Sabe-se que muitas pessoas em geral escolhem o lado negativo. Se um quarto tem duas janelas e uma dá para uma parede escura, com lixo depositado no chão, e da outra se avista uma bela floresta com pássaros, em qual delas é preferível se debruçar?

Quando é dada mais atenção a cada instante do viver, as pessoas ficam protegidas do inexorável fluxo de pensamentos que mascara a percepção da realidade daquele momento. Assim se pode fruir com mais intensidade a magia da existência. A serenidade que advém daí, além do bem-estar que proporciona, vai impulsionar cada um para a busca de um sentido para a própria vida.

Capítulo 23

Religião Pessoal e Crescimento Espiritual

"Você fracassa por não acreditar."

(George Lucas)

A maneira como uma pessoa se relaciona com suas crenças varia principalmente de acordo com sua maturidade. Simplificadamente, podem-se descrever três estágios de fé: a infantil, a adolescente e a adulta.

A fé infantil se caracteriza por ser absoluta, irrestrita, inquestionada e, principalmente, por ser herdada. A criança crê no que lhe ensinaram a crer, para ela qualquer coisa dita pelos pais é verdadeira e não há motivação para dúvidas.

O estágio adolescente da fé se assemelha à forma de relacionamento do adolescente com o mundo: questiona-se tudo. É típica dos adolescentes uma atitude de dúvida em relação a tudo o que lhes dizem ou lhes tentam fazer crer. Esse período costuma se caracterizar por uma fé negativa, em que as afirmações dos outros são negadas com veemência. A dificuldade é que por vezes a importância dada à racionalidade ofusca a crença interior. Nesse período, Deus, ou o que quer que signifique uma transcendência, tende a ser visto como algo externo à pessoa.

Na fé adulta existe uma volta aos antigos padrões de crença, mas com um embasamento racional anteriormente ausente. Muitas vezes perdura a negatividade adolescente, porém, de uma forma menos emocional, passa a existir um compromisso com os argumentos da razão, ou seja, há uma nova harmonia entre emoção e razão. A fé se produz em função do amadurecimento da pessoa. A espiritualidade deixa de ter necessariamente relação com alguma religião e passa a ser vivida como um relacionamento interno do indivíduo com uma parte de si mesmo. É o momento em que as revelações gnósticas – as possibilidades de uma vivência pessoal da transcendência – tendem a acontecer.

Por causa da grande importância da vida espiritual para a saúde e para um viver melhor, vale a pena lançar mão de todas as formas disponíveis de cultivá-la. As religiões, é claro, são a primeira alternativa e a mais óbvia. Aqueles que não estão vinculados a uma religião devem refletir sobre a possibilidade de adotar alguma, e escolher sem preconceitos dentro da ampla gama de opções existente.

A opção por uma religião depende dos valores e conceitos de cada um. Para as pessoas que não têm uma tradição religiosa familiar, ou que se rebelaram contra sua religião original, seria interessante frequentar cultos religiosos diferentes e verificar onde se sentem melhor, onde os preceitos ouvidos são mais consonantes com seus próprios sentimentos e concepções. Trata-se de uma escolha importante que deve ser feita com todo o rigor e as maiores exigências possíveis, pois quanto mais se coadunam os princípios religiosos com os pessoais e mais ressonância têm as ideias entre a pessoa e sua religião, melhor ela se sente e mais saudável se torna a sua vida.

A intolerância e o fanatismo

L.P., de 20 anos, começou a namorar um jovem da mesma idade que frequentava o mesmo culto religioso. Quando lá os religiosos souberam que eles estavam tendo relações sexuais, proibiram que continuassem a "pecar". Além disso, ela foi hostilizada e chamada de "Mulher de Satã". Magoada, sentia-se sendo tratada como se fosse "Maria Madalena, sem o perdão de Jesus". Influenciado pelos religiosos, seu namorado rompeu o relacionamento e disse que ela deveria ter Cristo no coração e não ele.

Trata-se de um triste exemplo de intolerância fanática, muito diferente dos bondosos ensinamentos de Jesus Cristo, que pregava a tolerância e nunca julgou o comportamento das pessoas em sua intimidade. A conhecida passagem bíblica que narra Sua atitude frente à multidão que se reunira para apedrejar uma adúltera ("Aquele que não tem pecado em seu coração que atire a primeira pedra") é uma evidência de Sua forma de pensar. Para Jesus, o pecado relacionado com o sexo não era o que mais o ofendia, mas o pecado cometido pelos falsos religiosos que tornam a religião um negócio, com a intenção de ganhar dinheiro, como se verifica no episódio em que Cristo, em um acesso revolta, toma de um chicote e expulsa do Templo de Jerusalém os vendilhões que o ocupavam dizendo: "a minha casa será casa de oração, mas vós a fizestes um covil de salteadores" (Lucas, 19:45).

É lamentável que algumas igrejas estimulem os jovens, como no caso do namorado de L.P., a atitudes repressoras e comportamentos fanáticos. O ideal é que a religião contribua para uma vida saudável e não se torne um vício que consuma a vida das pessoas e as afaste de tudo o que é bom e sadio. É preciso que ocorra quase um milagre para que elas amadureçam sua visão da vida, percebam que estão sendo usadas e que isso nada tem a ver com fé e religião, é apenas uma espécie de fanatismo.

Na escolha de uma religião, é importante observar se a preocupação dos líderes religiosos é com a alegria e a felicidade ou com sexo e dinheiro. Em geral, as melhores religiões são tolerantes com as diferentes crenças religiosas e não têm a preocupação de se impor como a única certa e verdadeira, já que todos os caminhos conduzem a Deus.

Religião pessoal

Como alternativa à possibilidade de abraçar uma religião, pode-se pensar em construir uma religião pessoal baseada na fé e na disciplina. Deve-se utilizar – por meio da meditação ou da oração – a busca de contato com Deus, com algum protetor, como anjo da guarda, animal de poder ou mesmo com objetos sagrados. É importante que seja utilizada alguma prática regular e diária. Outra possibilidade válida é o exercício de pensar de forma criativa sobre o sentido dado à própria vida, em uma rotina diária de diálogo consigo mesmo.

Cada um deve criar seu caminho e desenvolver, na medida das possibilidades individuais, o próprio destino. Contudo, não existe regra ou aprendizado que possa facilitar essa tarefa; a única referência é o desenvolvimento da espiritualidade. Este pode proporcionar às pessoas instrumentos que ampliem a capacidade de usufruir do fugaz milagre de estar vivo pelo curto período entre duas eternidades – a que antecede a concepção da pessoa e a que sucede a sua morte.

Dentro da atividade de desenvolver a espiritualidade, parte importante do esforço deve ser dedicada a uma cuidadosa reflexão sobre os princípios morais e éticos que guiam o indivíduo. Tais princípios podem ser considerados infantis, não só por sua concepção, incorporação e elaboração terem ocorrido durante a infância, mas também por alguns conterem, em boa parte, a ingenuidade e a estreiteza de percepção próprias das crianças. Convém que o adulto dedique parte de sua atenção à revisão de suas crenças e de seus princípios, em virtude da origem infantil deles. Essa atividade constante contribui para o amadurecimento emocional.

A compreensão do sofrimento

Outro aspecto importante do crescimento espiritual está resumido na frase de Donald Nicholl, em seu livro *Holiness* (Santidade): "Não podemos ser derrotados se nos damos conta de que tudo o que nos acontece foi organizado para nos ensinar o que precisamos saber em nossa caminhada". Como diz Scott Peck, o modo mais rápido de mudar nossa atitude para com a dor consiste em aceitar o fato de que tudo o que nos acontece foi organizado para nosso crescimento espiritual. Essa ideia nos coloca na posição de vencedores permanentes, protegidos pelas divindades, como Jó no Antigo Testamento, que apesar dos maiores sofrimentos mantinha intacta sua ligação com Deus.

Essa formulação requer uma completa mudança da atitude da pessoa na forma de lidar com a dor e com o conhecimento da causa, visto que grande parte dos sofrimentos humanos decorre da tomada de consciência da razão e das consequências dos acontecimentos. Na verdade, a conscientização poderá não somente ser a fonte de mais sofrimento, mas também a solução para os problemas, a cura para as enfermidades e, em termos religiosos, o caminho da salvação.

A administração do sofrimento

Uma das questões que influem sobremaneira na espiritualidade diz respeito à forma como as pessoas lidam com o próprio sofrimento.

Em princípio, faz-se necessário distinguir o sofrimento existencial do sofrimento neurótico; ou seja, o sofrimento que nos é trazido inevitavelmente por força das circunstâncias de vida deve ser diferençado daquele que é decorrente de situações construídas pela imaginação. Um modo prático de estabelecer essa diferença consiste em se perguntar se o sofrimento (que se manifesta sob a forma de ansiedade, medo ou sentimento de culpa) contribui ou prejudica o progresso do indivíduo. Nem sempre se tem essa resposta com facilidade, mas muitas vezes esse questionamento esclarece com surpreendente clareza o tipo do sofrimento.

O sofrimento neurótico precisa ser tratado como algo que deve ser eliminado o mais rápido possível, da mesma forma como se descalça uma bota apertada logo que se tem oportunidade, ou como se toma um antibiótico para se curar uma infecção. Quanto ao sofrimento existencial, a pessoa deve lembrar a antiga oração chinesa, que pede a Deus resignação para suportá-lo quando inevitável, forças para enfrentá-lo quando superável e sabedoria para distinguir uma situação da outra.

Para se desvencilhar do sofrimento neurótico deve-se primeiro responder à pergunta sobre como estaria sendo a vida da pessoa se tal sofrimento não existisse. Uma vez respondida a questão, basta agir sem levar em conta o sofrimento. Em outras palavras, se alguma ansiedade (ou algum medo ou sentimento de culpa) está impedindo uma pessoa de fazer o que ela acha que seria o melhor, o mais construtivo, ela deve buscar coragem para agir como se não sentisse a dificuldade provocada por sua neurose. É uma forma de se superar. Esse processo é extremamente fácil de descrever, mas bastante difícil de conseguir.

Convém assinalar que coragem é definida como a capacidade de seguir em frente, apesar do medo e da dor. Coragem não é o antônimo de medo, mas de covardia. O contrário de medo é destemor, ou seja, a ausência de medo, sentimento completamente diferente da coragem, que é a capacidade de sentir medo sem se deixar paralisar por ele. Uma percepção espiritualizada da vida facilita o desenvolvimento da coragem pessoal, por valorizar tudo que existe para além da individualidade de cada um, o que diminui a importância dos sentimentos pessoais.

O perdão como fator de crescimento espiritual

Uma parcela ponderável do crescimento espiritual é representada pelo desenvolvimento da capacidade de perdoar. É um comportamento comum nas pessoas culpar os outros por seus sofrimentos. Essa maneira de agir está fundamentalmente vinculada à raiva. Raiva e violência são partes integrantes da natureza humana e parte ponderável de nosso patrimônio genético. Saber lidar com esses sentimentos é crucial para nosso desenvolvimento espiritual.

O ser humano pertence à estirpe dos predadores, dos caçadores carnívoros. Por isso, seus instintos estão mais próximos dos instintos dos tigres e dos lobos do que de carneiros ou coelhos. A civilização tem se organizado no sentido de coibir essa ferocidade natural por meio das leis, que proíbem e reprimem as manifestações de violência, para propiciar a possibilidade de uma convivência pacífica e solidária. O aprimoramento da capacidade de administrar e reprimir a brutalidade inata faz parte de um processo de crescimento não apenas social e cultural, mas também pessoal e espiritual.

Entre os primeiros processos civilizatórios pelos quais passam os bebês, está o aprendizado do controle dos esfíncteres. Conseguir aprender a usar o vaso sanitário é motivo de orgulho das crianças. Da mesma forma, as pessoas treinam seus filhos no aprendizado do controle da violência, de modo a que não agridam os colegas quando por eles contrariados. A civilização e a convivência são possíveis somente quando existe o desenvolvimento da capacidade de controle dos impulsos instintivos.

A capacidade de perdoar significa mais um passo em direção ao aprendizado do controle da violência, além de proporcionar à pessoa um importante instrumento para reavaliar cada situação de vida e de convivência, em busca de uma melhor percepção da real responsabilidade que temos pelo que nos acontece. Ela substitui com vantagem a atitude mais corriqueira de limitar-se a atribuir culpa a outras pessoas. Acrescente-se o fato de que perdoar faz bem à saúde; tanto física, pela diminuição da quantidade de cortisol e de outras substâncias perigosas para a saúde que são produzidas pelo organismo durante a raiva, como emocional, pois o estado de raiva gera tensão e ansiedade; e também espiritual, pelo fato de que amor e perdão combinam muito melhor com o desenvolvimento da espiritualidade do que acusação e ódio.

O aprendizado da verdade

O processo de crescimento espiritual está também estreitamente relacionado ao amor pela verdade e à permanente busca desta, não importando os esforços e sacrifícios a serem feitos. No lado positivo do acervo genético da espécie humana, encontra-se o intenso desejo de aprender, chamado pelos psicólogos de instinto epistemofílico.

O desejo de aprender conflui com a importância de a pessoa ter consciência dos fatos, o que a leva a uma atitude mais saudável em relação à vida. O mal – no sentido religioso da palavra – se expressa constantemente mediante a negação da realidade, da ignorância e do desejo de não saber. Uma evidência histórica disso está na dificuldade que houve durante a Segunda Guerra Mundial em se acreditar na ocorrência do holocausto nazista. Era mais fácil e melhor não crer, do que aceitar que tão graves crimes estavam sendo cometidos com a conivência ou, pelo menos, a complacência de tantas autoridades; não apenas nos países do Eixo, mas também entre as pessoas que poderiam tomar alguma atitude a respeito e as que tinham responsabilidade na formação da opinião pública da época.

É muito comum ouvir uma afirmativa dita de forma categórica: "Não quero nem saber!". Tal atitude expressa a tentação de fugir do encontro com verdades dolorosas ou desagradáveis. Vale lembrar que o grande trunfo da omissão e da mentira é o fato de que elas são mais agradáveis e menos dolorosas do que a crua e dura realidade.

A morte e a espiritualidade

Um marco referencial, talvez o principal, para a questão do desenvolvimento da espiritualidade centra-se no tema da morte. Muitas vezes contemplando a morte, sua inevitabilidade e seu mistério, a pessoa encontra o sentido de sua vida. Como disse o médico e pensador suíço Albert Schweitzer, que dedicou grande parte de sua vida a assistir os pobres em Lambaréné, no interior da África:

Pensar sobre a morte pode nos levar a amar a vida. Quando nos familiarizamos com a ideia da morte, recebemos cada dia, cada momento como uma dádiva. Somente quando aceitamos a vida assim, pedacinho por pedacinho, é que ele se torna preciosa.

A relutância em pensar sobre a própria morte parece fazer parte da dificuldade emocional da maioria das pessoas. A não aceitação da morte torna a vida ao mesmo tempo tediosa e assustadora. Um célebre conto do importante escritor argentino, Jorge Luis Borges, fala sobre a terra dos imortais, onde a água, bebida de um rio, trazia a todos o dom da imortalidade. Um viajante buscava esse lugar precioso na expectativa de encontrar obras e realizações fantásticas produzidas por aqueles que, por terem todo o tempo à sua disposição, tinham a oportunidade de chegarem à perfeição. E assim sonhava o viajante, enquanto empreendia sua busca.

Um belo dia ele encontra seu destino. Para sua decepção, era uma terra desolada, sem nenhuma construção. As pessoas vagavam sem rumo e sem objetivo, descuidadas e sem pressa. Uma delas cai em um buraco. Passam-se 90 anos até que alguém tome a iniciativa de jogar uma corda para ajudá-la a sair. Ela também não se apressa em voltar. A eternidade é a amarga companhia dos imortais. Até que um dia uma notícia agita a todos e os põem em movimento. Corre o boato de que em algum lugar desconhecido existe um rio cuja água, quando bebida, torna os imortais novamente mortais. Rapidamente a terra dos imortais se esvazia e todos saem à procura do abençoado rio.

A morte é boa conselheira porque ensina que a vida é curta, e por isso preciosa, e não se deve desperdiçar tempo (de vida) com coisas sem importância, como vaidades e intrigas. Por se ter pouco tempo, convém que este seja bem aproveitado e da melhor forma possível. Além disso, a morte ensina que dentro de algum tempo – cem anos, talvez – todos estaremos mortos. Nada do que se fez terá grande importância, os pequenos sucessos e fracassos pertencerão a um passado remoto e não serão mais lembrados. Não faz sentido tanta ansiedade e tensão acerca dos resultados obtidos, porque o todo-poderoso de ontem será o esquecido de amanhã. Essas reflexões ajudam a repensar projetos de vida e a determinar a grandeza do sentido da vida de cada um.

L.S. teve um súbito acidente cirúrgico e passou uma semana entre a vida e a morte. Perguntado por amigos o que havia sentido quando em contato com a possibilidade de morrer, ele respondeu que ficara surpreso ao perceber como era fácil morrer: "não precisa bagagem, escova de dentes, nem passaporte". E afirmou que passara a valorizar o fato de estar vivo, como nunca o fizera antes. Disse ainda que, desde então, se havia dado conta de como eram tolas as suas preocupações com o futuro, visto que este poderia nunca chegar a acontecer, e de como se tornara, para ele, mais essencial a valorização de cada momento do presente. Percebeu que planejar, embora importante para direcionar esforços, devia ser algo desenvolvido levando-se em conta a precariedade dos planejamentos frente ao poder dos acontecimentos de mudar toda uma vida em frações de segundos. E encerrou suas confidências com uma frase de Robert H. Schuller: "Qualquer pessoa pode contar o número de sementes em uma maçã, mas só Deus pode contar o número de maçãs em uma semente".

Capítulo 24

Um Programa de Saúde

"Qualquer pessoa pode ser modificada para melhor, se ela assim se propuser."

(Karen Horney)

Todos podem conseguir um VIVER MELHOR desde que haja uma firme decisão de cuidar da saúde. Deve-se fazer um planejamento geral, além de escolher a primeira meta a ser alcançada. As prioridades variam de pessoa para pessoa e dependem de diversas circunstâncias que são particulares a cada caso. Em todos os casos, porém, devem ser seguidos os princípios básicos da boa saúde, que são:

Alimentar-se corretamente – alimentação bem variada e quantitativamente limitada; comer sistematicamente frutas, legumes e verduras; comer com regularidade cereais integrais, laticínios desnatados, peixes, aves e carnes magras. Restringir o açúcar e as farinhas refinadas. Não comer gordura animal. Beber muito líquido, principalmente água, sucos de frutas, chá e mate de preferência fora das refeições. Transformar em hábito comer com pouco sal e evitar alimentos salgados em geral.

Praticar exercícios físicos – transformar a realização do exercício em um momento de lazer e não em mais uma obrigação, um sacrifício ou mesmo uma punição. Fazer exercícios ou praticar esportes de acordo com as suas aptidões pessoais, condições físicas e idade, de preferência sob orientação e com regularidade. A simples caminhada, desde que efetuada em passo rápido e durante 30 a 40 minutos de três a cinco vezes por semana, protege o sistema cardiovascular e o aparelho respiratório.

Repousar suficientemente – dormir o necessário para recuperar as energias e procurar dormir o suficiente de forma a poder sonhar. Se for preciso, fazer um pequeno repouso após o almoço.

Corrigir a postura – deitar-se, sentar-se e andar corretamente. Atenção com a postura ao andar: tentar conservar o corpo centrado e equilibrado e manter o olhar em um ponto à frente, ligeiramente acima da linha do horizonte.

Aprender a relaxar – Habituar-se a utilizar um método de relaxamento físico e psíquico (ioga, tai chi chuan, meditação transcendental, exercícios respiratórios ou outros).

Evitar os vícios e os excessos – não fumar nunca e ingerir bebidas alcoólicas com bastante moderação, no máximo dia sim, dia não.

Cuidar da mente – evitar, minimizar e administrar o estresse. Cultivar um *hobby* que traga satisfação e entretenimento. É importante evitar pensamentos negativos e desagradáveis. Procurar não aceitar ou não se impor tarefas que exijam esforço excessivo, desgaste acentuado e tempo exíguo para sua execução. Assim se evita o estresse oriundo de uma relação mal dimensionada entre tempo, trabalho, esforço e capacidade física.

Tirar férias regularmente – as férias são um direito e acima de tudo uma necessidade. São um investimento na qualidade de vida. Além do período de férias, devem-se organizar com inteligência os fins de semana para que sejam gratificantes e proporcionem o repouso necessário para a recuperação das energias despendidas durante a semana. Devem ser programados de acordo com o gosto da própria pessoa.

Disciplinar as atitudes – equilibrar harmoniosamente a vida, distribuir bem as horas de trabalho e os momentos de lazer, de repouso, de exercício e de sono.

Adotar medidas de prevenção – visitar periodicamente o médico e o dentista, e fazer um *check-up* anual. Não basta realizar um check-up, é preciso seguir as recomendações e orientações prescritas. O *check-up* não é um seguro de vida, mas um importante certificado de saúde.

Buscar melhor qualidade de vida – em uma época de grande competitividade, em que se busca a qualidade total de produtos, de serviços e do meio ambiente, nada mais justo e obrigatório do que o empenho para se alcançar a qualidade total de vida do ser humano.

Leitura Recomendada

Limpeza do Fígado e da Vesícula
Uma Poderosa Ferramenta para Melhorar Sua Saúde, Seu Bem-Estar... E Muito Mais

Andreas Moritz

Milhares de pessoas em todo o mundo sofrem de ataques provocados por cálculos biliares. Em muitos casos, o tratamento consiste em operar a vesícula, mas este enfoque, direcionado simplesmente aos sintomas, não elimina as causas da enfermidade: os cálculos biliares que congestionam o fígado e que, em muitos casos, apenas preparam o caminho para problemas mais graves.

Ayurveda
A Ciência da Longa Vida

Dr. Edson Antônio D'angelo e Janner Rangel Côrtes

Ayurveda significa a ciência (Veda) da longevidade (Ayur). Ela se baseia na harmonia para o alcance da felicidade, por meio de um processo silencioso da mente, a fim de se buscar a verdade e a plenitude. Essa ciência – que apesar de se manter atualizada é também o sistema terapêutico mais antigo do mundo, por se basear em textos sagrados – faz uso de plantas medicinais, massagens, acupuntura, etc.

Alongamento e Fortalecimento Muscular
250 Exercícios, Saúde, Boa Forma, Preparação Física

Thierry Waymel e Jacques Choque

Tendo vendido mais de 80.000 exemplares no exterior, essa obra se tornou uma verdadeira referência, tanto para pessoas preocupadas em preservar a saúde e manter a forma, para esportistas que desejam organizar sua preparação física específica, quanto para professores e estudantes que procuram sequências de exercícios diversificadas. Descubra, para cada grupo muscular, uma grande variedade de exercícios para torná-lo flexível e fortalecer sua musculatura de maneira suave e sem o uso de equipamentos.

www.madras.com.br

MADRAS® Editora
CADASTRO/MALA DIRETA

Envie este cadastro preenchido e passará a receber informações dos nossos lançamentos, nas áreas que determinar.

Nome _____
RG _____ CPF _____
Endereço Residencial _____
Bairro _____ Cidade _____ Estado _____
CEP _____ Fone _____
E-mail _____
Sexo ❏ Fem. ❏ Masc. Nascimento _____
Profissão _____ Escolaridade (Nível/Curso) _____

Você compra livros:
❏ livrarias ❏ feiras ❏ telefone ❏ Sedex livro (reembolso postal mais rápido)
❏ outros: _____

Quais os tipos de literatura que você lê:
❏ Jurídicos   ❏ Pedagogia   ❏ Business   ❏ Romances/espíritas
❏ Esoterismo ❏ Psicologia ❏ Saúde   ❏ Espíritas/doutrinas
❏ Bruxaria   ❏ Autoajuda   ❏ Maçonaria   ❏ Outros:

Qual a sua opinião a respeito desta obra? _____
_____

Indique amigos que gostariam de receber MALA DIRETA:
Nome _____
Endereço Residencial _____
Bairro _____ Cidade _____ CEP _____

Nome do livro adquirido: *A Linguagem da Saúde*

Para receber catálogos, lista de preços e outras informações, escreva para:

MADRAS EDITORA LTDA.
Rua Paulo Gonçalves, 88 – Santana – 02403-020 – São Paulo/SP
Caixa Postal 12183 – CEP 02013-970 – SP
Tel.: (11) 2281-5555 – Fax.:(11) 2959-3090
www.madras.com.br

MADRAS® Editora

Para mais informações sobre a Madras Editora,
sua história no mercado editorial
e seu catálogo de títulos publicados:

Entre e cadastre-se no site:

www.madras.com.br

Para mensagens, parcerias, sugestões e dúvidas, mande-nos um e-mail:

marketing@madras.com.br

SAIBA MAIS

Saiba mais sobre nossos lançamentos,
autores e eventos seguindo-nos no facebook e twitter:

@madrased

/madraseditora